とことん
攻略編

英文法のトリセツ

英語負け組を卒業できる取扱説明書

阿川イチロヲ

そろそろ英語負け組を卒業したいみなさんへ

かれこれちょうど1年前のことです。
ボクは次のような手紙を添えて、とある語学出版社に原稿を送りました。

「……いわゆる**英語負け組**が、『英語って何だかよくわからないかも』と本格的に実感しだすのは、だいたい**中2レベル**の内容からだと思います（もちろん僕もそうでした）。具体的に言うと、動詞だけど動詞ではない『**動名詞**』や『**不定詞**』や『**分詞**』、複数の主語と動詞をひとつの文に入れる『**従属接続詞**』や『**関係代名詞**』など。そのせいか、僕の授業でも特に生徒受けがよいのは、『**分詞**』と『**関係詞**』の部分です。

ただ僕が思うに、『**動詞だけど動詞じゃない**』という応用の部分でつまずくのは、そもそも『動詞』をはじめとする『**英語の品詞とはどういうものか**』という基礎が理解できていないからであり、『**複数の主語と動詞の組み合わせでできた文**』が理解できないのは、そもそも『**英語の文とはどういうカタチか**』がわかっていないからです。

だから、僕は生徒たちに必ず初歩の初歩から教えるようにしています。たとえ成績がよい生徒であってもです。基礎の積み重ねなくして、『**何だかよくわからないかも**』というあやふや感を根本的に解決する方法はありません。

『**分詞**』や『**関係詞**』の説明が特に受けがいいというのも、結局、初歩の初歩からそこに至るまで、**間を飛ばさずに理解を積み重ねていくスタイル**をとっているからでしょう。

そんな理由で、間を省いて、受けがいい部分だけを適当に抜粋してお見せするのは本当に難しいのです。それは英語講師としての僕の主義に反するし、また**本当の意味で読者のためにならない**とも思います。僕の原稿のどこが中心部分かと言われれば、**すべてが中心部分なのです！** ……」

……今となっては赤面するばかりですが、そんな屁理屈みたいな手紙とともにボクが送った原稿は、実にA4サイズでビッシリ100枚超！（それでも全体の

軽く3分の1以下。しかも練習問題ナシ。）しかし、幸運なことに、その出版社は、わかってない若造のなってない原稿にすべて目を通してくれました。さらに、ボクの趣旨に賛同して、初歩の初歩の部分を割愛したりせず、**当初からシリーズの構想で、分冊して刊行する**ことまで提案してくれたのは、まさに望外の喜びというものでした。

その出版社の名はアルク。そして、時は流れて2005年2月に刊行されたのがシリーズ第1作となる『**英文法のトリセツ　じっくり基礎編**』。レベルで言うと、**中1**プラスアルファ。その中心は「**品詞**」とか「**英語の文のカタチ**」とか、英語負け組のみなさんが「**わかっていない**」という実感はあまりないんだけど、現実にはうまく使いこなせていない基礎の基礎の部分。

そして、この度、上梓することになったこの『**とことん攻略編**』が、**中2～中3前半**のレベル（プラスアルファ）。つまり、「**動名詞**」「**不定詞**」「**分詞**」に「**that節**」、さらに「**時制の一致**」や「**現在完了**」など、「**何だかよくわからないし、自分で使うなんてもってのほか**」と、英語負け組のみなさんにはっきり実感してもらえそうな部分を、ここでようやく**満を持して**取り上げることができるわけです。

正直、それがすごくうれしい。
なぜって、「わからない」上に「使えない」とみなさんにも自覚があるところを**とことん攻略**してもらってはじめて、英文法の知識が自力で使いこなせるくらいカンペキに身につく「**取扱説明書**」を目指す本シリーズの**本領発揮**ってことになるだろうから。そして何より、そうなってはじめて、みなさんの「**英語負け組**」だなんて劣等感はキレイに解消されるはずだから。

そんな想いを託して、今晴れて、この本をみなさんに贈ります。

**2005年春　元「英語負け組」教師：
阿川イチロヲ**

CONTENTS

そろそろ英語負け組を卒業したいみなさんへ……… 2

STEP 0　トリセツを読むその前に（基本の基本知識）……………………9

- ★ 新しい内容に入る前に……… 10
- ★ 「じっくり基礎編」のおさらい……… 13

> まず何はなくとも基礎のおさらい。困ったときの参照ページとしてのねらいもあるので、基礎を忘れたら、ここに戻って確認してください。

STEP 1　動詞だけど動詞じゃない（-ing の場合）……………………21

- ★ 「…すること」は英語でどう言う？……… 22
- ★ 「動詞 ing」の特徴と注意点……… 26
- ★ 「動詞 ing（動名詞）」が目的語になる場合……… 29
- ★ 「動詞 ing（動名詞）」が主語になる場合……… 31
- ★ 動名詞＝進行形？……… 34
- ★ 動名詞が英文を見えにくくする！　その1……… 37
- ★ 動名詞が英文を見えにくくする！　その2……… 39
- 「ふくしゅう」酒場——1 杯目……… 42

> 本書では「動詞のようで動詞でない」へそ曲がりな表現が数多く登場します。まずはここで、そうした動詞モドキの基本的な感覚を身につけましょう。

STEP 2　動詞だけど動詞じゃない（to の場合）……………………47

- ★ またしても動詞だけど名詞？……… 48
- ★ 「…するために」は英語でどう言う？……… 52
- ★ 「服を着る」じゃなくて「着る服」……… 54
- ★ to 不定詞——自分で使うには？……… 58
- ★ to 不定詞——読んだり聞いたりするには？……… 60
- 「ふくしゅう」酒場——2 杯目……… 62

「動詞のようで動詞でないパート2」は、いわゆるto不定詞。「動詞ing」のカタチとの共通点と相違点を意識しながら覚えるのがポイントです。

STEP 3 動詞と動名詞・to不定詞の不思議な相性 …………………………… 69
★ 動詞と動名詞・to不定詞には相性がある？……… 70
★ 動名詞・to不定詞のどちらが続くかで意味が変わる動詞 ……… 74
★ 動名詞とto不定詞のニュアンスの違い……… 77
★ to不定詞を使う決まり文句……… 81
「ふくしゅう」酒場──3杯目……… 87

動詞の後ろに続くカタチは動詞で決まる。ここでは「動名詞・to不定詞はどういう動詞の後ろに続くか」を理解してもらいます。

STEP 4 助動詞、攻略編 …………………………… 93
★ 助動詞の基本 ……… 94
★ 代表的な助動詞の意味と使い方……… 96
★ 2つの顔をもつ助動詞……… 103
★ 助動詞マスターを目指せ！……… 106
★ 「できる・かもしれない」の表し方……… 107
「ふくしゅう」酒場──4杯目……… 110

ここでは、助動詞の基本的な意味をおさらいしつつ、助動詞の過去形、言い換え表現など、より発展的な知識と使い方を身につけてもらいます。

STEP 5 「理由」を述べたり、「条件」を出したり …………………………… 117
★ 「接続詞」ってご存知ですか？……… 118
★ 「AだからB」「AなときB」と言ってみる　その1……… 121
★ 「AだからB」「AなときB」と言ってみる　その2……… 127
★ 「AならB」とか言ってみる……… 132
「ふくしゅう」酒場──5杯目……… 135

英語人は「A だから B」「A なとき B」「A なら B」のような理屈っぽい言い方が大好き。そして、英語負け組はそういう小難しい言い方が大嫌い。というわけで、英語負け組卒業を目指すなら、天下分け目のパートと言えるかも。

STEP 6 「アレ」じゃない that ……………… 141
- ★ 「S が V するということ」……… 142
- ★ 従属接続詞の that の特徴……… 146
- ★ 「時制の一致」というルール……… 150
- ★ 動詞と従属接続詞 that の相性……… 157
- ★ that が消える？……… 161
- 「ふくしゅう」酒場──6 杯目……… 165

従属接続詞の中でも、特に使用頻度が高く、使い方も特殊なのが that。よく使われる割にすぐ姿を消す困りモノでもあります。

STEP 7 to が that で、that が to で ……… 173
- ★ to 不定詞と従属接続詞の that の関係……… 174
- ★ 〈動詞＋名詞＋ to 不定詞〉のカタチ……… 178
- ★ 従属接続詞の that ＝ to 不定詞？……… 182
- 「ふくしゅう」酒場──7 杯目……… 186

to 不定詞再び。ここでは従属接続詞の that との比較で、to 不定詞の活用範囲をさらに広げてみましょう。

STEP 8 カタチだけ主語 ……………… 193
- ★ it ではじまる英文……… 194
- ★ 身代わり（？）の it ……… 198
- ★ 「いる／ある／ない」という話……… 203
- ★ 「いる／ある／ない」を表す there の注意点……… 208
- 「ふくしゅう」酒場──8 杯目……… 211

動詞の大切なパートナー＝主語にも一筋縄ではいかない連中はいます。ここではそんな「ホントにキミ、主語？」という怪しい面々をクローズアップ。

STEP 9　される／された／されている ………217
★「…する」じゃなくて「…される」……… *218*
★「受動態」と「能動態」を比べてみると……？……… *222*
★ 動詞の過去形と過去分詞（形）……… *225*
★ 受動態のカタチ　その１……… *229*
★ 受動態のカタチ　その２……… *233*
★ この過去分詞にご用心！……… *237*
「ふくしゅう」酒場──9杯目……… *242*

「事実はひとつ、でも表し方は２つ！」というわけで、多くの文は同じ内容を「受動態」というカタチでも表せます。この新しい文のカタチを身につければ、どんどんクリエイティブになる喜びが味わえる？

STEP 10　形容詞と分詞……進行形、受動態というけれど ……………………………251
★ 形容詞のおさらい──形容詞にできること……… *252*
★ 動詞 ing（現在分詞）にできること……… *254*
★ 過去分詞にできること……… *258*
★「進行形」「受動態」という分け方が脱落者を生む？……… *263*
★ 現在／過去分詞を使うときの注意点……… *268*
「ふくしゅう」酒場──10杯目……… *274*

ここでは、おなじみの形容詞との比較で、現在分詞、過去分詞といった表現の本質的な部分をわしづかみにしてもらいます。従来の文法の考え方とは視点を変えているので、今まで分詞が苦手だった人もぜひご一読を！

STEP 11-1 日本人の未体験ゾーン？──完了形（前編）・・・・・・・・・・・・・・・・・・・・・281

- ★ 「ずっと…している」というカタチ……… 282
- ★ 英語と日本語の時間感覚の違い……… 289
- ★ 現在完了の「目印」表現……… 292
- ★ 現在完了の have は取り扱い注意！……… 296

「ふくしゅう」酒場──ラストオーダー……… 300

> 日本人が苦手な英語の時制のラスボス、現在完了が遂に登場です。まずは他の時制表現と比較しながら、謎の多いその正体に迫りましょう。

STEP 11-2 日本人の未体験ゾーン？──完了形（後編）・・・・・・・・・・・・・・・・・・・・・307

- ★ 現在完了──同じカタチのくせに、実はいろいろ？……… 308
- ★ 現在完了──３つの意味を見分けるポイント　その１……… 311
- ★ 現在完了──３つの意味を見分けるポイント　その２……… 313
- ★ 見分けがつかない（？）現在完了……… 317
- ★ 現在完了の「根っこ」……… 319
- ★ 過去形、過去分詞、そして現在完了形の見分け方……… 323
- ★ 現在完了と進行形……… 331
- ★ 現在完了と受動態……… 334

「ふくしゅう」酒場──閉店……… 337

> 現在完了の本質、他の時制との合体究極進化形、まぎらわしい過去形や過去分詞との見分け方など、本書の終わりを飾るにふさわしい強敵ばかり。根こそぎ退治して、気持ちよーく本書を卒業してください。

要注意文法用語の索引……… 345
要注意英語表現の索引……… 346

あとがき……… 348

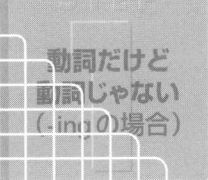

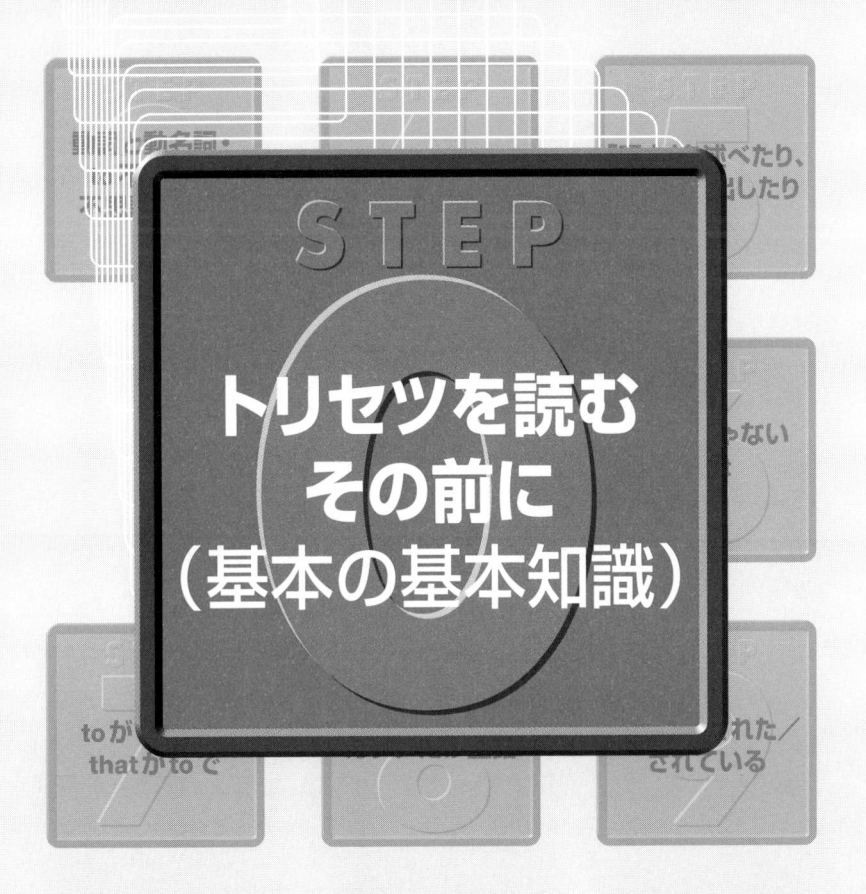

STEP 0
トリセツを読む その前に
（基本の基本知識）

新しい内容に入る前に

みなさま、『英文法のトリセツ　とことん攻略編』をお買い上げいただき誠にありがとうございます。

この「英文法のトリセツ」シリーズとは、その名の通り、日本人にはどうもピンとこない、うまく使いこなすことができない英文法の知識を「きちんと・正しく」理解し、使いこなすことができるようになるための「取扱説明書」です。

さて、今、この出だしの部分を読んでいる読者のみなさんの中には、
「『じっくり基礎編』はやっていないけど、とりあえずこの本からはじめればいっか」
と、軽い気持ちで本書を手にしてくれたちゃっかり……じゃなくて、経済観念のしっかりした人も中にはいらっしゃるのではないでしょうか？

著者としては「う～む、困った……」といったところです。
「一冊でも多く自分の本を売りたい！」
という著者としての貧乏根性も決してゼロではないのですが、それだけでもないのです。

p.4 からの本書の目次を見てください。
「分詞」に「不定詞」、「現在完了」など、英語の負け組を自認する人であれば、「うわ～、やめてくれ～!!」と叫びたくなるような、あるいはそこまでいかなくても、ちょっとした英語ギライであれば、思わず言葉数が少なくなってしまいそうな、日本人のひっかかりどころ満載の項目が並んでいます。

それに引き換え、本書の前編である「じっくり基礎編」ときたら、目次に並んでいるのは、「品詞の話」にはじまって、「一般動詞と be 動詞」、「疑問文・否定文」など、
「今さら、そんな当たり前の話をしてどないすんねん」
と思わず文句のひとつも言いたくなるような初歩の初歩の英文法の基礎知識

ばかり……。

だから、目次だけ見て、
「『じっくり基礎編』イラネ！オレは『とことん攻略編』だけやれば十分‼」
と考える人が出てくるのも仕方ないと思います。決して安い本ではないし、そう考える気持ちもよくわかる。よくわかるんだけど、
ココで、ちょっとだけ能書きをたれさせてください。

ボクが**実際に英語を教えるときには、英語の初級者だけでなく、相手が中級の生徒であっても、基礎中の基礎からじっくりやり直してもらいます。**
相手がよほどの上級者でない限り、ボクはこの姿勢を崩しません。

なぜなら、ボクの経験上、英語の伸び悩みの本当の原因は、「**よくわからない**」あるいは「**難しく感じる**」ところだけでなく、「**もっと基礎の基礎の土台の部分に潜んでいる**」ことが圧倒的に多いから。
それを踏まえて考えると、結局、初歩の初歩から（再）スタートして、「**よし、ココまでは大丈夫！　あとは前に進むだけ‼**」というふうにステップを踏みながら、着実に前進していくのが、「**最も効率的な進め方**」と言えるんです。

「そんな悠長なやり方で大丈夫？」
と心配になる人もいるかもしれないけど、はじめのうちはじれったく感じても、2、3カ月で確実に遅れをとり戻し、そこから先はトントン拍子に伸びていくことができます。だから、**心配ご無用！**
……と言っても、

「うっかり、この『とことん攻略編』を先に買ってしまって、『じっくり基礎編』からやり直す、時間的・金銭的な余裕ナシ……＿|￣|○ 」

という人もいるかもしれませんね。そういう人のために、とりあえず本トリセツを読む上で絶対に必要なポイントだけを、「**おさらい**」として、ごく簡単にざっとご紹介します。

「じっくり基礎編」を読んでくれた人は、ここは飛ばして、本編に進んでくれて**OK**です。でも、英語力に自信があっても、「じっくり基礎編」を読んでいない人は、必ずこの先の「おさらい」に目を通しておくようにしてください。

というのも、本トリセツでは、英文法をとっつきやすいものにするために、**従来の英文法の考え方を少しアレンジしているところもいくつかあるんです**。
だから、それを知らずに本編を読むと、
「あれっ、今まで覚えていた英文法の考え方と何か違う？？」
と戸惑ってしまう可能性アリ（とはいえ、そんなに大きく変更しているわけではないので、あまり身構えないでくださいね）。

それから、ここから先の「おさらい」ページには、基本的な文法知識についての**困ったときの参照ページ**としてのねらいもあります。
そのため、ここでは、ちょっと難しそうな文法用語や決まりごとの説明なんかもズラズラ出てくるのですが、あくまでも、
「あれっ、そう言えば、この用語ってどういう意味だったっけ？」
と疑問に感じたときのための確認用です。ムリして、いきなり全部丸暗記する必要はありません。とりあえずはざっと見てもらう程度でOK。

……ちなみに、**本編では、できるだけ用語を使わずにやさしく解説している**のでご心配なく！

それではドウゾ。

「じっくり基礎編」のおさらい

I. 言葉は特徴によってグループ分けができる。それぞれを区別する上でのグループ名（動詞、名詞、形容詞など）のことをまとめて「品詞！」という。

- 動詞……主に動きや動作を表す言葉
  → eat（食べる）、listen（聴く）、walk（歩く）など
- 名詞……ものの名前などを表す言葉
  → mountain（山）、teacher（先生）、tennis（テニス）など
- 形容詞……もの（名詞）の様子や状態を表す言葉
  → big（大きい）、beautiful（きれいな）、nice（ステキな）など
- 前置詞……日本語の「を、で、に、の、が」などに似ている言葉
  → in …（…（の中）に／で）、on …（…（の上）に）、to …（…へ／に）など
- 冠詞……日本語にはない品詞（だから、日本語に訳さないことも多い）
  → the（一応、「その…」という意味）、a（「ひとつの…」という意味）

……ちなみに「品詞」は上に挙げた5つだけではない。ほかにも「副詞」や「接続詞」、「助動詞」など、いろいろな品詞がある。でも、とりあえず、「言葉は特徴ごとにグループ分けできるんだなぁ。そういう考え方が英文法を勉強するときには必要なんだなぁ」ということを実感してもらえれば、それで十分。

II. 英語の文には、必ず『主語』に当たる名詞と『文の結論』を示すための動詞がひとつずつ入る。ちなみに、「文の結論」とは「…する、…だ」のような、日本語の文の終わりに入る内容のこと。英語では、文の結論を示すのに必ず動詞が必要。

A. 「日本人は米を食べる」みたいに、日本語の文の結論が、「食べる」のような普通の動詞の場合には、英語の文も、
→ **Japanese eat rice.**
のように、そのまま「食べる」って意味の動詞（eat）を使うだけ。

B.「その山々は美しい」みたいに、日本語の文の結論が、「美しい」のような動詞以外の言葉の場合には、英語の文には、
→ **The mountains are beautiful.**
のように、**必ず be 動詞**（ここでは are）というものを入れて、「英語の文には、必ず動詞がひとつ必要」というルールを守る。なお、いわゆる普通の動詞を、be 動詞と区別する意味で「一般動詞」と呼ぶ。

また、**英語の文では単語を並べる順番（語順）が大事**。上の例文からもわかるように、**基本の語順は、必ず〈主語＋動詞（＋その他の要素）〉となる**。

III. 動詞から後ろ（「その他の要素」という部分）に、どんな言葉やカタチが続くのかは、どんな動詞を使ったかによって決まる。

A. 一般動詞の場合、
Japanese eat rice.（日本人は米を食べる。）
の eat（食べる）のように、**後ろに「…をする」の「…を」に当たる名詞がひとつ続く動詞**（「他動詞」と呼ぶ）が最も標準的。
なお、**動詞の後ろに前置詞ナシで入り、日本語にすると「…を」とか「…に」とかに当たる名詞**（動作の対象に当たる言葉）のことを「目的語」と呼ぶ。

B. 中には、**後ろに名詞を続けるには、必ず「前置詞」という接着剤が必要な一般動詞**（「自動詞」と呼ぶ）もある。例えば、
Takako listens to rock music.（タカコはロックを聴く。）
の listen（聴く）など。こういう一般動詞の後ろには、前置詞ナシで名詞を続けることはできない。また、たとえ「…を」とか「…に」とかいう意味になっても、**前置詞の後ろに入る名詞は「目的語」とは呼ばない**。

なお、eat のように、前置詞ナシで後ろに名詞を続けられる他動詞タイプ、listen のように後ろに名詞を続けるのに前置詞が必要な自動詞タイプのどちらも、**さらに名詞を続けようと思ったら、接着剤に当たる前置詞が必要**になる。

→ **Japanese eat rice with chopsticks.**
　（日本人ははしで米を食べる。）
→ **Takako listens to rock music in her room.**
　（タカコは部屋でロックを聴く。）

C-1. 次に be 動詞を使う文の場合。be 動詞は、「彼の姉さんは先生だ」とか「その山々は美しい」みたいに、日本語の文の結論が「先生」とか「美しい」とか、とにかく動詞じゃないときに使う。be 動詞を使った文では、

His sister is a teacher.（彼の姉さんは先生だ。）
The mountains are beautiful.（その山々は美しい。）

のように、文の結論に当たる語が be 動詞の後ろ（右側）にくる。

ちなみに、be 動詞の後ろに文の結論として入る言葉のことを「補語」と呼ぶ。補語とは、**前にある名詞を詳しく説明する（補って説明する）**働きの言葉で、名詞や形容詞、〈前置詞＋名詞〉、副詞など、ありとあらゆる品詞が補語の役割を果たすことができる。be 動詞を使う文の場合、補語は「**主語の様子を説明する役割**」である。また、

His sister（彼の姉さん）＝ **a teacher**（先生）
The mountains（その山々）＝ **beautiful**（美しい）

のように、be 動詞を挟んだ左側（主語）と右側（補語）がイコールの関係になるのも補語の特徴のひとつ。

なお、be 動詞を使う文についても、

→ **The mountains are beautiful in winter.**（その山々は冬に美しい。）

のように、補語に当たる語よりも後ろに、さらに名詞を続けようと思ったら、接着剤に当たる前置詞が必要。

C-2. 中には、be 動詞と同様、後ろに補語を続けられる特殊な一般動詞もある。例えば、

They got angry.（彼らは怒った（状態になった）。）
He looks young.（彼は若く見える。）

の get や look などがそうであり、これらは一般動詞でありながら、

They（彼ら）＝ **angry**（怒った状態）
He（彼）＝ **young**（若い）

のように、主語とイコールの関係になる言葉（＝補語）を後ろに続けることができる。後ろに補語を続けられる一般動詞は、「…になる」あるいは「…に感じる」のような意味を表すものが大半であり、後ろに補語として続けられるのは、「形容詞だけ」なのが普通である。ただし、become、turn だけは例外的に、

She became a dentist.（彼女は歯医者になった。）

のように後ろに名詞を補語として続けることができる。

以上の **A**〜**C** が、動詞の後ろに続くカタチの最も基本的なパターン。なお、

「主語」を **S**
「一般動詞、または be 動詞」を **V**
「目的語」を **O**
「補語」を **C**

という具合に、ここまでに紹介した用語を、**日本語の代わりにアルファベットで簡略化して言い換える**こともできる。ここまでに登場した **A**〜**C** の英語の文のカタチを、この S、V、O、C という記号で表すと、それぞれ、

A. <u>Japanese</u> <u>eat</u> <u>rice</u>.
　　　　S　　　V　　O
B. <u>Takako</u> <u>listens</u> to rock music.
　　　S　　　　V
C–1. <u>His sister</u> <u>is</u> <u>a teacher</u>.
　　　　　S　　　V　　　C
C–2. <u>They</u> <u>got</u> <u>angry</u>.
　　　　S　　V　　C

となる。このように、S、V、O、Cという記号で表された英語の文の最小単位の骨組みのことを「文型」と呼ぶ。例えば、**SVO**のカタチなら「**S**は**O**を…する」、**SV**のカタチなら単に「**S**は…する」、**SVC**のカタチなら「**S**は**C**だ」といった具合に、「文型」と文の基本の意味の間には密接な関係がある。

また、「文型」という枠組みで英語の文を考えるときには、**主語（S）、動詞（V）、目的語（O）、補語（C）以外の要素は、すべて「オマケ」としてして無視してしまう**っていうのもポイント（**B**の to rock music という〈前置詞＋名詞〉が無視されているのはそのため）。

なお、代表的な文型は全部で5つ。ここまでに登場した**A**～**C**の基本パターンが発展した「より高度なカタチ」があと2つある。ただし、ここから紹介するカタチを後ろに続けることができる動詞は限られており、数が少ない。

D. 一般動詞の中には、

I gave him（人）/ my book（もの）.（ボクは彼に本をあげた。）
He taught the girls（人）/ English（もの）.
（彼はその女の子たちに英語を教えた。）

のように、**直後に「人」を指す名詞をもってくる場合、前置詞ナシでさらにもうひとつ（「もの」を指す）名詞を続けられる**動詞もある。代表例は、

give（与える）、teach（教える）、tell（伝える）、show（見せる）、send（送る）

などで、基本的に「『人』に『もの』を…する」という意味を表す。

なお、英語は「**語順がとにかく大切！**」な言語であり、前置詞ナシで名詞を後ろに２つ続けることができるのは、〈動詞＋「人」を指す名詞＋「もの」を指す名詞〉という語順の場合のみ。動詞の直後に「もの」を指す名詞をもってきた場合には、

→ I gave my book（もの）to him（人）.
→ He taught English（もの）to the girls（人）.

のように、前置詞を挟んで「人」を指す名詞を続けなければならない。
ちなみに、〈動詞＋「人」を指す名詞＋「もの」を指す名詞〉という英文のカタチ（文型）を記号を使って表すと、

I gave him my book.
 S V   O   O

つまり、**SVOO** ということになる。

E. また一般動詞の中には、

He made the room hot.（彼は部屋を暖かくした。）
 S   V   O   C

のように、**目的語（O）**の後ろにさらに**補語（C）**を続けることができる特殊な動詞もある。代表例は、

make、keep、call、drive、name、paint、leave

など。このタイプの動詞を使う〈**主語＋動詞＋目的語＋補語**〉というカタチの文を **SVOC** の文といい、日本語にすると、だいたい「**O を C にする**」という感じになる。例えば、

make O C →「O を C にする」
　　→ **He** make the room (O) / hot (C).
keep O C →「O を C に保つ、しておく」
　　→ **I** kept my project (O) / secret (C).
　　　（ボクは自分の計画を秘密にしておいた。）
call O C →「O を C と呼ぶ」
　　→ **We** call him (O) / John (C).
　　　（私たちは彼をジョンと呼ぶ。）

といった具合。なお、このカタチの英文の補語（C）は「**前の名詞（目的語）の様子・状態についての補足説明に当たる役割**」で、目的語と補語の間では必ず「**O = C**」の関係が成り立つのが目印。上の例でも、
「その部屋＝暖かい（状態）」
「ボクの計画＝秘密である（状態）」
「彼＝ジョン」
であることがわかるはず。

また、後ろに「OC」という1セットを続けることができる動詞は、**call**、**make**、**name** など一握りの例外を除いて、**C の位置に形容詞（だけ）しか入れることができない**ものが大半である。

……以上で「じっくり基礎編」のおさらい終わり。
いかがだったでしょうか？
「……なんか、動詞の話ばっかりしてたような」
と気づいた人は鋭い人。
英語の品詞の中で最も重要なのは、動詞なんです！

ここまでに述べたように、
「この動詞だったら、この文のカタチはアリで、このカタチはナシ」
といった具合に、どんな動詞を使ったかによって、英語の文のカタチ（文型）は決まってきます。そして、文の基本の意味は、文型である程度、決まってくるんでしたよね。だから、
「動詞と文型の関係さえ、きっちり押さえていれば、自ずと文の基本の意味はわかってくる！」
ってわけ。逆に言えば、英語っていうのは、動詞のことをわかっていないと本当に「動詞ようもない！」んです（寒っ）。

とはいえ、ここで取り上げたのは、あくまでも「是が非でも知っておいてほしい」基本中の基本知識だけ。
ここまでの説明では物足りなくて、「もっと詳しく知りたい！」という人、あるいは、この「とことん攻略編」を読み進むにつれて、英文法の基本について「？」がむくむく膨らんできたという人は、ぜひ「じっくり基礎編」の方も、ちょっとのぞいてみてください。
「じっくり基礎編」では、この「おさらい」ページの内容を、もっと詳しく丁寧に解説しているし、「日本語と英語の根本的な違い」をベースに、「副詞、前置詞、助動詞、疑問詞の使い方と注意点」など、ここではフォローしきれなかった品詞の解説だって詳しく丁寧に取り上げています。
はっきり言って、自分で英語を「話したり、書いたり、読んだり、聞いたり」する上で最も必要な部分なのに、「学校で教えてくれない」、「一般の参考書にはのってない」というオイシイところが満載！

……なんて宣伝しつつ、いざ本編へ！！

ID
STEP
動詞だけど
動詞じゃない
(-ingの場合)

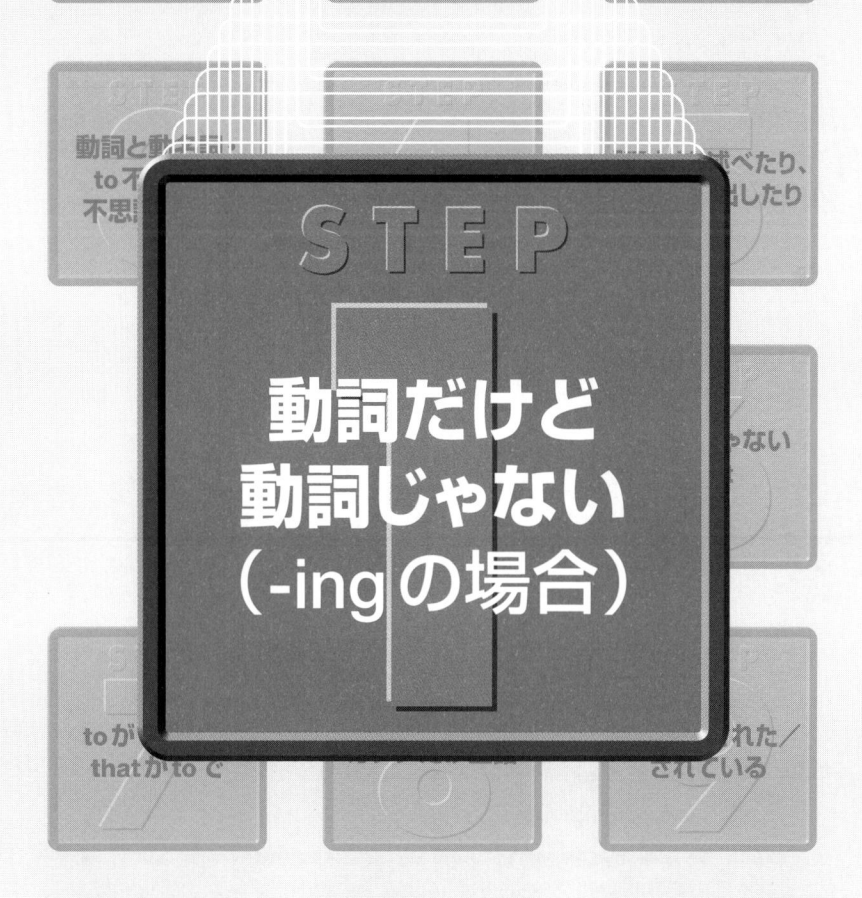

「…すること」は英語でどう言う？

まず、いきなり問題から。

> **Q** 「ボクはテニスが好きだ」を英語で言うとどうなるでしょう？

「チョー簡単、
I like tennis.
で OK でしょ？」

と余裕で正解できた人がほとんどだと思います。でも、**万が一、**
× **I am like** tennis.
とか「しでかしてしまった」人がいたら……、その人はさすがに「**じっくり基礎編**」からやり直した方がいいかも。**大丈夫！**　1 カ月、長くとも 2 カ月ですぐにここまで追いつきますよ！！

……なんて脱線しつつ、また問題。

> **Q** 「ボクはテニスを**すること**が好きだ」を英語で言う場合、正しいのは次の 1 と 2 のどちらでしょう？
>
> **1.** I like play tennis.
> **2.** I like playing tennis.

「何となく **2** っぽいかな〜？　でも、**1** でも意味はわかるかも……」
と、思った人が多いのでは？

その通り！　正解は **2** です。でも、**本題はここから。**

動詞だけど動詞じゃない（-ing の場合） **STEP 1**

じゃあ、意味はわかりそうなのに **1** がダメな理由ってなに？

「……えっ？ (-_-;)」

っと思った人も中にはいたりして。

「おさらい」ページにもちらっと書いたんだけど、ヒントは、
「英語の文には、必ず動詞がひとつ必要」
というところ。でも、コレって、裏を返せば、
「（ひとつの英語の文に）必要な動詞はひとつだけ。ひとつの文に動詞が2つもあったらダメ！」
ってことだったりするんです（動詞をひとつの英文に2つ以上入れる裏技もあるんだけど、それについてはまた後ほど）。

つまり！
1. I like play tennis.
という英文の場合、「好き」って意味の **like**、「（テニスを）する」って意味の **play** という2つの動詞がひとつの文に入っていますよね。**そこが ×（バツ）！**

……と、ココまで説明したところで、

「……ん？ でも、それを言うなら、**2** の文だって、like と playing って感じで、動詞が2つ入ってるんだから、ダメなんじゃないの？」

と思った人もいたりして。

そんな人たちにココで注目して欲しいのは、play の後ろにくっついている **-ing** です。実は、この **-ing** ってヤツは、

「オレは元は動詞だったけど、もう分類上は動詞じゃないよ。別の品詞だよ」

っていうのを示す「**目印**」なんです。だから、**2** の文は、「**動詞はひとつだけ（like のみ）**」というルールがちゃんと守られていることになり、正解！

「ナニ、ソレー！」
って人もいるかもしれませんね。それから、
「ちょっと待ってよ。『**-ing がついたら分類上は動詞じゃない**』って、じゃあ、一体どんな品詞なの？」
って疑問に感じる人も。

答えは、「**名詞！**」。この場合、**-ing** は、
「**オレは動詞生まれの名詞だよん**」
って目印なんです。

……なんて言うと、今度は「**じっくり基礎編**」を読んだ鋭い読者から、

「動詞の後ろに -ing をくっつけると、名詞扱い？……でも -ing って『**動作を続けている最中**』って言いたいときにくっつけるもので、
He is playing tennis.（彼はテニスをしているところだ。）
みたいに、be 動詞と一緒に使って『**進行形**』とかになるんじゃなかったっけ？　扱いも、確か名詞じゃなくて『**形容詞**』だったような……」

と指摘を受けたりして。

その通りなんです！

-ing は「…している（ところだ）」というふうに 動作を続けている ことを表したいときにも動詞の後ろにくっつけて使います。品詞で言うと、この場合は形容詞扱い。

でも、それだけじゃなくって、-ing を後ろにくっつけた「元動詞」は名詞扱いすることもできるんです。要するに、
同じカタチで形容詞だったり名詞だったり、一人二役の便利なヤツ、そ

動詞だけど動詞じゃない (-ing の場合) STEP 1

れが -ing！

ちなみに、-ing のついた「元動詞」が名詞扱いされる場合、日本語にするとたいてい「…すること」とか「…するの」といった意味になります。ちょうど -ing が「…すること」とか「…するの」の「こと」とか「の」に当たる感じ。

念のため、先ほどの英文で確かめてみると、

2. I like playing **tennis.**
(ボクはテニスをすることが好きだ。／ボクはテニスをするのが好きだ。)

といった具合。

> **日本語で「…すること／…するの」となる表現は、英語では動詞に -ing をくっつけて、名詞ってことにして表す！**

と、覚えておきましょう。

「動詞 ing」の特徴と注意点

さて、形容詞だったり、名詞だったり、一人二役の便利なこの「動詞ing」というカタチのうち、

1. 「進行形」などに使う「形容詞」扱いのものを「現在分詞」
2. 「…すること／…するの」という意味を表す名詞扱いのものを「動名詞」

と文法用語では言ったりします（「現在分詞」については、また後ほど詳しく解説します）。

「……便利ってゆーか、『現在分詞』とか『動名詞』とか、ややこしくてメンドクセーだけじゃん」

なんて、ぼやいている人もいるだろうから、一応、少しフォローをしておくと、ここで大事なのは、**動詞の後ろに -ing をつけると、動詞ではなく、違う品詞扱いになる**というところです。

実際の話、「現在分詞」とか「動名詞」とか、そういう**名前そのものはあまり気にしなくて OK**。カタチが同じだけに、**この両者に大差はありません**。ただ、一般的な英語の本などでは、この2つを別物のように区別して説明しているものが多いので、念のため、こういう名称も出しただけの話。

> **動詞の後ろに -ing をつけると、動詞ではなく、違う品詞（形容詞や名詞）として使える！**

というポイントをまず頭にしっかり叩き込んでおくこと。

さて、この「**動詞 ing**」というカタチに共通する特徴と注意点は、次の通り。

動詞だけど動詞じゃない（-ing の場合） **STEP 1**

> ⚠️ 「動詞 ing」のカタチは元が動詞なだけに、
> その後ろに動詞だった頃と同じカタチを続けることができる！

例えば、play のように、
I play tennis.（ボクはテニスをします。）
という感じで、後ろに直接名詞を続けることができる動詞だったら、

He is playing tennis now.（彼は今、テニスをしているところだ。）
　→ いわゆる「現在分詞」の場合
I like playing tennis.（ボクはテニスをすること[の]が好きだ。）
　→ いわゆる「動名詞」の場合

といった具合に、後ろに -ing がついても、やっぱりその後ろに直接名詞を続けることができるんです。
普通の名詞の後ろには、こんなふうにそのまま名詞を続けることはできません！
接着剤に当たる前置詞が必要です（冒頭の「おさらい」ページも参照）。

これが、listen のように、
He listens to music.（彼は音楽を聴きます。）
という感じで、後ろに名詞を続けるには、「接着剤代わりの前置詞が必要！」な動詞だったらどうなるかというと……、

He is listening to music now.（彼は今、音楽を聴いているところだ。）
　→ いわゆる「現在分詞」の場合
I like listening to music.（ボクは音楽を聴くの[こと]が好きだ。）
　→ いわゆる「動名詞」の場合

といった具合に、「動詞 ing」のカタチになっても、後ろに名詞を続けようと思ったら、やっぱり前置詞の to が必要なんです。

まとめると、

「**動詞の後ろに -ing をつけると、動詞ではなく、違う品詞（形容詞や名詞）になっちゃうけど、その後ろには動詞だった頃と同じカタチを続けられる！**」

ということですね。しっかり、覚えておいてください。

動詞だけど動詞じゃない（-ing の場合） **STEP 1**

「動詞 ing（動名詞）」が目的語になる場合

さて、ここからは、「動詞 ing」のカタチを「…**すること[の]**」という意味で、**名詞として使う場合**の注意点。

> ⚠ 〈動詞 ing ＋その他（名詞など）〉のカタチは **1 セット**で、
> 文の中の名詞が入りそうな位置にスッポリと収まる！

つまり、「〈**動詞 ing ＋その他**〉の**カタチ**は**1 セットでひとつの名詞扱い**」になるわけです。

1. I like tennis.
2. I like playing tennis.

という2つの英文を比較すると、そのことがよくわかると思います。
1 からもわかるように、like はその後ろに名詞がひとつ続くという、英語の中では最も標準的なタイプの動詞です。
でも、**2** では本来なら名詞が入るべき位置（like の直後）に、「テニスをすること」という意味を表す **playing tennis** って1セットが入っていますよね。

こんな感じで、「動詞 ing」を名詞として使う場合、**後ろの部分と1セットで**、普通の名詞と同じように、**動詞の直後の名詞が入るべき位置（目的語の位置）に入れることができる**のです。

さらに！ 目的語だけでなく、**主語**の位置から、**be 動詞の後ろ**、果ては**前置詞の後ろ**まで、とにかく**英文の中で名詞が入りそうなところなら「どこへでも」**この〈**動詞 ing ＋その他**〉のカタチを入れることができたりします。

「……なーんか、ややこしそう(+_+)」

と感じる人もいるかもしれませんが、とにかく「…**すること**」って感じだったら、即「〈**動詞 ing ＋その他**〉**のカタチが 1 セット！**」と思い浮かべられるようになるのがポイント。ココがちょっとした運命の分かれ道です。
軽く練習してみましょう。

> **Q** 「彼女はテレビを見ることを楽しんだ」を英語で言うとどうなるでしょう？

× **She enjoyed watch TV.**

「……じゃ、マズイ！」ですね。enjoyed も動詞、watch も動詞。
「**ひとつの文に動詞はひとつだけ！**」だから、「(テレビを) 見る**こと**」という **watch** の方には「こと」に当たる **-ing** をくっつけて、「**こっちは動詞じゃなくて名詞だよ**」とはっきりわかるようにしましょう。したがって、

She enjoyed watching TV.

が正解。enjoyed の後ろの名詞が入るべき位置（目的語の位置）に、「**テレビを見ること**」を意味する **watching TV** という 1 セットがそのままスッポリ入るところがポイントです。

「動詞 ing（動名詞）」が主語になる場合

> 「テニスをすることは楽しい」を英語で言うとどうなるでしょう？

× **Play tennis fun.**

と間違った人はさすがに少ないと思いますが（万が一「やってしまった」人はスタートへ戻る）、

「『テニスをすること』って言ってるんだから、**play** に **-ing** をくっつけて、**tennis** と１セットでしょ？　それなら、
Playing tennis fun.
コレでOK？」

と、「やってしまった」人は意外に多いかもしれません。

> ⚠ **英語の文には動詞が必ず１つ入る！**
> **英語は動詞が入らないと文が終わらない（終わらせることができない）！**

という決まりを忘れちゃダメ！。

「えー、でも『テニスを<u>する</u>ことは楽しい』の『する』って動詞でしょ？」という人が結構いそうですね。
そんな人は、動詞の後ろにつける **-ing** というのがどんなものだったかを思い出してみましょう。

「**-ing** は、もう動詞じゃありませんよ、別の品詞（ココでは名詞）ですよ、

という目印！」
でしたよね？
つまり、**-ing** のついたカタチには、**もう文を終わらせる・完結させる力がない**ということです。

そんなわけで、
Playing tennis fun.
では、「意味が何となーくわかる」ような気がしたとしても、
「**動詞がない！　だから、文が終わったことにならないからダメ！**」
なんです。さらに、ここからがとっても大切なところ。

> **Q**　「テニスをすることは楽しい」という文の結論はどこでしょう？

日本語では文末に入る言葉が「**文の結論**」に当たります。
つまり、この文の結論は「**楽しい**」という部分ですね。
「**楽しい**」は品詞で言うと「**形容詞**」です。要するに、「**テニスをすることは楽しい**」という日本語の文には、「**文の結論に当たる部分に動詞がない！**」のです。

実は、日本語と英語には、

「英語の文には必ず動詞が必要だけど、日本語の文は動詞があってもなくてもイイ！！（日本語の文には、動詞があるものもあれば、ないものもある）」

という違いがあります。そして、

「日本語では動詞が入らない文（動詞以外の言葉が文の結論になる文）を英語にするときには、必ず be 動詞というものを使う！」

動詞だけど動詞じゃない(-ing の場合)　**STEP 1**

ことで、「英語の文には動詞が必ずひとつ必要」という「お約束！」を守るのが英文法の最重要ルールのひとつだったりします（この辺を詳しく知りたい人は、「じっくり基礎編」をご参照ください）。

……要は、「テニスをすることは楽しい」みたいな日本語の文を英語に直そうと思ったら、be動詞を補ってやる必要があるということですね。したがって正解は、

Playing tennis **is** fun.

となります。

このように、「動詞 ing」を名詞（動名詞）として使う場合、
「〈動詞 ing ＋その他〉の１セットを、そのままスッポリ文の主語の位置に入れる！」
こともできます。

「テニスをすることは楽しい」のように、主語が「…すること／…するの」となって、かつ文の結論に当たる部分に動詞が入らない日本語の文を英語にする場合は、うっかり意味上の存在感が薄い be 動詞を文の中に入れるのを忘れてしまいがちです。

1. 動詞の後ろに -ing をつけると、動詞ではなく、違う品詞扱い！
2. 文の結論に当たる部分に、ちゃんとした（-ing などがつかない）一般動詞が入らないなら、必ず be 動詞を使う！

という２点をしっかり意識しておいてください。

動名詞＝進行形？

> **Q** 「音楽を聴くことがボクの趣味だ」
> を動名詞を主語にして、英語で言うとどうなるでしょう？

先ほど出てきたばかりの、「〈動詞 ing ＋その他〉の1セットが、そのままスッポリ文の主語になる！」ケースです。つまり、「**音楽を聴くこと**」は、**listening to music** で、この1セットが主語。文の結論は「**ボクの趣味（my hobby）**」だから（文の結論に当たる部分に動詞がないから）、英語では **be 動詞**を補ってやる必要がありますね。ということで、この場合、

Listening to music is my hobby.

とすれば正解。ところで、

「『**動詞 ing**』のカタチを名詞（動名詞）として使う場合、英文の中で名詞が入りそうな位置には、どんなところにでも入れることができる！」

のでしたよね？
〈動詞 ing ＋その他〉のカタチが、目的語・主語の位置に入る場合をここまでに見てきましたが、英語の文中で名詞が入る場所って、それだけではありません。

「**補語**」の位置にだって、名詞を入れることはできます！

「『**補語**』って何？」という人には、できれば「おさらい」ページを見てほしいのですが、すごく簡単に言ってしまえば、「**補語とは、be 動詞の後ろに入る言葉のこと**」です。ですから、

My hobby is listening to music.

のようにbe動詞の後ろ（つまり、補語の位置）に〈動詞ing＋その他〉のカタチを入れることだって可能。さて、本題はここから。

> My hobby is listening to music.
> という英語の文を日本語に訳すとどうなるでしょう？

「『**ボクの趣味は音楽を聴くことだ**』でしょ？　さっきの英文とbe動詞の前後が入れ替わっただけじゃん。**楽勝、楽勝！！**」

……と思った人が多いかもしれないけど、この英文をもう一度、「よーく」見てください。実はこの文の解釈の可能性ってそれだけじゃないんです。
〈**be動詞＋動詞ing**〉のカタチには、「…しているところだ」という意味の「**進行形！**」としての使い方もありましたよね。だから、

「ボクの趣味は音楽を**聴いているところだ**」

って解釈もアリ？！
……って言っておいてなんですが、実際にこういう解釈をする人は、おそらく「**限りなくゼロ**」に近いと思います。だって、これじゃまるで「ボクの趣味」っていうのが生き物みたいだし……。でも、

「『**動詞ing**』のカタチを**現在分詞**として（つまり、いわゆる『**進行形**』で）使う場合も、**動名詞**として使う場合も、カタチが同じなだけに、本質的に大差はない」

と以前に述べたのを覚えていますか？
どちらにも共通するのは、「**動詞に -ing をつけて、別の品詞の働き（「進行形」の場合は形容詞、「動名詞」の場合はその名の通り名詞の働き）をさせている**」というところ。そこで、

My hobby is listening to music.

という英文についても、ちょっと見方を変えて、**listening** という語を「『聴いている』という状態を表す形容詞」のように考えるとどうでしょう？
「ボクの趣味というのは、音楽を聴いている、という状態（と同じもの）である」
という感じになり、これはこれでOKなような気がしませんか？　結局、

「動詞に -ing をつけると、形容詞とか名詞とか別の品詞になる！　扱いが動詞ではなくなった以上、それだけで文を完結させる力はない。だから、-ing がついた元動詞が文の結論に当たる場合には、それとは別に be 動詞が必要」

ということです。
学校では、〈be 動詞＋動詞 ing〉というカタチをひとまとめにして、「進行形」という名前で教えます。でも、上のように考えれば、**実は進行形の元になる「現在分詞」にせよ、「動名詞」にせよ、「動詞 ing」というカタチの考え方の根っこは一緒**だってわかるはず。

「-ing は動詞が別の品詞に化けるサイン！」
って考えるだけで OK なのです。

ちなみに「私の趣味は…することです」は、my hobby という表現を使わずに、

I like ...ing in my free time.（私は自由な時間に…することが好きだ。）

と表すのが、英語人にとっては自然な言い方。これは文法的に正しい／正しくないの問題じゃなくて、根本的な発想の違いみたいなものです。

動名詞が英文を見えにくくする！　その１

「『動詞 ing』のカタチは元が動詞なだけに、その後ろに動詞だった頃と同じカタチを続けることができる！」

のが特徴です。そのため、このカタチを上手に使えば、「**すごく表現の幅が広がる！**」……のですが、これって見方を変えれば、「**そのせいで英文が相当ややこしくなる！**」ということだったりもします。ここまではシンプルな表現が中心でしたが、**そろそろメンドクサイ**のにいってみましょうか？

> **Q** 次の内容を英語にすると、どうなるでしょう？
>
> 1. 自分の部屋で音楽を聴くこと
> 2. 親と姉たちからお金を借りる（borrow）こと
> 3. 毎晩、携帯電話（cell phone）で友達とおしゃべりする（chat）こと

……答えは、

1. listen**ing** to music in one's room
2. borrow**ing** money **from** one's parents and sisters
3. chat**ting** **with** one's friends **on a cell phone** every night

いかがでしょう？
ちなみに、**one's** とは「人の・だれかの」のような意味です。普通、「私の」なら my、「彼女の」なら her などを使うのですが、「**特定はしないけど［だれでもいいけど］とにかくだれかの…**」のような架空の話をするときには、この one's を使います。英語は、この「だれの…」「どんな…」のような「**名詞の身元**」を日本語より細かく説明しなければいけない言語なんです。

と、ここでまた問題。

> **Q** 次の日本語の文を英語にすると、どうなるでしょう？
>
> **1.** ボクは 11 時に部屋で音楽を聴くのをやめた（stopped）。
> **2.** ヒロシは親と姉たちからお金を借りるのを避けた（avoided）。
> **3.** うちのお姉ちゃんは、毎晩、携帯電話で友達とおしゃべりするのが好きだ。

……答えは、

1. I stopped listening to music in my room at 11.
　＊ここでは「**ボク自身の部屋**」なので one's が **my** になります。
2. Hiroshi avoided borrowing money from his parents and sisters.
　＊ここでは「**ヒロシの両親と姉**」なので one's が **his** になります。
3. My sister likes chatting with her friends on a cell phone every night.
　＊ここでは「**姉の友達**」なので one's が **her** になります。

いかがだったでしょうか？
「**結構、大変……**」だったのでは？

このように「**…すること[の]**」という意味を表す〈動詞 ing ＋その他〉の部分が、やたらと「**長くてフクザツ……**」になるケースもあるんです。
そして、たとえ〈動詞 ing ＋その他〉の部分が、どんなに「**長くてフクザツ**」であっても、「〈動詞 ing ＋その他〉のかたまりを **1 セットで名詞ひとつ分という感覚**でとらえる」のが、このカタチを理解し、使いこなす上での秘訣なんです。

とりあえずは、「**少しずつ**」でもいいので、「**確実に**」慣れていってくださいね。

動詞だけど動詞じゃない(-ing の場合)　STEP 1

動名詞が英文を見えにくくする！　その2

「メンドクサイやつ　その2」に入る前に、ちょっとおさらい。

冒頭の「おさらい」ページでも少し述べましたが、**動詞の後ろに続くカタチは動詞ごとに決まっています**。最も標準的なのは、
... play tennis in the park
の play みたいな感じで、後ろに名詞が1個だけ続いて、それより先は前置詞を使って名詞をつなげていくタイプの動詞。

そんな中で、
give（与える）、teach（教える）、tell（伝える）、show（見せる）、send（送る）
といった動詞は「**ちょっと特別**」です。
何が特別かといえば、こうした動詞は、

動詞＋「人」を指す名詞＋「もの」を指す名詞

という感じで、**直後に「人」を指す名詞をもってくる場合、前置詞ナシでさらにもうひとつ（「もの」を指す）名詞を続けられる**んです。ちなみに、意味はどれも「『人』に『もの』を…する」って感じ。

ただし！　こうした特別な動詞でも、直後に「人」以外の名詞を続けるなら、その他の動詞と同じようなカタチにしないといけません。つまり、

動詞＋「もの」を指す名詞＋前置詞（to など）＋「人」を指す名詞

という感じで、2つ目の名詞をつなぐには前置詞が必要なんですね。ちなみに、こっちも意味は「『人』に『もの』を…する」って感じ。

……と、おさらいが長くなりましたが、こうしたポイントを踏まえた上で、次の問題にチャレンジしてください。

> **Q** 「貧しい人々（人を表す名詞）にお金（ものを表す名詞）を与えること」
> を英語で言うとどうなるでしょう？

……答えは、次の2パターン。

1. giving poor people some money
2. giving some money to poor people

このように、〈動詞＋「人」を指す名詞＋「もの」を指す名詞〉、〈動詞＋「もの」を指す名詞＋前置詞（to など）＋「人」を指す名詞〉のどちらも、-ing をつけて〈動詞 ing ＋その他〉というカタチにすれば、1セットで名詞ひとつ分の扱い。つまり、この1セットを主語にしたり、目的語にしたりできます。

> **Q** 「ボクの友達は、貧しい人々にお金を与えるのが好きだった」
> を英語で言うとどうなるでしょう？

上の1セットを利用して、

1. My friend liked giving poor people some money.
2. My friend liked giving some money to poor people.

とすれば正解。この文を細かく見てみると、
「liked の目的語が giving で、その giving の目的語が poor people で、さらに some money も giving の目的語で……」
という感じで、実はかなりややこしいことになってます。でも、**色が違う部分を1セットの感覚でとらえる**と、それほど難しくないのでは？

動詞だけど動詞じゃない(-ing の場合) **STEP 1**

> **Q** 「卵を固くゆでる（boil）こと」
> を英語で言うとどうなるでしょう？

「ゆでる」って意味の boil は、**目的語の後ろにさらに補語（前にある名詞の様子・状態について説明する語）を続けることができる動詞**です。この「目的語＋補語」という組み合わせを記号を使って表すと、「**OC**」となります。この「**OC（目的語＋補語）**」というカタチの間には、「**O（の様子・状態）は C だ**」って感じで、**O＝C** のような関係が成り立つのが特徴。
ここでも「卵＝固い状態」という関係が成り立つので、

boiling the egg hard
　　　　　　O　　　**C**

と表せばOK。

> **Q** 「卵を固くゆでるのは難しい」
> を英語で言うとどうなるでしょう？

Boiling the egg hard is difficult.

とすれば正解。
つまり、〈動詞 ing ＋ OC〉というカタチも、「1セットの大きな名詞」の感覚で、主語とか目的語とか補語とかの位置に入れることができるということです。

何度も言いますが、
「動名詞で表す部分（日本語にしたら「…すること[の]」に当たる部分）を1セット感覚でとらえられるかどうかが、分かれ道！」
です。しっかり練習して慣れておいてください。

「ふくしゅう」酒場…… 1 杯目

さて、一気にいろいろな話をしたので、「もう疲れた、一杯やりてー」という人もいるのでは？　いいでしょう、とことん酔ってもらおうじゃないですか。この「STEP 1」で身につけた知識に。
名づけて、酔えば酔うほど賢くなる、『ふくしゅう』酒場」です。

> **Q** 日本語の内容に合う英文を書きましょう。
>
> **1.** 日本人は英語をしゃべるのがうまくない。
> **2.** 生きることは他人（others）と戦うことなのですか？
> **3.** ベッドの中で本を読むのはあなたの目によくありません。
> **4.** 英語を一生懸命勉強することは、彼に大きなチャンスを与えるだろう。
> **5.** 困っている（in trouble）人を助けることはいつも彼女を幸せ（な気分）にする。
> **6.** 何でイチローはその生徒に数学を教えるのをやめたの？

ここで「動名詞！」の基礎を簡単におさらい。
ポイントをアタマに叩き込んだ上で、満足のいく英文ができあがったら、p.44 の「解答と解説」へ。

「動名詞」ってこういうこと

その1：動詞の後ろに -ing をつけると、動詞ではなく、違う品詞扱いになる！「形容詞」扱いの場合は「現在分詞」、「名詞」扱いの場合は「動名詞」と呼ばれるが、呼び名は違っても、カタチが同じだけにどちらも根っこは同じ。

動詞だけど動詞じゃない (-ing の場合)　**STEP 1**

- いわゆる「現在分詞(「形容詞」扱い)」の場合
  He is play**ing** tennis now.（彼は今、テニスをしているところだ。）
- いわゆる「動名詞(「名詞」扱い)」の場合
  I like play**ing** tennis.（ボクはテニスをすること[の]が好きだ。）

その 2：「動詞 ing」のカタチは元が動詞なだけに、その後ろに動詞だった頃と同じカタチを続けることができる！　後ろに名詞を直接続けられる動詞なら「動詞 ing」もそうだし、後ろに名詞を続けるのに前置詞が必要な動詞だったら、「動詞 ing」のカタチになっても、やっぱり前置詞が必要。

　　例：He listens to music.（彼は音楽を聴きます。）
　　　　→ He is listening to music now.
　　　　（彼は今、音楽を聴いているところだ。）
　　　　→ I like listening to music.
　　　　（ボクは音楽を聴くの[こと]が好きだ。）

その 3：日本語で「…すること／…するの」という表現は、英語では「動詞 ing」のカタチ（動名詞）で表せる。後ろに続く部分も含めて、〈動詞 ing ＋その他〉というカタチが 1 セットで名詞ひとつ分という扱いになり、このカタチを「主語・目的語・補語」の位置など、英文中の名詞が入りそうなところなら「どこへでも」入れることができる！

- 〈動詞 ing ＋その他〉の 1 セットが主語になる例
  Play**ing** tennis is fun.（テニスをするのは楽しい。）
- 〈動詞 ing ＋その他〉の 1 セットが補語になる例
  My hobby is play**ing** tennis.（私の趣味はテニスをすることです。）

その 4：後ろに名詞を前置詞ナシで 2 つ続けたり、「目的語＋補語（OC）」というカタチを続けたりすることができる特殊な動詞も「動名詞」として使える。こうした場合、「動詞 ing」の後ろが長くて、フクザツなカタチになりがちだが、〈動詞 ing ＋その他〉を 1 セットの「ひとつ

の大きな名詞感覚」でとらえるのがポイント。

● 〈動詞 ing ＋その他〉の１セットが長くてフクザツな例
Listening to music in the room at midnight is fun.
（真夜中に部屋で音楽を聴くのは楽しい。）
My friend liked giving poor people some money.
（ボクの友達は貧しい人にお金をあげるのが好きだった。）

解答と解説

1. 日本人は英語をしゃべるのがうまくない。
→ Japanese are not good at speaking English.

「…がうまい」は、good という形容詞を使って、**be good at ...**というカタチで表すのが普通です。主語の「**日本人**」を表す**Japanese**は、複数扱いとなるので、使う be 動詞は **are** とすること。日本語の文は「**うまくない**」なので、are の後ろに not をつけて否定文のカタチにするのも忘れずに。「**英語をしゃべるの**」という部分は、この「**STEP 1**」で勉強した「**動詞 ing**」のカタチ（動名詞）を使って、**speaking English** とすれば OK。このように、「…すること［の］」という意味を表す〈動詞 ing ＋その他〉の１セットが、そのままスッポリ前置詞の後ろに入ることもあります。ちなみに、「…が下手である」であれば、**be bad / poor at ...**と表すのが普通です。

2. 生きることは他人と戦うことなのですか？
→ Is living fighting against others?

この文は「疑問文」ですね。主語は「**生きること**」なので「**動詞 ing**」のカタチ（動名詞）を使って **living** に、文の結論も「**（他人と）戦うこと**」なので、やはり、**fighting** という動名詞で表せば OK。「…と戦う」は、**fight against ...**と表します（前置詞は against ではなく with でも OK）。

動詞だけど動詞じゃない（-ing の場合）　**STEP 1**

ちなみに、動詞の後ろの -ing は、「もう動詞ではない」という目印でしたよね。「**英語の文には必ず動詞がひとつ必要**」なので、be 動詞を文の中に補う必要があります。なお、**動名詞が主語になる場合、be 動詞は単数形（is や was）**を使うのが普通です。この文は疑問文なので、be 動詞（is）を文頭に出すのを忘れないこと。慣れないうちは、「動詞 ing」が連続するカタチを気持ち悪く感じるかもしれませんが、こういう文だってアリです。

3. ベッドの中で本を読むのはあなたの目によくありません。
　→ Reading (books) in bed is not good for your eyes.

主語は「ベッドの中で本を読むの」なので、**reading (books) in bed** のように表せば OK。「ベッド（の中）で／寝床で」は **in bed** が決まり文句で、この表現には「**冠詞（a や the）などをつけない**」のが普通です。「本を読む／読書をする」は、read books でもいいのですが、いちいち books をつけずに、read だけでも OK。「…にとってよい」は、**be good for ...** のように表します。設問 1 で出てきた **be good at ...**（…がうまい）と間違えないように注意。日本語の文は「よくありません」なので、否定文にするのもお忘れなく。

4. 英語を一生懸命勉強することは、彼に大きなチャンスを与えるだろう。
　→ Studying English very hard will give him a big chance.

「英語を一生懸命勉強すること」は、**studying English very hard** で、これが 1 セットで主語。文の結論は「（彼に大きなチャンスを）**与えるだろう**」ですが、「**与える**」という意味の **give** は「**直後に人を指す名詞をもってくる場合、さらにもうひとつ前置詞ナシで名詞を続けることができる動詞**」です（p.17 も参照）。「彼に大きなチャンスを与える」なら、**give him a big chance** という具合。ただし、a big chance の方を give の直後にもってくる場合は、**give a big chance to him** のように、2 つ目の名詞をつなぐには前置詞が必要。「…だろう」というニュアンスは、**will** という助動詞で表します。

5. 困っている人を助けることはいつも彼女を幸せ (な気分) にする。
　→ Helping people in trouble always makes her happy.

「助けること」は、**helping** という動名詞で表せばOK。「困っている人」は「困難の中にいる人」と考えて、**people in trouble** と表します。つまり、「困っている人を助けること」は、**helping people in trouble** となり、これが「1セットで主語」ですね。〈前置詞＋名詞〉のセットは名詞を後ろから説明するという点に注意。
「彼女を幸せにする」は、**make** を使って表します。〈make O C〉のカタチで、「O を C にする」という感じだから、「彼女を幸せにする」なら **make her happy** (p.18も参照)。これに「いつも」という意味の **always** が加わるのですが、このような「頻度を表す副詞」は、一般動詞を使う文の場合、「位置は一般動詞の前」となります。なお、「…すること」という意味の動名詞は、主語になる場合は単数扱いなので、動詞 (ここでは make) の後ろに -s が必要です。要注意！

6. 何でイチローはその生徒に数学を教えるのをやめたの？
　→ Why did Ichiro stop teaching the student math?

「……教えている生徒の方が賢かったから」なーんて、個人的な思い出は置いておいて、「何で？」とたずねる疑問文なので、**why** という疑問詞で文をはじめること。なお、**疑問詞の後ろは、「疑問文のカタチ」**になります。文の結論は、「やめたのか」なので、「やめる」という意味の一般動詞、stop を使えばOK。過去の話なので、ここまでで、**Why did Ichiro stop ...?** となります。
「その生徒に数学を教えるのを」という部分は、**teaching the student math**、もしくは **teaching math to the student** と表せばOK。設問 4 で登場した give と同じパターンですね。「…するのをやめる」は〈**stop ...ing**〉というカタチで丸暗記してしまうのもおすすめです。

STEP 2

動詞だけど動詞じゃない（toの場合）

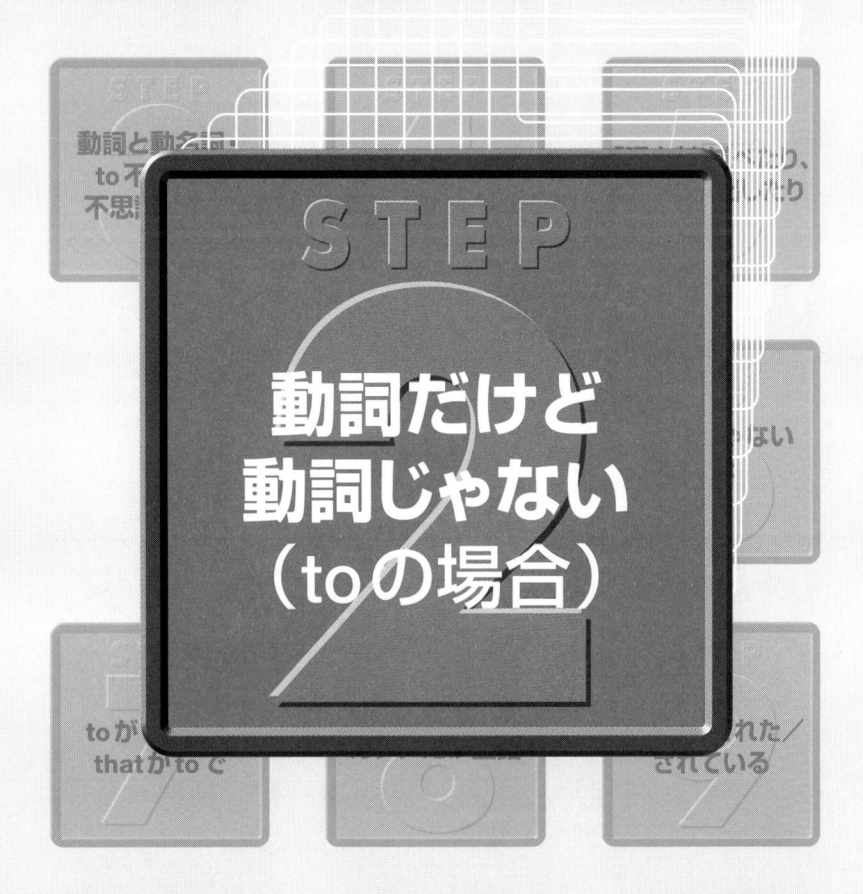

またしても動詞だけど名詞？

前のステップでは「…すること／…するの」という内容を英語で表すとどうなるかを解説しました。
まずは、その「おさらい」から。

日本語だと「**ボクは音楽を聴くの[こと]が好きだ**」のように、動詞の後ろに「の」や「こと」を補うような内容を、英語では動詞の後ろに **-ing** をくっつけて表すのでしたよね？　例えば、

1. ボクは音楽を聴くのが好きだ。
　→　**I like** listening **to music.**
2. テニスをすることは楽しい。
　→　**Playing tennis is fun.**

といった具合。
このような「**動詞 ing**」のカタチの特徴は次の通り。

① 動詞ではなく名詞扱いで、「動名詞」といったりする。
② 元が動詞だけに、後ろには、もともと動詞だったときに続けることができたカタチをそのまま続けることができる。
③ 動詞 ing の後ろに続く部分も含めて、1セットで名詞ひとつ分の働きをする。
④ 文の中の名詞を入れられる位置（主語・目的語・補語の位置、前置詞の後ろ）であれば、どんなところにでも、この〈動詞 ing ＋その他〉を入れることができる。

さて、実は、「動名詞」と同じ内容を、別のカタチで表すことも可能だったりします。いきなり、答えを出してしまうと次の通り。

1. I like listening **to music.**
　→　**I like** to listen **to music.**

2. Playing tennis is fun
→ To play tennis is fun.

このように、**動詞の原形の前に to という語を置くカタチ**でも「…すること／…するの」という意味を表せるのです。
そして、この〈to ＋動詞の原形〉というカタチのことを、「**to 不定詞（または単に『不定詞』）**」と呼びます。

「何かまたヘンなの出てきたなぁ……」
とボヤいている人もいたりして。
まあ、確かに名前とカタチは新しいけど、この **to 不定詞も基本的には、動名詞と同じように考えれば OK**。つまり、

「『**もう動詞じゃありませんよ、別の品詞ですよ**』という『**目印**』として**動詞の原形の前に to を置く**。動詞ではなくなった以上、それだけで文を完結させる力はないから、**to 不定詞とは別にきちんとした動詞が文の中に必要！**」

ってことです。

> **「…すること／…するの」という日本語表現は、英語では、**
> **「動名詞」と「to 不定詞」の2通りの方法で表せる！**
> **どちらも文の中で、名詞が入りそうな位置に入れることができる！**

さて、to 不定詞の使用上の注意点は次の通り。

> **重要**

★ to 不定詞の注意点

● to 不定詞も、動名詞と同じく、その後ろにはもともと動詞だったときに続けることができたカタチをそのまま続けられる。

● そして、文の中では、to 不定詞の後ろに続く部分も含めて、〈to ＋動詞の原形＋その他〉というカタチが、1 セットで名詞ひとつ分の働きをする。

●「…すること [の]」という意味を、動名詞は、playing のように -ing を動詞の後ろに直接くっつけることで表すが、to 不定詞は、to play のように to を動詞の前に間を開けて置くことで表す。

● to 不定詞は動名詞と同じように、文の主語・目的語・補語として使うことができる。ただし、動名詞と違って、前置詞の後ろには続けることはできない。

最後のポイントに特に注意。
「to 不定詞は前置詞の後ろには置くことができない」ので、例えば、「ブレイズは歌うのが下手だったの？」のような日本語の文を英語に直す場合、

○ **Was Blaze poor** at singing?
× **Was Blaze poor** at to sing?

となります。それ以外は、動名詞と同じ感覚で使って OK。

> **Q** 「彼はボクにお金を貸すことを拒絶した（refused）」
> を to 不定詞を使って英語で言うとどうなるでしょう？

動詞だけど動詞じゃない（to の場合） **STEP 2**

「**お金を貸す**」は **lend** という動詞で表しますが、これは後ろに「人」を指す名詞を続ける場合、前置詞ナシで名詞を 2 つ続けられる動詞。

だから「**ボクにお金を貸すこと**」を「**to 不定詞**」のカタチで表す場合、
to lend me money
か、あるいは
to lend money to me
とすることになりますね。

したがって、

He refused to lend me money. / He refused to lend money to me.

が正解となります。

「…するために」は英語でどう言う？

to 不定詞（動詞の原形の前に to を置くカタチ）が表す意味は、「…すること／…するの」だけではありません。

日本語では、何かをする際の「**目的！**」について話をする場合「…しに／…するために」のような言い方をしますよね？　例えば、

1. ボクはトルコ語を勉強しに図書館に行った。
2. タダシは新しいクルマを買うために働いた。
3. 私たちはゲームをするためにコンピューターを使う。

という感じで。

実は、このような動作の「目的」を表す場合も、英語では to 不定詞を使うんです！
上の3つの日本語の文なら、

1. I went to the library to study Turkish.
2. Tadashi worked to buy a new car.
3. We use computers to play games.

といった具合。
このように、to 不定詞で「…しに／…するために」のような「動作の目的」を表す使い方を、特に「**to 不定詞の副詞(的)用法**」と言ったりします。

ちなみに、副詞には、いろいろな役割があるのですが、「どんなふうに…するのか」みたいに「**動詞を説明してあげる**」のも副詞の大切な役割のひとつ。同じように、to 不定詞を動詞を説明する感じで使うから、「**to 不定詞の副詞(的)用法**」というわけ。

……でも、こういう難しい呼び方は、「あまりスキじゃない……」って人も

動詞だけど動詞じゃない（to の場合） **STEP 2**

大勢いるはず。少なくとも、ボクは「**大キライ！**」ですよ（……って、別に威張ることでもないけど）。ボクみたいな人は次のように覚えておけば、それでOK。

> ⚠ 「…しに／…するために」のような何かをする際の
> 目的を表したければ、**to 不定詞のカタチを使う！**

ただし、「…しに／…するために」という意味で「**to 不定詞**」を使う場合、次のような言い方も可能な点に注意してください。

1. I went to the library to study Turkish.
　→ To study Turkish I went to the library.
2. Tadashi worked to buy a new car.
　→ To buy a new car Tadashi worked.
3. We use computers to play games.
　→ To play games we use computers.

> ⚠ 「…しに／…するために」という意味の to 不定詞は、
> 文のはじまり（主語より前）に置くことも、終わりに置くこともできる！

ということです。
「じっくり基礎編」でも詳しく説明しましたが、副詞はオマケ扱いの品詞で、
「その語だけを単独で、好き勝手に文の中に入れてイイ！」
というところがあったりします。
同じように、「**to 不定詞を『…しに／…するために』という意味で使う**」場合も、「**1 セットで副詞**」という扱いだから、「**入れる位置が割と自由**」ってこと。

「服を着る」じゃなくて「着る服」

> **Q** 「アイツは着る服をもっていない」を英語で言うとどうなるでしょう？

まず、主語は「アイツ(は)」だから、**he** で、これが文頭。次に文の結論に当たるのが「もっていない」で、これは **have** って動詞を否定のカタチにすれば表せるから、とりあえず、

→ He doesn't have ...

と、ここまではまったく問題ないですよね？

でも、ココからどうしましょう？

最後に残った「着る服」という部分を、英語ではどのように表現したらいいのでしょうか？

……日本語の感覚で考えると「動詞(着る)＋名詞(服)」という組み合わせですよね。じゃあ、英語でも同じように、wear(動詞)と clothes(名詞)を **wear clothes / clothes wear** みたいな感じで組み合わせて、

He doesn't have wear clothes.
He doesn't have clothes wear.

とすればイイかというと、……答えは断じて **No**！
英語の場合、ただ **wear clothes / clothes wear** とするだけでは、かなりマズいんです。
「だって、これじゃひとつの文に動詞が2つもある！」
ってことになりますから。残念！
……では、一体どうすればいいのでしょうか？

動詞だけど動詞じゃない（to の場合）　**STEP 2**

なんと、ここでも「**to 不定詞の出番！**」だったりします。
答えを言ってしまうと、

着る服 → **clothes** to wear

という感じ。
したがって、「アイツは着る服をもっていない」という文を英語で表すと、

→ **He doesn't have clothes to wear.**

となります。

> ⚠️ 日本語で〈…する（動詞）＋名詞〉というカタチになる表現は、英語では、to 不定詞を使って〈名詞＋ to ＋動詞の原形〉というカタチで表す！

ただし、ひとつ注意点。
日本語で「…する（動詞）＋名詞」といったカタチになる表現でも、to 不定詞を使って〈名詞＋ to ＋動詞の原形〉というカタチで表せるのは、基本的に「**着る(べき/ための)服**」のような感じのもの。つまり、「…する（動詞）」と「名詞」の間に「べき」とか「ための」といった言葉をはっきり補ってもおかしくない表現です。

「よくほえる犬」
「すぐ壊れる機械」

のように、動詞と名詞の間に「べき／ための」を入れると不自然な感じがする表現は、あまりこのカタチに向いていません。こういうのはまた別のカタチで表します。でも、そのカタチについては、また別の機会に。

ここでは、〈名詞＋ to ＋動詞の原形〉というカタチを、まず完全に身につけてしまいましょう。

> **Q** 次の日本語の表現を英語にすると、どうなるでしょう？
>
> **1.**「読む（べき／ための）本」
> **2.**「（私の）顔を洗う（ための）水」
> **3.**「その車を買う（ための）お金」

……答えは、次の通り。

1. books to read
2. water to wash my face
3. money to buy the car

さて、この〈名詞＋ to ＋動詞の原形〉というカタチで「…する（動詞）＋名詞」のような意味を表すto不定詞の使い方は、〈to ＋動詞の原形〉の部分が前にある名詞を説明するカタチになるので、「**to 不定詞の形容詞（的）用法**」と呼ばれたりします。でも、本当に大切なのは、次の考え方。

重要

★ to 不定詞ってこういうこと！

①英語の文には、必ず文の結論を示すための動詞がひとつ必要！でも、ひとつの文に動詞を２個入れたら間違い！

②文の結論とは別に、動詞みたいな表現を入れようと思ったら、区別のために「コレはもう動詞じゃありませんよ」という目印が必要だな……

③そうだ、文の結論ではない動詞の前には、目印として **to** を置いておこう！

動詞だけど動詞じゃない（to の場合） STEP 2

名詞、副詞、形容詞……、to 不定詞には、いろいろな使い方がありますが、すべてに共通しているのは、この考え方です。

難しい呼び名は別に覚えなくていいので、この「**to 不定詞の根本的な考え方**」だけ、しっかり押さえておいてください。

to 不定詞——自分で使うには？

ここまでに、英語の「**to 不定詞！**」というカタチには、

① 「(テニスを)すること」のように「…するの／…すること」という意味
② 「(トルコ語を)勉強しに」のように「…しに／…するため(に)」という意味
③ 「着る(べき)服」のように「…する(べき／ための)名詞」という意味

という3通りの意味を表す使い方があるということを見てきました。

「英語ではたったひとつのカタチなのに、対応する日本語は3通りもあるって、何だかややこしい……」

って、思う人もいるかもしれないけど、案外そうでもないのです。
確かに、「**これは名詞／副詞／形容詞扱いだから……**」って考えはじめるとややこしいですけど、いちいちそんなことを考える必要はありません。

自分で to 不定詞を使う分には、
「**こういう日本語の表現は、どれも英語では to 不定詞を使って表す！**」
と単純に丸暗記しておくだけでも十分だったりします。
こういうのは「慣れ」ですから、あれこれ考えるより、実際に練習してみるのが一番。というわけで……、

Q 次の日本語の文を英語にすると、どうなるでしょう？

1. あなたは英語を理解する（learn）ためにこの本を買ったのです。
2. 英語を勉強することは日本語を勉強することだ。
3. タカシは昨日この本を読みはじめた。
4. 彼らは食べる米をもっていない。

動詞だけど動詞じゃない（to の場合） **STEP 2**

……答えを出す前に、ちょっとヒント。次のように色を変えて言葉を補うとわかりやすいかもしれないですね。色の違う部分が to 不定詞の 1 セットです。

1. あなたは英語を理解するためにこの本を買ったのです。
2. 英語を勉強することは日本語を勉強することだ。
3. タカシは昨日この本を読みはじめた（読むことをはじめた）。
4. 彼らは食べる（ための）米をもっていない。

……で、答えは次の通り。

1. You bought this book to learn English.
2. To study English is to study Japanese.
3. Takashi started to read this book yesterday.
4. They don't have rice to eat.

1 が ②「…しに／…するため（に）」、**2**、**3** が ①「…するの／…すること」、**4** が ③「…する（べき／ための）名詞」というパターンですよね。
日本語はいろいろでも、英語ではすべて to 不定詞ひとつで済むわけだから、ある意味、簡単？

それからひとつ注意してほしいのは、**3** の「**読みはじめた**」みたいな、一瞬「……何ソレ？」って表現も、「**読むこと＋をはじめた**」のように日本語の方の見方を工夫すれば、意外に知っている知識で表せるということ。**2** の
「**英語を勉強することは日本語を勉強することだ**」
じゃないですけど、英語って日本語の力の方も必要なんですよ。

to 不定詞――読んだり聞いたりするには？

to 不定詞を自分で使う場合には、

① 「…するの／…すること」
② 「…しに／…するため（に）」
③ 「…する（べき／ための）名詞」

という日本語表現を「**全部、to 不定詞で置き換えれば OK**」なので、意外に簡単だというのは、実感できたと思います。

でも、to 不定詞が使われている英文を「読んだり、聞いたりする場合」はどうでしょうか？
日本語だと 3 パターンの表現を使い分けるところを、英語では、〈to ＋動詞の原形〉、つまり to 不定詞ひとつで済ませてしまいます。
だから、文の中で to 不定詞と出合うと、

「……これって日本語だと 3 つのうちのどの意味？」

と戸惑ってしまう人も中にはいるかもしれません。

でも、**実はこれも簡単！**

1. 英文の順番通りに前から意味を考えていく。
2. to 不定詞を使った表現が出てきたら、上の①～③の to 不定詞の意味を頭に思い浮かべる。
3. その中から、前の部分に最も自然につながるものを選ぶ。

という 3 つの手順を踏むだけ。
ポイントは「まず前から意味を考えていく」というところです。

動詞だけど動詞じゃない（to の場合） **STEP 2**

例えば、
I wanted water to wash my face.
という英文だったら、こんな感じ。

1. まず、**I wanted** だから「ボクは欲しかった」。「何が欲しかったのか？」と言えば、**water** だから「ボクは欲しかった、水が」。という具合に前から順番に意味を考えていく。

2. その後ろに **to wash my face** という to 不定詞を使った表現があるので、ここで to 不定詞の3つのパターンを思い浮かべる。この場合、
   ① 顔を洗うこと
   ② 顔を洗うために
   ③ 顔を洗うための
   という3パターン。

3. この中で、「ボクは欲しかった、水が」という前の部分に、最も自然につながりそうなものを選ぶ。この場合、明らかに不自然な ① を真っ先に除外。残った ② と ③ を自然な日本語に訳すと、

② **ボクは欲しかった、水が。顔を洗うために。→ボクは顔を洗うために水が欲しかった。**
③ **ボクは欲しかった、水が。顔を洗うための。→ボクは顔を洗う（ための）水が欲しかった。**

という感じ。こういう場合は、② でも ③ でも好きな方に解釈して OK。

こんな調子できちんと手順を踏んで考えていけば、「**余裕！**」……かな？

「ふくしゅう」酒場…… 2 杯目

「じっくり基礎編」では、「動詞・前置詞・副詞」など、「英語には、どういう品詞があるのか？」という話を中心にしました。この「とことん攻略編」では、「動名詞」とか、ここで登場する「to 不定詞」のような「一見、動詞みたいだけど、実は別の品詞」という話がたくさん登場します。いわば、**品詞の基本知識の応用編**。こういう応用が苦手な人は一度、品詞の基礎から、じっくりやり直してみるのも、経験上おすすめ。基礎って本当に大切ですよ。

> **Q** 次の日本語の文の内容と、それに対する英語の文について、英文が正しければ○をつけ、間違っていれば正しい文に訂正しましょう。
>
> **1.** 彼らの命を救うために、私たちは何をすることができるだろうか？
>   Can we play what to save them lifes?
> **2.** あんたは庭（backyard）をきれいにしておくために彼を雇ったのかい？
>   Were you hire him to make clean the backyard?
> **3.** 子どもにものを与えることが、子どもを愛することではありません。
>   To give your kids things don't love your kids.

ここで「to 不定詞！」の基礎を簡単におさらい。
ポイントをアタマに叩き込んだ上で、満足のいく解答ができあがったら、p.64 の「**解答と解説**」へ。

「to 不定詞」の考え方

その 1：動詞の原形の前に置かれた to は、「後ろの動詞はもう動詞じゃ

ありませんよ、別の品詞ですよ」という「目印」。この〈to ＋動詞の原形〉というカタチを「to 不定詞」と呼ぶ。「to 不定詞」は動詞ではなく違う品詞扱いなので、to 不定詞の入る文には別にきちんとした動詞が必要！

その2：文の中では〈to ＋動詞の原形＋その他〉のように、「to 不定詞」の後ろに続く部分も含めて1セットという感覚で扱う。

その3：英語の「to 不定詞」が表す内容を日本語に置き換えた場合、次の3パターンに分かれる。

● 「…するの／…すること」という意味の「名詞」としての使い方
  I like to listen to music.（ボクは音楽を聴くのが好きだ。）
⇒ この **to 不定詞**の使い方は、**動名詞**（名詞として使われる「**動詞 ing**」のカタチ）とほとんど同じような感覚でとらえてよい。上の例の場合も、**to listen** を **listening** とまったく同じ意味で入れ替え可能。

● 「…しに／…するため（に）」という意味の「副詞」としての使い方
  I went to the library to study English.
  （ボクは英語を勉強するために図書館へ行った。）
⇒ **to 不定詞**を**副詞**として使う場合、入れる位置は割と自由。上の例の場合、**to study English** を文頭に出すこともできる。

● 「…する（べき／ための）〜（＝名詞）」という意味の「形容詞」としての使い方
  He didn't have money to buy the book.
  （彼はその本を買うためのお金をもっていなかった。）
⇒ たとえ日本語で「…**する**（動詞）＋名詞」となる表現でも、「…する（動詞）」と「名詞」の間に「べき」とか「ための」といった言葉を補うと、不自然な感じがする表現（「よく壊れる機械」など）は、**to 不定詞**を使って表すことができない。

解答と解説

1. 彼らの命を救うために、私たちは何をすることができるだろうか？

× Can we play what to save them lifes?

→ ◯ **What** can we **do** to save **their lives**?

「何を**することができるだろうか**」とあるので、**what** という疑問詞を使う疑問文となります。**疑問詞の位置は文頭！** そして、疑問詞の後ろは、疑問詞が文の主語になる場合を除いて、普通の疑問文と同じです。ということで、出だしは、**What can we ...?** となります。「する」という日本語表現は、英語では状況に応じて使い分けが必要です。「**スポーツや楽器の演奏をする**」場合は **play**、それ以外に「**何かをする**」場合は **do** を使います。ここでは、do の方が適切。

「**彼らの命を助けるために**」という部分は、「…**するために**」となっているので、「**to 不定詞**」のカタチを使って、**to save their lives** と表します。「**命 (life)**」の複数形は、**lives** となる点にも注意。

ところで、「…**することができる**」という日本語表現を見て、「これも to 不定詞を使って表すのでは？」と思ってしまった人はいないでしょうか？「できる」という意味を表す **can** は助動詞。そして、**助動詞の後ろには、必ず動詞の原形が続きます。to は不要！** つまり、「…することができる」は、日本語では「…すること」となるけど、英語では to 不定詞を使わない例外表現のひとつなんですね。注意してください。

2. あんたは庭をきれいにしておくために彼を雇ったのかい？

× Were you hire him to make clean the backyard?

→ ◯ **Did** you hire him to **keep the backyard clean**?

「**雇う**」は、**hire** という一般動詞を使って表します。疑問文にするなら、be 動詞（were）ではなく、do / does / did を使うこと。「**庭をきれいにしておく**」は、「**庭＝きれい（な状態）**」という O＝C の関係が成り立つ表現であることに注意。「**O を C の状態にしておく [保つ]**」という意味を表す動詞

は **keep** です。この keep を使って、〈**keep the backyard(O) clean(C)**〉という（S）VOCのカタチをつくればOK。さらに「庭をきれいにしておくために」となっているので、〈**to ＋動詞の原形**〉、つまり、to 不定詞のカタチにして、この部分を本文にくっつけること。

3. 子どもにものを与えることが、子どもを愛することではありません。
　　　× To give your kids things don't love your kids.
　→　○ To give your kids things **is not** to love them.

「子どもにものを与えること」は、「…すること」となっているので、**to give your kids things** のように、to 不定詞のカタチで表します。これが文の主語。つまり、to 不定詞の１セットが名詞ひとつ分の感覚で、スッポリ主語の位置に収まるケースですね。give が、後ろに名詞を２つ前置詞ナシで続けることができる動詞（ただし、人を指す名詞を直後にもってくる場合に限る）という点にも注意。文の結論は、「**子どもを愛すること（ではありません）**」となっているので、こちらも同様にto 不定詞のカタチを使って、**to love them** とします。英語では、「**一度、出てきた名詞は、２回目からは代名詞で言い換えるのが普通**」なので、love の後ろの「子ども（kids）」は、**them** と言い換えること。さて、ここまでに give や love などの動詞が出てきましたが、**前に to がくっついた動詞は、「動詞ではなく、別の品詞扱い！」** という点に注意！　つまり、この文は、「**英語の文には、動詞が必ずひとつ必要**」というお約束をまだ満たしていないんですね。「**こういうときこそ、be 動詞の出番！**」ということで、is を補って、さらに「ありません」なので、否定のカタチにすればOKです。

> **Q** 日本語の内容に合う英文を書きましょう。
>
> **1.** ボクは何か食べるものが欲しい。
> **2.** ボクは冷たい飲み物が欲しかった。
> **3.** モモとカナは、昨日、することが何もなかった。

解答と解説

1. ボクは何か食べるものが欲しい。
→ I want something to eat.

この文の「**何か**」という言葉は、「**何？**」とたずねているのではなく、漠然とした「**はっきりとしないもの**」を指して使う言葉です。英語ではこのような「**はっきりしないもの**」を **something、anything** という語で表します。ここでは、「**何か食べるもの**」という部分を「**食べる（べき）何か**」と考え、**something to eat** のように、to 不定詞と組み合わせて表すのがポイント。「**something や anything を使った表現は、日本人にはなじみにくい**」ものが大半です。できれば、**something to eat** は、「**1 セットの表現！**」と思って丸暗記してください。

2. ボクは冷たい飲み物が欲しかった。
→ I wanted something cold to drink.

これも 1 の「何か食べるもの」と同様、「**冷たい飲み物**」という部分を「**飲む（べき）冷たい何か**」のように読み換えて、**something cold to drink** と表すのがポイント。なお、ここでは、cold という形容詞が入る位置にも注意。普通、形容詞は、**cold water**（冷たい水）のように、説明したい名詞の前に置きます（つまり日本語と同じ語順）。でも、something / anything を説明する場合には、**something cold**（冷たい何か）のように、これらの後ろに形容詞を置くのが決まりなのです。ぜひ覚えておいてください。

3. モモとカナは、昨日、することが何もなかった。
→ Momo and Kana didn't have anything to do yesterday.
/ Momo and Kana had nothing to do yesterday.

「**することが何もない**」という日本語表現は、「**するべき何かをもっていな**

い」と読み換えて、**don't have anything to do** のように表すのがポイント。あるいは、今回の問題の場合、「**するべき 0 個のことをもっている**」と読み換えて、**have nothing to do** のように表すことも可能。ちなみに、あえて日本語に訳すなら、**any** は「**ひとつに決まらない／『どれ』と限定できない**」、**some** は「**数や量ははっきりしないが、いくらかの**」、**no** は「**完全にゼロ**」というイメージですが、本当の意味で英語の **any / some / no** にぴったり当てはまる言葉は日本語にはありません。だから、こうした語が thing（こと、もの）にくっついた anything ／ something ／ nothing の使い分けも、日本人には非常にわかりづらかったりします。とりあえず「**することが何もない**」は、**don't have anything to do / have nothing to do** と丸暗記しておきましょう。ここで紹介した any ／ some ／ no のイメージを頭の片隅に入れつつ、たくさんの英語に触れていけば、じょじょに使い分けの感覚がつかめるようになるはずです。

STEP 8

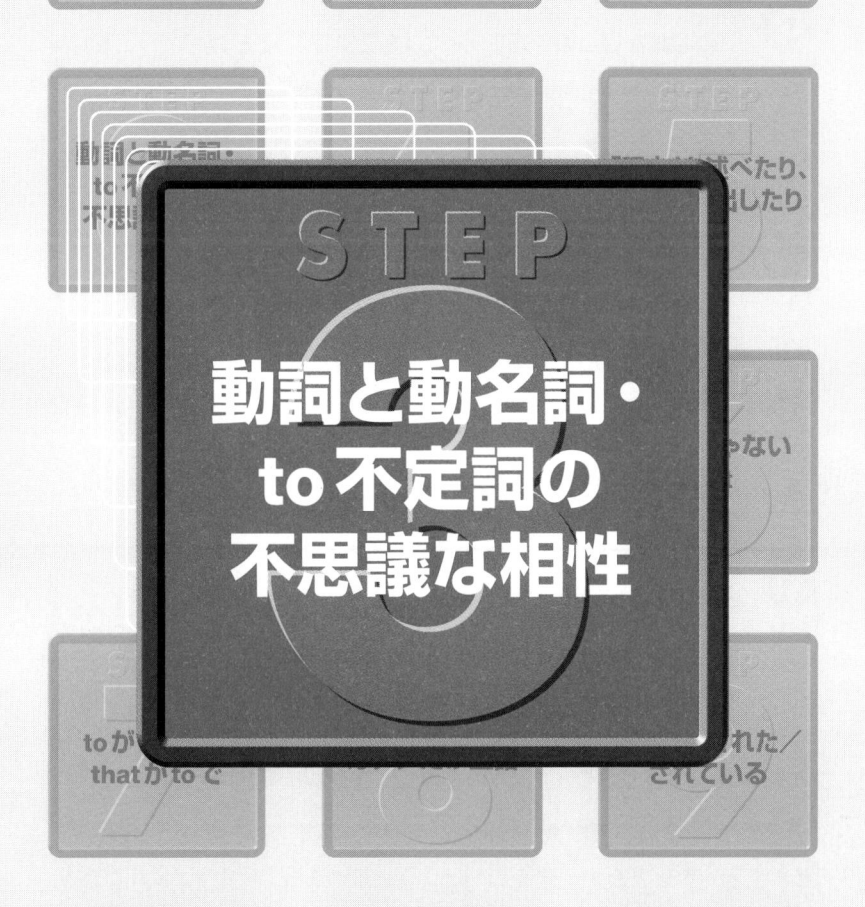

動詞と動名詞・to不定詞の不思議な相性

動詞と動名詞・to 不定詞には相性がある？

まずは、おさらいから。

> **Q** 「ロブは法を破るのが好きだった」を英語で言うとどうなるでしょう？

人によっては「？」な内容かもしれませんが (笑)、答えを言ってしまうと……、

Rob liked breaking the law. **/ Rob liked** to break the law.

の 2 パターン。
このように、日本語の「…すること／…するの」のような表現は、英語では**動名詞**（「**動詞 ing**」のカタチ）を使って表すことも、**to 不定詞**（〈**to ＋動詞の原形**〉のカタチ）を使って表すこともできるのでしたよね。
と、ここでまた問題。

> **Q** 次の日本語の文を英語にすると、どうなるでしょう？
>
> **1.** ボクの友達はホテルを建てることを望んでいる。
> **2.** 彼らはイラクに行くことに決めた。
> **3.** ボクは馬に乗るのを楽しんだ。
> **4.** あなたは夕食を食べるのを終えたのですか？

どれも「…すること／…するの」という表現が入っていますよね。だから、さっきの問題と同じように、

1. ボクの友達はホテルを建てることを望んでいる。
　　My friend wants building a hotel. **/ My friend wants** to build a hotel.
2. 彼らはイラクに行くことに決めた。

動詞と動名詞・to 不定詞の不思議な相性　**STEP 3**

They decided going to Iraq. / They decided to go to Iraq.
3. ボクは馬に乗るのを楽しんだ。
   I enjoyed riding the horse. / I enjoyed to ride the horse.
4. あなたは夕食を食べるのを終えたのですか？
   Did you finish eating dinner? / Did you finish to eat dinner?

とすればいいのかというと……、

よくないのです！！

実は、この **1** 〜 **4** はどれも、動名詞か to 不定詞のどちらか片方だけが正解で、もう一方は必ず×（バツ）だったりします。理由は次の通り。

> **英語では動詞によって、後ろ（目的語の位置）に**
> **動名詞と to 不定詞のどちらも続けられるものと**
> **動名詞か to 不定詞のどちらかしか続けられないものとがある！**

つまり、

「この動詞の後ろには、動名詞と to 不定詞のどっちを続けても OK」
「動名詞しか続けちゃダメ」
「to 不定詞しか続けちゃダメ」

といった具合に、動詞ごとに動名詞／ to 不定詞との相性が決まっているわけですね。先の **1** 〜 **4** の場合も、次の通り。

1. ボクの友達はホテルを建てることを望んでいる。
   → × **My friend** wants building a hotel.
   → ○ **My friend** wants to build a hotel.

2. 彼らはイラクに行くことに決めた。
　　→ × **They** decided going to Iraq.
　　→ ○ **They** decided to go to Iraq.

1 の **want**（望む）、**2** の **decide**（決める）は、どちらも「…すること」という意味で、**to** 不定詞しか後ろ（目的語の位置）に続けられない動詞です。だから、動名詞を続けたらダメ。

3. ボクは馬に乗るのを楽しんだ。
　　→ ○ **I** enjoyed riding the horse.
　　→ × **I** enjoyed to ride the horse.

4. あなたは夕食を食べるのを終えたのですか？
　　→ ○ **Did you** finish eating dinner?
　　→ × **Did you** finish to eat dinner?

一方、**3** の **enjoy**（楽しむ）、**4** の **finish**（終わらせる）は、どちらも「…すること」という意味で**動名詞しか目的語の位置に続けられない**動詞です。だから、to 不定詞を続けたらダメ。

これに対して、最初に例として出した **like** なんかは、

ロブは法を破るのが好きだった。
　　→ ○ **Rob** liked breaking the law.
　　→ ○ **Rob** liked to break the law.

という具合に、**目的語の位置に動名詞と to 不定詞のどちらも続けること**ができる動詞だったりします。こういう動詞の場合は、動名詞／to不定詞との相性をいちいち考える必要は一切なし。

「……メンドクセー」
と思う気持ちはよくわかるけど、テストなんかに出てくるのって、まさにこ

ういうところ。

高校入試とか！　大学入試とか！！　TOEIC® TEST とかっ！！！（涙目で力説）

だから、「**面倒でも、しっかり覚える！**」ようにしてくださいね。

動名詞・to 不定詞のどちらが続くかで意味が変わる動詞

ここまでに「like のように、後ろ（目的語の位置）に動名詞と to 不定詞のどちらを続けても OK な動詞もある」と説明してきました。でも、このような両刀使いの中にも一筋縄ではいかない困り者はいるもので……。

> ⚠️ 後ろ（目的語の位置）に動名詞と to 不定詞の
> どちらを続けるかによって、文の意味が変化する動詞もある！

「……マジでメンドクセー！」

って人も多いはず。
けど、さすがにここまで厄介な動詞はほんの一握りです。
代表例として押さえておいてほしいのは、とりあえず次の 2 つの動詞のみ。

1. forget（忘れる、忘れている）
　forget ＋ to 不定詞 →（これから）…することを忘れている
　例： **Does he forget to buy SOLT's new CD?**
　　　（あいつは SOLT の新しい CD を買うのを忘れているの？）

　forget ＋ 動名詞 →（すでに）…したことを忘れている
　例： **I won't forget listening to SOLT's live performance at Omiya Station.**
　　　（オレは大宮駅で SOLT のライブを聴いたのを忘れないよ。）

2. remember（思い出す、覚えている）
　remember ＋ to 不定詞 →（これから）…することを覚えている
　例： **Hiromi, remember to buy SOLT's new CD.**
　　　（ヒロミ、SOLT の新しい CD を買うのを覚えておいて（忘れないで）ね。）

remember ＋ 動名詞→（すでに）…したことを覚えている
例：**We remember listening to SOLT's live performance at Omiya Station.**
（あたしたちは大宮駅で SOLT のライブを聴いたのを覚えてるわ。）

さて、上の forget と remember を比べてみると、共通点があるのに気づいたでしょうか？

● **to 不定詞の場合には「（これから）…すること」**
● **動名詞の場合は「すでに…したこと」**

ってなってますよね。つまり、
「**to 不定詞の方が未来志向（前向き）！　動名詞の方が過去志向（後ろ向き）！**」
といったところ。動名詞を続ける場合は、「…したこと」っていうふうに、
「**過去形じゃないのに、過去っぽい感じ！**」になるところに注意。

それと、もうひとつ。
forget ／ remember とはまた別の意味で、to 不定詞と動名詞の使い分けが必要な動詞が、**stop** です。次の通り。

stop ＋ to 不定詞→ …するために立ち止まる
stop ＋ 動名詞→ …することを止める（中断する）

つまり、後ろに to 不定詞が続くか、動名詞が続くかで **stop** という動詞そのものの意味が変わるわけです。
stop の場合、「**すること**」という意味で後ろに続けることができるのは、**動名詞のみ**。**to 不定詞**が後ろに続く場合は、必ず「**…するために立ち止まる**」という意味になります。

> **Q** 「彼はその雑誌を読むのをやめた(中断した)」を英語で言うとどうなるでしょう?

He stopped reading the magazine.

ですね。
もし、**stopped to read** と言ったら、まず間違いなく「読むために<u>立ち止まった</u>」という意味にとられてしまいます。気をつけましょう!

動詞と動名詞・to 不定詞の不思議な相性　**STEP 3**

動名詞と to 不定詞のニュアンスの違い

「動詞によって、後ろ（目的語の位置）に、動名詞と to 不定詞のどちらを続けても OK だったり、どちらかしか続けられなかったり、どちらを続けるかで意味が変わったり、もうわけがわからん……」

という人もきっといるはず。
でも、この「動詞と動名詞／ to 不定詞の相性」って、何のルールもなしに適当に決まっているわけではありません。

動名詞と to 不定詞は、日本語にしたらどちらも同じ「…すること [の]」という表現になるけど、カタチが違うだけに、**それぞれがもっているニュアンスに微妙な違いがある**のです。そして、そのニュアンスの違いが「動詞ごとの動名詞／ to 不定詞の相性」にも大きく影響しています。

そのニュアンスの違いというのを、次の例文を見て、考えてみてください。

1. ボクの友達はホテルを建てることを望んでいる。
   My friend wants to build a hotel.
2. 彼らはイラクに行くことに決めた。
   They decided to go to Iraq.
3. ボクは馬に乗るのを楽しんだ。
   I enjoyed riding the horse.
4. あなたは夕食を食べるのを終えたのですか？
   Did you finish eating dinner?

さて、to 不定詞と動名詞のニュアンスの違いがつかめたでしょうか？

実は、**to 不定詞は、「これからすること・その話をしている時点では、まだしていないけど、これからしようと思っていること」**という意味での「…すること [の]」を表す際に使うことが多いカタチなのです。

ですから、例えば、

1. ボクの友達は**ホテルを建てることを望んでいる**。
My friend wants to build a hotel.

の場合、「望んでいる時点では、まだホテルは建っていない」ですね？「これからホテルを建てることを望んでいる」といった感じです。

2. 彼らは**イラクに行くことに決めた**。
They decided to go to Iraq.

の場合も、「決めた時点では、まだイラクに行っていない」ですよね？　あくまでも「イラクに行くのは決めたあと」です。

一方、**動名詞**は、「すでにはじめていること・その話をしている時点で続けている／終わってしまったこと」あるいは「これからというよりも、いつでも当てはまるような一般的なこと」という意味での「…すること[の]」を表すのに使うことが多いカタチです。

3. ボクは**馬に乗るのを楽しんだ**。
I enjoyed riding the horse.

という英文の場合も、「すでに馬に乗っているからこそ、その結果として乗馬を楽しめる」わけです。

4. あなたは**夕食を食べるのを終えた**のですか？
Did you finish eating dinner?

の場合も、「すでに食べはじめているからこそ、食べ終えることができる」のです。はじめていないことを終わらせるのはムリ。「生きるまで死ね」っていうくらいにムリがあります。

動詞と動名詞・to 不定詞の不思議な相性　**STEP 3**

「……何か似たような話をちょっと前に聞いたような」

と、感じた人は……、**鋭い！**
でも、感じなかった人も……、**まぁよい！！**（とりあえず）

実はコレって、p.74 で登場した「**目的語の位置に to 不定詞を続けるか、動名詞を続けるかで文の意味が大きく違ってくる動詞**」、つまり forget と remember の話と根っこは同じ。えっ、そんなのホントに forget した？ もう remember できない？　次の通りですよ。

forget ＋ to 不定詞→（これから）…することを忘れている
forget ＋ 動名詞→（すでに）…したことを忘れている
remember ＋ to 不定詞→（これから）…することを覚えている
remember ＋ 動名詞→（すでに）…したことを覚えている

結局、こうした「**to 不定詞＝未来志向**」「**動名詞＝過去志向**」みたいなニュアンスの違いが、**すべての動詞の to 不定詞・動名詞との相性に影響しているってことです。**
そして、中でもそのニュアンスの違いの影響をモロに受けている動詞が、forget / remember のコンビというわけ。

ただし、これはあくまでも基本的なルールです！　中には、

「日本人の感覚では何となく to 不定詞の方が続きそうなのに、動名詞しか続けることができない動詞」

もあります。例えば、次の通り。

> **重要**
>
> ### ★不思議な相性の〈動詞＋動名詞 / to 不定詞〉
> ● **advise** ＋ 動名詞→「…することをアドバイスする」
> **advise** は、「アドバイスする」時点では、「まだ…していない」はずなのに、なぜか過去志向の動名詞が続くミステリアスな動詞。
> ● **consider** ＋ 動名詞→「…することを（よく）考える」
> **consider** も、「考えている」時点では、「まだ…していない」はずなのに、なぜか過去志向の動名詞が続く反則的な動詞。

こうした例外さえ、しっかり押さえておけば、基本ルールの応用で間に合う動詞が大半……かな？

動詞と動名詞・to 不定詞の不思議な相性　**STEP 3**

to 不定詞を使う決まり文句

動詞と動名詞／to 不定詞の基本的な相性について説明したところで、今度は
「**必ず to 不定詞とセットで使われる決まり文句**」みたいなやつも、ついでに紹介しておきましょう。

みなさんは、**will、can、must** みたいな「助動詞」をご存知ですよね。
「何かイマイチ自信ないかも……」「○」
という人もいるかもしれませんが、次の「**STEP 4**」（p.93〜）では、助動詞について、基礎から「みっちり」やり直せるのでご心配なく。

とりあえず、ここでみなさんに覚えてほしいのは、
「**will、can、must** のような助動詞は、同じような内容を to 不定詞を使った言い方でも表せる」
ということです。

まず、will（これから…する）という「**未来のニュアンス**」は、

be going to＋動詞の原形

という**進行形**（つまり、〈**be** 動詞＋**...ing**〉のカタチ）と **to** 不定詞との組み合わせで表すことが可能（「**be**」っていうのは、**be** 動詞の原形のことですよ、念のため）。
この表現を実際に文の中に入れて使うときには、be 動詞のカタチを主語などに合わせて変化させながら、使う必要があります。例えば、

I am going to see Mr. Nakata tomorrow.
（ボクは、明日、中田先生に会う予定だ。）

みたいな感じ。使い方としては、will というひとつの単語をそのまま **be going to** という１セットに置き換えるイメージでいいでしょう。でも、

「何で進行形と to 不定詞の組み合わせが未来のニュアンスを表すの？」

って不思議に思ったりしませんか？

まず、**be going** という進行形の表現は、「向かっている、進行している」というニュアンスです。

次に **to 不定詞**ですが、to 不定詞には、「…しに／…するために」という意味の**副詞**としての使い方もあるということを覚えているでしょうか？（p.52 も参照）英語の副詞というのは、一言では説明しづらいのですが、ひとつには「動詞を説明する（どんなふうに動作をするかを説明する）」という働きがあったりします。

そして、**to 不定詞**には、「これから…する／その話をしている時点では、まだ…していないけど、これから…しようと思っている」という未来志向（前向き）のニュアンスがありましたよね。このニュアンスは to 不定詞が副詞として使われる場合にも、もちろん共通です。

ですから、**be going to …** という表現は、

be going（向かっている、進行している）＋ **to 不定詞**（これから…するために）

ということで、「これから…するために進行している（向かっている）→これから…する予定だ」という意味になるというわけ。

ちなみに、**will** と **be going to …** はどちらも未来の話をするときの表現ですが、ニュアンスに微妙な違いがあります。次の通り。

動詞と動名詞・to 不定詞の不思議な相性　STEP 3

> **重要**
>
> ★ will と be going to のニュアンスの違い
> ● will → 「時間の流れで自然にそうなる／その場で思いついた計画性のない未来の話」に使う。
> ● be going to ... → 「あらかじめ計画を立てているような未来の話」に使う

なお、be going to ...を使って、質問したり、否定したり、あるいは過去の話をする場合、次の通りです。

1. **Is Kenichi going to see Mr. Nakata tomorrow?**
   （ケンイチは、明日、中田先生に会う予定なの？）
2. **He isn't going to see Mr. Nakata tomorrow.**
   （あいつは明日、中田先生に会う予定じゃないよ（会わない予定だよ）。）
3. **They were going to visit Canada this summer.**
   （彼らは、この夏(に)カナダを訪れる予定だった。）

つまり、be going to ...というカタチであっても、**be 動詞を使う以上、疑問文や否定文の基準になるのは あくまでも be 動詞**ということですね。
「…する予定だった」のように昔を振り返って言う場合も、**be 動詞を過去形にするだけ**でいいのです。

さて、お次は can（…できる）という助動詞。この内容は、

be able to ＋動詞の原形

というカタチでも表せます。
ちなみに able は「有能な、才能・能力がある」という意味の形容詞。
で、「どんな能力があるのか？」を to 不定詞を使って説明する感じ。この

to 不定詞も、「…しに／…するために」という意味の**副詞**としての使い方。こういうふうに「**形容詞を説明する（どんな様子なのかを説明する）**」のも、副詞の役割のひとつです。

つまり、**be able to ...** という表現は、

be able（能力がある）＋ **to** 不定詞（…するために（必要な））

ということで、「…するために必要な能力がある→…できる」という意味になるというわけ。

なお、be able to ...を使って、質問したり、否定したり、あるいは過去の話をする場合、次の通りです。

1. **Were they able to find the hotel?**
   （彼らはそのホテルを見つけることができたのですか？）
2. **They weren't able to find the hotel.**
   （彼らはそのホテルを見つけることができなかった。）

be going to ...と同じく、**be** 動詞を使う以上、疑問文や否定文の基準になるのはあくまでも **be** 動詞だし、過去の話をしようと思ったら、**be** 動詞を過去形にするだけってことです。

最後に **must**（…しなければならない、…に違いない）という助動詞。この内容は、

have to ＋動詞の原形

という have と to 不定詞の組み合わせで、同じような意味を表せます。
have が「**…をもっている**」という意味を表す動詞だってことは、さすがに大丈夫ですよね。で、have は後ろに名詞をひとつ、前置詞ナシで続けることができる動詞。つまり、have の後ろの **to 不定詞**は「**…すること**」って意

味の**名詞**としての使い方なんですね。

ですから、**have to ...** という表現は、

have（…をもっている）＋ **to 不定詞**（…すること）

ということで、「（これから）…することをもっている→…しなければならない」という意味になるってわけ。なお、**have to ...** は「**…しなければならない**」という「**義務**」の意味で、must とイコールの関係になる表現であって、「…に違いない」という must のもう一方の意味では使わないのが普通です（会話とかでは、「…に違いない」の意味で使う人も結構いますけどね）。

have to ... を使って、質問したり、否定したり、あるいは過去の話をする場合、次のようになります。

1. Do I have to call her "mom"?
　（（私は）彼女（のこと）を「お母さん」って呼ばないといけないの？）
2. You don't have to drive so fast.
　（（あなたは）そんなに速く運転しなくてもよい。）
3. He had to have an operation.
　（彼は手術を受けなければならなかった。）

つまり、have という**一般動詞**を使う以上、疑問文なら **do /does / did** を文頭に入れるし、否定文なら **do/ does / did** を入れて、その後ろに not、過去の話をしようと思ったら、**have** を過去形の **had** にするだけってことです。普通の一般動詞を使う文と同じってことですね。

さて、ここで、have to ... を否定のカタチにした **don't have to ...** という表現にあらためて注意。have to ... は「…しなければならない」という意味では must ... とイコールになりますが、**don't have to ...** と **must not［mustn't］** はイコールにはなりません！

must を must not［mustn't］のような否定のカタチにした場合、「…してはいけない」という「**禁止**」の意味になります。

一方、**don't have to ...** は、「…しなくてもよい・…する必要がない」という意味です。つまり、

You mustn't drive so fast.（そんなに速く運転したらダメだ。）
You don't have to drive so fast.（そんなに速く運転しなくてもよい［速く運転してもかまわないが、ムリにそうする必要はない］。）

って具合に、まったく別の意味になってしまうんです。

なお、イギリスでは、
You haven't to drive so fast.
みたいなカタチが使われることもあります。でも、あくまでも「**基本は don't [doesn't / didn't] have to ...というカタチ！**」と覚えておいて間違いありません。

動詞と動名詞・to 不定詞の不思議な相性　**STEP 3**

「ふくしゅう」酒場……3 杯目

「動詞と動名詞・to 不定詞の相性」というちょっと「ややこし〜い」話題が中心のステップでしたが、大丈夫でしょうか？　「**動名詞＝後ろ向き（過去志向）**」「**to 不定詞＝前向き（未来志向）**」という基本を踏まえつつ、よく使う〈動詞＋動名詞／to 不定詞〉の組み合わせについては、思い切って「丸暗記！」してしまうのが、ここを乗り切る秘訣です。

Q 日本語の内容に合う英文を書きましょう。

1. ケンジはタバコを吸うために立ち止まった。
2. うちのじいちゃんは、よく昼ごはんを食べたことを忘れている。
3. 突然、雨が降りだした。
4. あんた、あさってボクと会うことを覚えてる？
5. 彼はミュージシャンになりたかった。
6. ボクは来年の春、本を出版することを計画しています。

ここで「動詞と動名詞・to 不定詞の相性！」の基礎を簡単におさらい。ポイントをアタマに叩き込んだ上で、満足のいく英文ができあがったら、p.89 の「解答と解説」へ。

動詞と動名詞・to 不定詞の不思議な相性

その 1：英語では動詞によって、後ろ（目的語の位置）に動名詞（名詞として使う「動詞 ing」のカタチ）と to 不定詞（〈to ＋動詞の原形〉のカタチ）のどちらも続けられるものと動名詞か to 不定詞のどちらかしか続けられないものとがある！

重要

- ●後ろに to 不定詞と動名詞のどちらも続けられる**動詞**
  begin to ... / ...ing（…することをはじめる→…しはじめる）、start to ... / ...ing（…することをはじめる→…しはじめる）、like to ... / ...ing（…するのが好き）**など**

- ●後ろに to 不定詞しか続けられない**動詞**
  want to ...（…することを望む→…したい）、hope to ...（…することを望む→…したい）、decide to ...（…することを決める）、plan to ...（…することを計画する）、refuse to ...（…することを拒否する）**など**

- ●後ろに動名詞しか続けられない**動詞**
  enjoy ...ing（…することを楽しむ）、finish ...ing（…することを終える→…し終わる）、imagine ...ing（…することを想像する）、avoid ...ing（…することを避ける）**など**

その 2：後ろ（目的語の位置）に動名詞と to 不定詞のどちらを続けるかによって、文の意味が変化する動詞もある！

例 1： forget ＋ to 不定詞→（これから）…することを**忘れている**
　　　 forget ＋ 動名詞→（すでに）…したことを**忘れている**
例 2： remember ＋ to 不定詞→（これから）…することを**覚えている**
　　　 remember ＋ 動名詞→（すでに）…したことを**覚えている**
例 3： stop ＋ to 不定詞→ …するために**立ち止まる**
　　　 stop ＋ 動名詞→ …することを**止める（中断する）**

動詞と動名詞・to 不定詞の不思議な相性　**STEP 3**

その3：基本的に、to 不定詞の場合には「（これから）…すること」、動名詞の場合は「（すでに）…したこと」という意味を表す。ただし、中には後ろに to 不定詞が続きそうなのになぜか動名詞が続く動詞もある！

- 後ろに to 不定詞が続きそうなのになぜか動名詞が続く動詞
  advise ＋ 動名詞→「…することをアドバイスする」
  consider ＋ 動名詞→「…することを（よく）考える」
⇒ どちらも「アドバイスする／考えている」時点では、「まだ…していない」はずなのに、**なぜか過去志向の動名詞が続く**。

その4：助動詞の中には、to 不定詞を使った表現で同じような意味を表すことができるものも多い！

- to 不定詞を使った表現で言い換え可能な助動詞
  can → be able to ...（…できる）
  must → have to ...（…しなければならない）
  will → be going to ...（これから…するつもりだ）
⇒ ただし、これらの表現は助動詞と完全にイコールなわけではない（p.111 参照）。

解答と解説

1. ケンジはタバコを吸うために立ち止まった。
　→ Kenji stopped to smoke.

「**…するために立ち止まる**」は、〈**stop to ...**〉のように、**to 不定詞**を使って表すのでしたね。**stop ...ing** のように**動名詞**を使うと「**…することをやめる**」という意味になります。ちなみに、**smoke** は一語で「**タバコを吸う**」という意味を表す動詞として使えます。また、「煙」という意味で名詞として使うことも可能です。

2. うちのじいちゃんは、よく昼ごはんを食べたことを忘れている。
→ My grandfather often forgets eating lunch.

主語の「うちのじいちゃん」は「私の祖父」と読み換えて、**my grandfather / grandpa** と表せばOK。「忘れている」を意味する **forget** は、後ろに動名詞と to 不定詞のどちらを続けるかで、文の意味が変化する動詞でしたよね。**forget ...ing** なら、「(すでに) …したことを忘れている」、**forget to ...** なら、「(これから) …することを忘れている」という意味になります。ここでは「食べたことを忘れている」なので、もちろん **forget eating** が正解です。なお、forget は、そもそも「忘れている」という「状態」を意味する動詞です。「…している」という意味を表すために、forget の後ろに -ing をくっつける必要はありません。

3. 突然、雨が降りだした。
→ Suddenly it began / started to rain.

「突然」は、**suddenly** という「副詞」で表します。副詞なので、前置詞をつけたりする必要ナシ。英語の副詞は、日本人の感覚では「これって名詞？」と感じるものが多いので要注意。位置は、文頭、一般動詞の前、文末など。この問題では、主語にも注意。「天気・時間・距離・季節・温度」などを話題にする場合、**it を主語にします**。
さて、文の結論は「降りだした」ですが、これを「降りはじめた」と読み換えるのがこの問題のポイント。「…しはじめる」は、**begin to ... / ...ing** もしくは **start to ... / ...ing** という感じで、動名詞と to 不定詞のどちらも後ろに続けることができるのでしたよね。ただし、主語が it のような「生き物じゃない場合」(これを文法用語では、「無生物主語」と言います) に限っては、begin / start の後ろに、**to 不定詞**を続けるのが一般的です。また、ここでは **rain** を「雨が降る」という意味を表す動詞として使うところにも注意。

4. あんた、あさってボクと会うことを覚えてる？
　→ Do you remember to see me the day after tomorrow?

remember to ... で、「(これから) …することを**覚えている**」でしたよね。**remember ...ing** なら「(すでに) …したことを**覚えている**」です。「あさって」は、「あしたのあとの日」なので、**the day after tomorrow** となります。

5. 彼はミュージシャンになりたかった。
　→ He wanted to be a musician.

want は後ろ (目的語の位置) に **to** 不定詞を続けて、「…することを望む」という意味を表す動詞でしたね。ほとんどの場合、**want to ...** で「…したい」という意味になりますが、**want to be ...** なら「…になりたい」という意味になります。この問題の場合、「ミュージシャンになりたかった」なので、もちろん後者のパターンです。**want to ...** と、**want to be ...** の意味の違いはぜひ「**丸暗記！**」しておいてください。

6. ボクは来年の春、本を出版することを計画しています。
　→ I'm planning to publish a book next spring.

「計画する」を意味する **plan** は後ろに **to** 不定詞を続けて、「…することを計画する」という意味を表す動詞。「本を出版する」は、**publish a book** なので、これを to の後ろに続ければOK。**ただし！** この文は、ほかにもいろいろな表し方が可能です。まず「…する予定だ」のような「計画的な未来の話」は、**be going to ...** という to 不定詞を使った未来表現でも表せるのでしたよね。ですから、単に **I'm going to publish ...** といってもかまいません。また、plan ...ing はダメだけど、**plan on ...ing** という言い方は可能です。さらに、**plan は名詞としても使える**ので **I have a plan to publish ...** (…を出版する**計画**をもっている) という言い方もできます (ちなみにこれは、to 不定詞の形容詞としての使い方)。このように、**レベルが上がるにつれて、**

いろいろな表現の可能性が出てくるものなのです。
「そうなると、もう何がなんだが……」┌┐○」
という人もいるかもしれませんが、単純に**「正解の幅が広がっている！」**とポジティブに考えるのが、この先を乗り越える秘訣。どんどん英文づくりがクリエイティブになっていく喜びを感じてください！

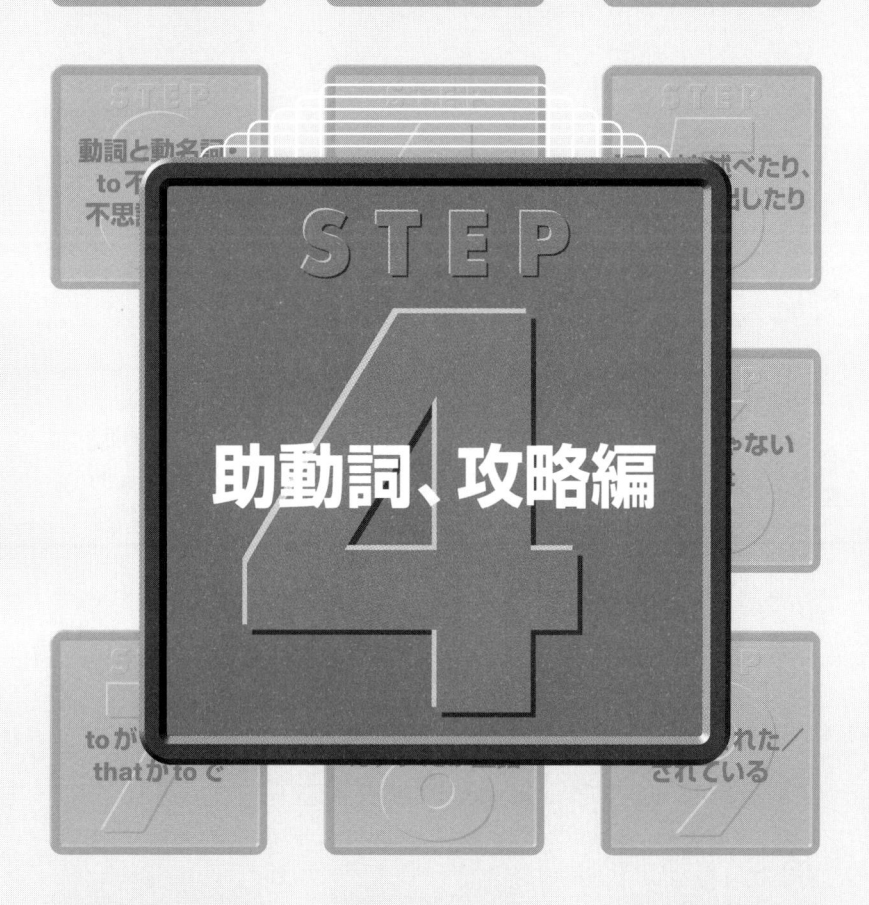

STEP 4
助動詞、攻略編

助動詞の基本

突然ですが、ここからは「助動詞！」の話題です。
「じっくり基礎編」でも、助動詞の基礎はご紹介しましたが、ここからは、より多くの代表的な助動詞の意味と使い方、p.81 で登場した to 不定詞を使った助動詞の言い換え表現を交えた応用テクニックなど、発展的な知識をとり上げていきます。名づけて、「助動詞、攻略編！」。

とはいえ、まずは助動詞を使う上での基本的な注意点をしっかり復習するので、ご心配なく。さっそく次の英文を見てください。

1. His sister can play the drums.（彼の姉はドラムを叩くことができる。）
2. It will be sunny tomorrow.（明日は晴れるだろう。）

① 助動詞の入る位置に注意！
上の例文の色がついている単語、つまり、**can** とか **will** とかが「助動詞！」というやつです。位置は、**主語と動詞の間**ですね。で、上の例から気づいてほしいことがもう一点。
助動詞が入る文には、必ず動詞も一緒に入ります！
上の例文でも、**1** には **play**、**2** には **be** という動詞がちゃんと入っていますよね。名前がちょっと紛らわしいけど、**英語の助動詞はあくまでも動詞を助ける品詞であって、動詞そのものの代わりはできません！**
気をつけましょう。

② 助動詞が入る英文では、動詞は必ず原形になる！
1 では主語が **his sister** なのに、動詞が **play** となっており、**-(e)s** がついていませんよね。一方、**2** では動詞が be 動詞なので、**be** という原形になっている点に注目（原形が be だから、「be 動詞」）。このように、「**助動詞が入る英文では、動詞は必ず原形！**」になります。

③ 疑問文では助動詞が文頭！
普通、**一般動詞**を使う文を疑問文にする場合、**do / does / did** を文頭に置き、

be 動詞を使う文なら、**be 動詞**を文頭に移動にさせます。でも、**助動詞**を使うのなら、

1 → Can his sister play the drums?（彼の姉はドラムを叩くことができるの？）
2 → Will it be sunny tomorrow?（明日は晴れるかな？）

といった具合に、文の動詞が一般動詞だろうと、be 動詞だろうと、助動詞をそのまま文頭に出すだけ！　はっきり言って、チョー簡単です。

④ 否定文では助動詞の後ろに not を入れる！
助動詞を使う文を否定文にする場合も、

1 →　His sister can't play the drums.（彼の姉はドラムを叩くことができない。）
2 →　It will not be sunny tomorrow.（あしたは晴れないだろう。）

といった具合に、文の動詞が一般動詞だろうと、be 動詞だろうと、助動詞に not（あるいは短縮形の -n't）をつけるだけ。つまり、疑問文でも否定文でも「助動詞を使うのなら、助動詞を最優先に考える」ってことです。

⑤ 助動詞を 2 つ同時に使うことはできない！
意外と見逃しがちな注意点がコレ。

× **I will can buy this book next week.**
（来週、この本を買うことができるだろう。）

のように、ひとつの英文に助動詞を 2 つ続けて入れることはできません。
「じゃあ、『できるだろう』みたいな内容はどうやって表すの？」
って、それは後のお楽しみ（「別に楽しみじゃねーよ」というツッコミはナシ）。

代表的な助動詞の意味と使い方

助動詞共通の基本ポイントに続いて、今度は代表的な助動詞の意味と使い方を駆け足でご紹介します。しっかり、ついてきてくださいね。

1. will
will は「これから…する」という未来の話をするときに使います。
で、未来の話といえば、もうひとつ〈be going to ＋動詞の原形〉という「**進行形と to 不定詞**」の組み合わせでも表せましたよね。will と be going to のニュアンスの違いなどは p.83 を参照。

will は短縮形にも注意しましょう。not とくっつく場合、willn't ではなくて、

I won't buy this book.（ボクはこの本を買わないぞ。）

のように、**won't** というカタチになります。また、主語と will がくっついた I'll ...みたいな短縮形もあります。

2. can
can は、「…(すること)ができる」という意味が基本ですが、単に「できる／できない」だけでなく、

It can't be true.（そんなのあり得なーい！）

のように「**客観的に見て、理論上は可能性がある／ない**」という意味でも使うことができます。
否定文では **cannot** もしくは、**can't** というカタチを使い、can not のように can と not を離して書くことはできないという点にも注意してください。

「…(すること)ができた」のように過去のことについて述べるときは、

Kenichi could speak Russian.（ケンイチはロシア語を話すことができた。）

のように、**can** の過去形の **could** を使います（この場合も動詞は原形）。

また、p.83でも紹介したように、canと同じような内容を、〈**be able to ＋ 動詞の原形**〉というto不定詞を用いたカタチでも表せます。
ただし！　厳密に言うと、**can** と **be able to** は、完全にイコールの関係というわけではありません。

can は身についた能力を表します。「馬は速く走ることができるけど、空を飛ぶことができない」とかそういう感じ。
「雨が降ったから、（一時的に）グラウンドを使うことができない」とか、「一時的なできる／できない」は、**be able to** を使って表す方が自然です。
ここから転じて、「お父さんが送ってくれたので、遅刻せずに学校に到着することができた」のような「その昔、たまたまできた」という内容は、**could** ではなく **was / were able to** で表します。

3. may

mayには大きく分けて次の2通りの意味と使い方があります。

A. He **may** love himself.（彼は自分自身を愛しているのかもしれない。）
B. **May** I use your car today?（今日、あなたの車を使ってもイイですか？）

A の方は、「…かもしれない」と話者の「推測・推量」を表す使い方です（「話者」というのは、「その話をしている人、あるいは文を書いている人」のことで、「I」以外の場合、主語ではありません。念のため）。
また、この「推測・推量」の意味で、疑問文にすることはまずありません。
May she love me?（彼女はボクを愛しているかもしれないのかな？）
とか、「回りくどくてよくわからん！」って感じですもんね。

B の方は、「…してもよい」と「許可」を表す使い方です。
こちらは「推測・推量」とは対照的に、**May I ...?**（…してもいいですか？）のように疑問文のカタチで、相手に許可を求める場合に頻繁に使われます。
You may use my car.（私の車、使ってもイイぞ。）

のように、「許可」を表すmayを肯定文で使うこともありますが、**肯定文で使うと、かなり偉そうな響きなので、目上の人には使っちゃダメ！** ……と、「**許可**」しなかったり。その代わり、**May I ...?**の方は、丁寧表現としてどんどん使ってもイイぞ！　……と、「**許可**」してみたり。

mayを使った決まり文句として、知っておくとベンリなのが、

May I help you?

です。直訳すると「**あなたをお手伝いしてもイイですか？**」だけど、日本語の「**いらっしゃいませ**」みたいな感覚で、英語圏のお店の店員さんが、このセリフをとてもよく使います。

4. must

mustという助動詞は、話者の「**ゼッタイ！**」という強い気持ちを表します（ちなみに「話者」というのは、その話をしている人、あるいは文を書いている人のことで、主語ではありませんよ。と、もう一度）。
日本語にすると次の2通りの意味になる感じ。

A. Students must go to school.（学生は学校に行かなければならない。）
　→「（ゼッタイ）…しなければならない、…する必要がある」という「**義務**」
B. She must love the boy.（彼女はそのオトコの子を愛しているに違いない。）
　→「（ゼッタイ）…に違いない」という話者の「**確信**」

ちなみに、「**確信**」の意味を表す場合、「動作」ではなく「状態」を表す動詞（詳しく知りたい人はp.312へ）と一緒に使うのが普通です。

また、p.84でも紹介したように、mustと同じような内容を、〈**have to ＋動詞の原形**〉というhaveとto不定詞の組み合わせでも表せます。ただし、**have to ...**の方は、「…しなければならない」という「**義務**」の意味で使う

方が普通です。

また、「**義務**」の意味を表す場合にも、**must** と **have to** には、ちょっとしたニュアンスの違いがあります。
「**ゼッタイ！**」という**強制的**な響きがある **must** より、**have to** は**客観的**でソフトな感じです。だから会話などでは、特別な事情がない限り、have to ... を使っておいた方が「**好印象！**」かも。

さらに、**must** と **have to** は否定のカタチでは、**まったく違う意味**になります。

Students mustn't **smoke or drink.**
（学生はタバコを吸ったり、酒を飲んだりしてはならない。）
You don't have to **speak so fast.**
（そんなに速く話さなくてもいいよ［話す必要はない］。）

5. should
should は、話者の「**当然、もちろん**」という気持ちを表す助動詞です。先に紹介した must や have to にも似ていますが、should の方が、だいぶやわらかくて、**忠告や提案に近いニュアンス**を表します。具体的には、

You should **see a doctor.** （アンタ（は）、医者に診てもらった方がイイって。）

のように、「**…すべきだ、…した方がイイ、…なはずだ**」という意味を表す感じです。疑問文にすると、

Should I quit this job? （この仕事、やめた方がいいのかな？）
What should **we do?** （私たちは何をしたらいいんでしょうか？）

のように、相手に忠告を求めるような意味になります。また、

You shouldn't **talk that loud.**
（そんなにうるさく話すべきではありません。）

のように、否定のカタチにすると、「…すべきではない、…しない方がよい」といった忠告や提案を表すことになります。

6. shall

shall は、使い方がかなり限られている助動詞で、

Shall I cook dinner for you?
（(ボクが)キミ(のため)に晩ご飯をつくってあげようか？）

のように、たいてい疑問文のカタチで使います。
上の例文のように、**Shall I ...?**（(私が)…してあげましょうか？）と相手に「**提案**」する使い方が代表的。また、

Shall we play a game?（一緒にゲームでもやりませんか？）

のように、**Shall we ...?** というカタチで使うと、「**一緒に…しませんか？**」と相手を「**勧誘**」するような響きになります。『Shall we dance?』という映画のタイトルとしてもおなじみの表現ですが、これはかなり古臭い感じのする誘い方なので、参考までに。

7. would

would という助動詞は、**Would you ...?** という疑問文のカタチで、「**…してもらえませんか？、…して頂けないでしょうか？**」という「**丁寧なお願い・依頼**」を表すことができます。

Would you call me Itchy?
（ボク(のこと)を「イッチィ」と呼んでくれませんか？）

みたいな感じですね。
ちなみに、**Will you ...?** というカタチでも、一応「お願い、依頼」の意味は表せますが、こちらは **Would you ...?** と比べると丁寧度は下がります。

またwouldは、〈**would like [love] to ＋動詞の原形**〉というカタチでもよく使われます。これは、**want to ...**（…したい）の丁寧版みたいなもので、

I would like to visit Bulgaria again.
（私はできればまたブルガリアを訪れたいと思います。）

のような「（できれば）…したい」という丁寧・控えめな希望を表す表現です。またこのカタチを、

Would you like to eat something?（（あなたは）何かお食べになりますか？）

のように、疑問文のカタチにした言い方も、相手の考えを丁寧にたずねる場合なんかに、とてもよく使われます。

8. could

couldがcanの過去形であることは、すでに述べた通りです。例えば、

They couldn't find the hotel.
（彼らはそのホテルを見つけることができなかった。）

って感じでしたね。と、ここで問題。

> **Could you teach her English?**
> という英語の文を日本語に訳すとどうなるでしょう？

「そりゃー、『**お前は彼女に英語を教えることができたのか？**』に決まってるっしょ？」

と、思った人は多いかもしれないけど、実は**正解はこれだけじゃない**んです。

もうひとつ、

「彼女に英語を教えてくれませんか？」

も正解だったりします！

つまり、**Could you ...?** という疑問文のカタチは、「…することができましたか？」という can の過去形としての意味だけでなく、**Would you ...?** というカタチと同じように「**丁寧なお願い・依頼**」の意味でも使えるんですねぇ。

そして、**Could you ...?** というカタチが、「**丁寧なお願い・依頼**」の意味で使われることは、現実には非常に多かったりします。ちなみに「…できましたか？」なのか、あるいは「…してくれませんか？」なのか、どっちの意味になるかは、**前後の話の流れ次第**です！
……とかいうと、何かすごい難しい話のような気がするかもしれないけど、実際の話、どっちの意味かで迷って苦労するということは、ほとんどないと思います。会話の流れで、だいたい「『**できた**』かどうか聞かれてるなぁ」とか、「**お願いされてるなぁ**」とか、わかりますから。

ちなみに、**Can you ...?** というカタチも「**お願い・依頼**」の意味で使えますが、丁寧度で言うと、**Could you ...?** の方が上にくる感じです。

助動詞、攻略編 **STEP 4**

2つの顔をもつ助動詞

ここまでに、

will、can、may、must、should、shall、could、would

という8つの「**代表的な助動詞！**」をご紹介してきました。
この中で、**could** が **can** の過去形であることはすでに述べた通りです。
……と、ここでネタばらししてしまうと、実は、

「**would** は **will** の過去形で、**should** は **shall** の過去形！！」

だったりします。また、ここまでに出ていませんが、**may** を過去形にすると、**might** となります。ちなみに、**must** には過去形がありません！！

でも、こんなことを言うと、

「**would** が will の過去形だっていうんなら、『**…するつもりだった**』みたいな意味で使ったりするってこと？」
「**should** が過去形なら、『**…すべきである、…した方がイイ**』じゃなくて、『**…すべきだった、…した方がよかった**』みたいな意味になるんじゃないの？」

と不思議に思う人がいるかもしれないけど、「**そうではない！**」んです。
would や **should** は、**will** や **shall** の過去の意味なんかはちっとも表しません！
でも、にもかかわらず、**would** や **should** は、**will** や **shall** の過去形なんです！

「さっぱり意味がわからん……_┌○」

という人もいるかもしれませんね。

実は、英語には、「時制の一致」というちょっとややこしい決まりがあるんですよ。この「時制の一致」というヤツは、

「意味はともかく、時制のカタチだけは揃えてもらわんと困るんだよ、キミィ」

という非常にお役所チックな考え方なんですね。
そうした特別な事情があって、英語の世界では、**would、should、might** のような「意味はともかくカタチだけ過去形」というややこしい助動詞が大量につくられたってことです。とりあえず、そう考えておけばOK。
「時制の一致」については、また後ほど、もうちょっと詳しくご紹介するのでご心配なく。でも、

「意味はともかくカタチだけ過去形ってどういうこと？？」

と不思議に思う人もいることでしょう。
would、should、might は、will、shall、mayの過去形ですが、**意味は will、shall、may と基本的にほとんど同じ**なんです。だから、「カタチだけ過去形」。
とか言うと、

「ええっ、**would** は『…してくれませんか』って『丁寧なお願い』、**should** は『…すべきだ、…した方がイイ、…なはずだ』みたいな『忠告・提案』の意味だって言ってなかったっけ？？」

と、また混乱する人が出てきたりして。
ここからが、ちょっとややこしい話で、長い英語の歴史の中で、**would、should、might** といった「意味はともかくカタチだけ過去形」にも、いつの間にか特別な意味・役割が与えられるようになったんですね。
で、現在では本来の「助動詞の過去形！」としての顔のほかに、「特別な意味のある助動詞！」というもうひとつの顔をもつに至っているわけです。

……というわけで、英語の助動詞の過去形というのは、

「**カタチの上では過去形だけど、それとは別に、本来の意味とはかけ離れた独自の使い方もあるものが大半**」

だったりします。はっきり言って、**can**（できる）の過去形として「できた」を意味する **could** みたいな助動詞の方が特別！

とりあえず現段階では、

「**would、should** といった助動詞は、それ自体の意味とはまったく別に、**will、shall** の単なる過去形というもうひとつの顔がある！」

くらいに覚えておいてもらえばOKですよ。

助動詞マスターを目指せ！

さて、ここまで一気に代表的な助動詞の意味と使い方を紹介してきたので、
「疲れた……_| ̄|○ 」
という人も多いのでは？
だから、ここでちょっとひと休み。

さっそく練習問題でもやってみましょう！

……なんて言うと、「それ、休みじゃねーだろ！」とツッコまれそうですが、
「まあ、そんなこともあるさぁ（´∀｀）」
ということで。今までに覚えた知識の確認も兼ねて、ドウゾ！

> **Q** 次の英語の文を日本語にすると、どうなるでしょう？
>
> 1. The prime minister should resign soon.
> 2. Must I finish this by tomorrow?
> 3. He may not be honest.
> 4. Could you come to help me?

助動詞には複数の意味をもつものもありますが、この場合、

1. 首相はすぐに辞任した方がいい。
2. 明日までにこれを終わらせないといけませんか？
3. 彼は正直じゃないかもしれない。
4. 私を助けるために来てくれませんか？（助けに来てくれませんか？）

と解釈するのが最も自然です。まだ自信がない人は、p.96から再度、復習。
「ばっちり！」だった人は、次ページへGo!

助動詞、攻略編 **STEP 4**

「できる・かもしれない」の表し方

> **Q** 「その子は世界を変えることができるかもしれない」
> を英語で言うとどうなるでしょう？

まず最初に断っておきますが、

× **The kid may can change the world.**

って答えは、×（バツ）！
……あっ、だからって、

× **The kid can may change the world.**

みたいに**助動詞の順番を入れ替えたってダメ**ですよ。

「でも、『できる』は can で、『かもしれない』は may だし……」

と頭を抱えている人のために言っておくと、上の2つの英文でマズイのは、
may と can を同時に使ってるところ！

「ひとつの英文に助動詞を2つ同時に使うことはできない！」

って決まりがありましたよね？（p.95参照）

では、どうすればいいんでしょうか？

……そろそろ、「ピーン！」ときた人も多いかな？

そうです！

「ひとつの英文に助動詞がひとつだけなら OK！ 2つあったらダメ！！」なんだから、「どっちか片方を助動詞を使わない別の表現で表せばいい！」わけです。助動詞と同じような意味を助動詞を使わないで表す方法がありましたよね？

「うーん、『かもしれない』って may 以外に何て表すっけ？」

……って、そっちじゃないですよ！
この場合、「できる」の方を can 以外のカタチ、つまり〈be able to ＋動詞の原形〉というカタチで表せばOK。よって、正解は、

The kid may be able to change the world.

となります。

> **Q** 「あなたはすぐに考えを変えないといけなくなるだろう」
> を英語で言うとどうなるでしょう？

これも本来なら、「…しないといけない」を表す **must** と、未来を表す **will** という2つの助動詞を両方を使いたいところ。でも、「助動詞を2つ同時に使うことはできない！」ので、**must** の方を **have to ...** というカタチで表して、

You will have to change your ideas soon.

とすれば正解。
ちなみに助動詞を2つ使いそうな文の言い換えでは、will を be going to というカタチで表さないのが普通。will と be going to はニュアンスが違いすぎるので、こういう場合の言い換えには不向きなのもおそらくその一因です。だから、must be going to のように表さないこと。

こんな感じで、〈be able to ＋動詞の原形〉や〈have to ＋動詞の原形〉ってカタチは、「助動詞を2つ同時に使うことはできない！」という「お約束！」を守る上で、「必要不可欠なカタチ！」といえます。

「be able to とか、have to とかって、覚えるのってメンドクセー！ can と must だけでいいじゃん」
って思ってた人もいるかもしれないけど、「そうもいかない！」んですね。

また、have to ...については、もうひとつ使わざるを得ない「事情」というのがあります。

> **Q**「テツは毎日働かなければならなかった」
> を英語で言うとどうなるでしょう？

can と違って、「must という助動詞には過去形がない！」のでしたよね。ですから、「…しなければならなかった」と英語で言いたいなら、have to ... の have を過去形の had にして、

Tetsu had to work every day.

と表すしかないわけです。

be able to ...や have to ...といったカタチの「ありがたみ」をちょっとは感じてもらえたかな？

「ふくしゅう」酒場…… 4 杯目

ここでは、「じっくり基礎編」でも登場した「**助動詞**」が再登場。助動詞の基本をおさらいしつつ、**would** や **could** といった「**丁寧なお願い**」に使う助動詞、**be going to ...**、**be able to ...**、**have to ...** といった助動詞の言い換え表現を完全にマスターしてしまうことが、このステップの目標です。

> **Q** 次の日本語の文の内容と、それに対する英語の文について、英文が正しければ○をつけ、間違っていれば正しい文に訂正しましょう。
>
> **1.** 何か食べるものをもらえませんか？
> Would you give something eat for me?
>
> **2.** あなたのために私は何ができるかしら？
> What I can do to you?
>
> **3.** いつか、彼らはその悲しい事実を受け入れることができるだろう。
> Sometimes they can be able to accept the sad fact.
>
> **4.** 何人の人をパーティーに招待したらいいかな？
> How many people we should invite the party?
>
> **5.** あなたは私を知らないかもしれないが、私はあなたをよく知っている。
> You may not know me but I know you well.
>
> **6.** 新潟の人たちは数日間、水と電気なしで過ごさなければならなかったの？
> Did the people Niigata must spend a few day without water and electricity?

ここで「助動詞！」について簡単におさらい。ポイントをアタマに叩き込んだ上で、満足のいく解答ができあがったら、p.113の「解答と解説」へ。

助動詞、攻略編　**STEP 4**

助動詞はこれでカンペキ？!

そのゼロ（大前提）：「助動詞」とは、動詞に「できる」「かもしれない」などプラスアルファの意味を加える品詞のこと。英語の助動詞は、あくまでも動詞を助ける品詞であって、動詞の替わりはできないので、助動詞が入る文には、動詞も一緒に必要。位置は主語と動詞の間で、助動詞の後ろの動詞は必ず原形になる！

　　例：**He can run fast.**（彼は速く走ることができる。）
　　　　（疑問文）**Can he run fast?**（彼は速く走ることができるの？）
　　　　（否定文）**He can't run fast.**（彼は速く走ることができない。）
⇒ 助動詞が入る文を疑問文にする場合、助動詞をそのまま文頭に出すだけ、否定文にする場合、助動詞の後ろに not を入れるだけで OK。

その 1：英語の代表的な助動詞は次の 8 つ。

● 代表的な助動詞一覧
1. will ...（これから…する）
⇒ 主に「**自然な時の流れでそうなる未来**」「**その場で決めたような計画性がない未来の話**」に使う。「…する予定［つもり］だ」のような「**計画的な未来の話**」をするときには、**be going to ...** を使う。

2. can ...（…できる、…することがあり得る）
⇒ 「…できた」という過去の意味は **could** で表す。「…できる」という意味は、〈**be able to ＋動詞の原形**〉というカタチでも表せるが、**can** は「**能力的なできる／できない**」、**be able to** は「**一時的なできる／できない**」を表す感じ。

3. may ...（…かもしれない、…してもよい）

4. must ...（…しなければならない、…に違いない）
⇒ 「…しなければならない」という「**義務**」の意味は、〈**have to ＋動詞**

の原形〉というカタチでも表せる。must の方が強制的、have to の方が客観的な響き。また、**mustn't ...** は「…してはいけない」、**don't have to ...** は「…しなくていい、…する必要がない」のように、**否定のカタチでは、まったく違う意味を表す**。ちなみに、must には**過去形がない**ので、「…しなければならなかった」という意味は、**had to ...** でしか表せない。

5. should ...（…すべきだ、…した方がイイ、…なはずだ）
⇒ must や have to ... にも似ているが、should の方が**忠告や提案に近いやわらかいニュアンス**。

6. shall
⇒ **Shall I ...?**（…しましょうか？）のように疑問文のカタチで使うのが普通。

7. would
⇒ **Would you ...?** という疑問文のカタチで、「…してもらえませんか？、…して頂けないでしょうか？」という「**丁寧なお願い・依頼**」を表す。〈**would like [love] to ＋動詞の原形**〉というカタチで、「(できれば)…したい」という **want to ...**（…したい）**の丁寧版**のような意味を表すことも多い。

8. could
⇒ can の過去形のほかに、**Could you ...?** という疑問文のカタチで、「…してくれませんか？」という「**丁寧なお願い・依頼**」を表す使い方もある。

その2：ひとつの英文に助動詞を2つ同時に使うことはできない！したがって、「できる・かもしれない」のような助動詞を2つ使いそうな内容は、どちらかを、**be able to** や **have to** のような助動詞以外の表現で表すようにする。

例： **This book may be able to change your life.**
（この本はキミの人生を変えることができるかもしれない。）

解答と解説

1. 何か食べるものをもらえませんか？
× Would you give something eat for me?
　→ ○ Would you **give me something to eat**?

「…をもらえませんか？」と「丁寧なお願い・依頼」をしているので、**Would you ...?** というカタチを使います。「丁寧なお願い・依頼」は、wouldの代わりに、**could** や **can** を使っても表せます。
「(何か)食べるもの」は、「食べる(べき)何か」と考え、**something to eat** のように、to不定詞と組み合わせて表すのでしたよね？（p.66も参照）「もらう」は、「あなたが私に何か食べるものをくれる」と考えて、**give** という動詞で表します。**give** は直後に人を指す名詞をもってくる場合は、前置詞ナシでもうひとつ名詞を続けられる動詞なので、**give me something to eat** とすれば、「私に何か食べ物をくれる」という意味を表せます。giveの直後にsomething to eatという1セットを続ける場合、**give something to eat to me** のように、さらに名詞を続けるには前置詞が必要になる点に注意。ちなみに、toの代わりにforを入れたら間違い。結構、間違える人が多いです。

2. あなたのために私は何ができるかしら？
× What I can do to you?
　→ ○ What **can** I **do** **for** you?

元の文では、What I can ...?となっていますが、「**疑問詞の後ろは疑問文のカタチ**」なので、**can I ...?** としなければいけません。また日本語では、ただ「できる」という表現になっていますが、**英語では助動詞を使うときも、必ず動詞が必要**なので、「…する」に当たる **do** という動詞を英語の文にはき

ちんと入れること。「…するために」は〈to＋動詞の原形〉のカタチ（to不定詞）を使いますが、「…のために」という感じで、「…」の位置に入るのが**名詞**の場合には、toではなくforを使って、**for ...** とするのが普通です。

3. いつか、彼らはその悲しい事実を受け入れることができるだろう。
× Sometimes they can be able to accept the sad fact.
→ ○ **Someday** they **will** be able to accept the sad fact.

「いつか」は、英語では **someday** となります。sometimes は「ときどき」です。「**できる・だろう**」のような助動詞を2つ使いそうな内容を英語で言うときには要注意。**ひとつの文に助動詞は基本的にひとつしか使えません。**こういう場合は、一方を助動詞以外のカタチで言い換えること。ここでは、**can** を **be able to ...** と言い換えます。残った「**だろう**」は、**will** という未来を表す助動詞で表せばOK。

4. 何人の人をパーティーに招待したらいいかな？
× How many people we should invite the party?
→ ○ How many people should we invite to the party?

「…した方がいい」というやわらかい「提案・忠告」は **should** という助動詞で表すのでしたよね。「**何人・いくつ？**」のように数についてたずねるときは、〈**how many ＋名詞の複数形**〉の後ろに疑問文のカタチを続けます。元の文では、How many people の後ろが、we should ...という肯定文のカタチになっているので、まず、これを訂正して、**How many people should we ...?** としましょう。なお、people（人々）という単語は、いつでも複数扱いです。「**招待する**」を意味する invite という動詞は、**invite A to B** というカタチで、「**AをBに招待する**」という意味を表します。「**人々をパーティーに招待する**」なら、**invite people to the party** ですが、ここではAに当たる people が、how many と1セットになって文頭に出ていることに注意。

助動詞、攻略編　STEP 4

5. あなたは私を知らないかもしれないが、私はあなたをよく知っている。
　○ You may not know me but I know you well.

この文はこのままで正解。**may** は「…かもしれない」という「推量・推測」を表すのでしたね。この文のように、**may A but B** というカタチで、「(確かに) A かもしれないが、(でも) B だ」というニュアンスを表す感じになります。

6. 新潟の人たちは数日間、水と電気なしで過ごさなければならなかったの？
× Did the people Niigata must spend a few day without water and electricity?
　→ ○ Did the people in Niigata have to spend a few days without water and electricity?

「…しなければならない」という意味は、**must** …という助動詞、もしくは **have to** …というカタチで表せますが、「…しなければならなかった」という過去の話をする場合、**had to** …でしか表せない（must には過去形がない）のでしたよね。ここでは、「…しなければならなかったのか？」という過去の疑問文なので、had to …を疑問文のカタチにすること。つまり、**Did S (主語) have to …?** というカタチ。ちなみに、助動詞の must が入る文を疑問文のカタチにする場合、Must S …? のように、must の位置は文頭になります。「新潟の人たち」は「新潟の中の人たち」ということで **the people in Niigata** と表します。「数日 (間)」は **a few days** です。〈**a few** ＋名詞の複数形〉で、「いくらかの…、いくつかの…」という意味を表す点に注意。**without** は with の反対の意味を表す前置詞で、**without** …で「…なしで」という意味になります。

STEP 5

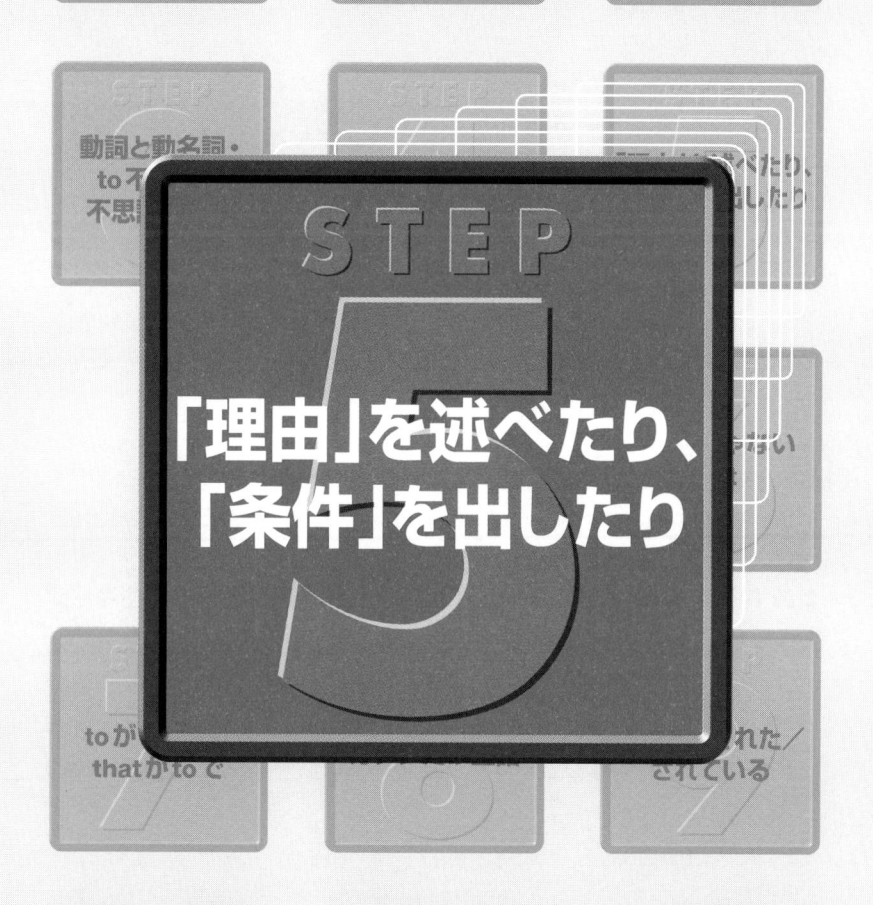

「理由」を述べたり、「条件」を出したり

「接続詞」ってご存知ですか？

「じっくり基礎編」では、and / but / or といった最も基本的な「接続詞」の取り扱い方を詳しくご紹介しました。
ここからは、「接続詞」について、もうちょっと高度な話をしていこうと思うのですが……、
「前編、読んでないよ…… 」○」
「読んだけど、よく思い出せないよ…… 」○」
という人もいるかもしれませんね。
そんなみなさんのために、まずは軽くおさらいから。

接続詞とは、文字通り「**つなぐ（接続する）役目をする語**」のことです。
その中でも、**A and B** のようなカタチで、**両サイドにまったく同じレベルのものを並べてつなぐ天びんのような役目を果たすもの**を、難しい専門用語で「**等位接続詞！**」と呼びます。等位接続詞の代表格は次の通り。

A and B …「AとB」のように、2つの要素を対等に結ぶ
A but B …「AだけどB、A、しかしB」のように、AとBには反対の内容のものが入る
A or B …「AかあるいはB」のように、選択の対象になるものがA、Bに入る

「でも、『同じレベル』とか『天びん』とか言われても、今ひとつピンとこないなぁ……」

という人も、次のように考えれば「**余裕！**」のはず。

「**Aが名詞なら、Bも名詞！**」
「**Aが形容詞なら、Bも形容詞！**」
「**Aが動詞なら、Bも動詞！**」

こういうのが、「**同じレベル**」っていうことです。

「理由」を述べたり、「条件」を出したり…… **STEP 5**

で、この中でも、特に注意してほしいのが最後のケース。
「動詞はひとつの英文に1個だけ」が英語の大原則でしたよね？

でも、**接続詞を使えば、この原則を無視して、ひとつの英文の中に2個の動詞を入れることだってできる**のです。例えば、

He listens to rock music but doesn't go to rock concerts.
（彼はロックを聞くけど、ロックのコンサートには行かない。）

みたいな感じ。逆に言えば、
「ひとつの英文に2個の動詞を入れようと思ったら、接続詞を使うしかない！」
ということです。

そしてもうひとつ注意点。
等位接続詞がつなぐことができる「同じレベルの要素」とは、単に「名詞と名詞・動詞と動詞・形容詞と形容詞」のような「語だけではない」んです。

〈前置詞＋名詞〉という組み合わせ、
〈動詞＋目的語〉という組み合わせ、

あるいは、

I like this song but Masayuki doesn't (like it).

のような〈主語＋動詞（＋その他）〉のような複雑な組み合わせでも、とにかく同じようなカタチでさえあれば、何でも接続詞で結びつけることができるのです。

使いこなせば、いろいろなことが言えるようになるけど、裏を返せば、
「コイツのせいで、どんどん英文が複雑になる……」
厄介モノ、それが接続詞と言えるでしょう。

ちなみに、この「とことん攻略編」で登場した**「動名詞と動名詞」**、**「to 不定詞と to 不定詞」**だって、接続詞を使って結びつけることはできますよ。

Children like playing video games and watching TV.
(子どもたちはテレビゲームをするのと、テレビを見るのが**好きだ**。)

To eat and to sleep are essential to life.
(食べることと寝ることは**生活に不可欠だ**。)

みたいな感じ。

「AだからB」「AなときB」と言ってみる　その1

実は接続詞は、「何をつなぐか」によって、大きく2つのグループに分けることができます。つまり、「おさらい」で紹介した「**等位接続詞**」という接続詞以外に代表的な接続詞のグループがもうひとつあるんですね。それが、これから紹介する「**従属接続詞！**」というグループ。

「ゲッ、まだあるの?!　しかも、何か小難しそうな名前！！」

と、**思わずひいてしまった人**もいるかもしれません。でも、この名前そのものはそれほど気にしなくても OK。
あくまでもポイントは、「**接続詞といっても and / but / or などとは、ちょっと性質の違うものがある**」というところです。

そんなニュータイプの接続詞の中で、まず皆さんに覚えてほしいのが、**because** と **when**。意味と使い方はそれぞれ次の通りです。

because → 「…(だ)から、…(な)ので」のような意味で、何かの「**原因・理由**」を述べたいときに使う（従属）接続詞。
when → 「…(な)とき」のような意味で、「**時**」を表す（従属）接続詞

つまり、今まで「いつ？」とたずねる場合に使っていた疑問詞の **when** は、「**…(な)とき、…(な)場合**」という（従属）接続詞としても使うことができるということですね。
さて、基本的な意味を頭に入れてもらったところで、いきなり問題。

> **Q** 「彼女がボクを愛している**から**ボクは彼女を愛している」
> を英語で言うとどうなるでしょう？

「…(だ)から、…(な)ので」という「原因・理由」を表す従属接続詞、**because** を使って、英語の文をつくってみろって問題ですね。
でも、「彼女がボクを愛しているからボクは彼女を愛している」みたいな長い文を「いきなりぜーんぶ英語に直してやろう！」なんてムチャは考えないように。まずは、「…(だ)から、…(な)ので」という「原因・理由」を表す部分だけを英語で表すことを考えてみましょう。

「『…(だ)から』が because でしょ？　だったら、日本語をそのまま英語に置き換えて……、

彼女がボクを愛しているから→ **she loves me** because

これで OK ？」

と、見事に引っかかってくれたみなさん、ありがとうございます＼(^o^)／。
実は、英語と日本語では「…(だ)から」とか「…(な)とき」に当たる語（接続詞）が入る位置が違うんです！

> ⚠ **日本語で「A(だ)から、A(な)ので」とか「A(な)とき」と表す内容は、英語では because A や when A というカタチ！**

……だから、

彼女がボクを愛しているから→ **because she loves me**

が正しい英語のカタチ。
つまり、「理由」を表す言葉（接続詞）の位置が、日本語と英語では逆！
日本語では「彼女がボクを愛しているから」のように、「理由」を表す言葉（＝から）が理由となる内容の後ろにくっつきますが、英語では **because she loves me** のように、「理由」を表す言葉（＝ because）が理由となる内容の前にくっつく感じになるのです。

これは「時」を表す接続詞 when の場合も同じ。

日本語で「A（だ）から、A（な）ので」なら、英語では because A
日本語で「A（な）とき」なら、英語では when A

というカタチがすぐに思い浮かぶように心がけてください。
ココが、とっても重要！（今から実感してもらいます）。

……さて、
彼女がボクを愛しているから→ because she loves me
という「原因・理由」を表す部分の表し方がわかったところで、今度は、
「彼女がボクを愛しているからボクは彼女を愛している」
という文全体を英語に直すことを考えてみましょう。まず残った「**ボクは彼女を愛している**」という部分を英語で表すとどうなる？

……答えはズバリ、
I love her!
なーんて、これくらいはさすがに「**余裕！**」ですよね。
問題はここから。

彼女がボクを愛しているから→ because she loves me
ボクは彼女を愛している→ I love her

という2つの文をひとつにくっつける場合、**どっちが先で、どっちがあと？**

「うーん。日本語のノリでいくと、
Because she loves me I love her.
っぽいけど、これだとつながりがわかりにくい気もするなぁ。
第一、**because** って『**接続詞**』なんだから、2つの文の真ん中に入れて、
I love her because she loves me.
って感じで2つの文を接続するカタチがやっぱり普通かな？」

と悩んでくれた方、ご苦労さまでした。
結論を言ってしまうと、「どっちも正解！」なんです。

「……ふーん」
って、感じかもしれないけど、それぞれの場合について、とっても大事な注意点があるのでそれを確認しておきましょう。

because がくっついてる方（「理由」を表すパート）が文頭に入る場合は、もう一方のパートとの切れ目を示すために、間にコンマ（「,」のこと）が必要。
つまり、
Because she loves me, I love her.
という感じ。

また、
I love her because she loves me.
というふうに、because がくっついてる方（「理由」を表すパート）が後ろに入る場合、意味を誤解しないように注意！
日本語の語順につられて「うっかり」、

I love her because she loves me.
　→ × ボクが彼女を愛しているから、彼女はボクを愛している

という意味と勘違いしてしまう人がかなりいます。これだと、話が逆！
くどいようですが、
「英語では、『理由』を表す言葉（= because）が理由となる内容の前にくっつく！」
のです。だから、

I love her because she loves me.
だったら、because は前の I love her ではなくて、後ろの she loves me という部分とくっついてるわけです。というわけで、正しくは、
「彼女がボクを愛しているから、ボクは彼女を愛している」

となります。
becauseを自分が使うときも、becauseが入った文に出合ったときも、「**becauseがどこにくっつくか／くっついているか**」に要注意！

> **Q** 「彼がシアワセなとき彼女はシアワセだよ」
> を英語で言うとどうなるでしょう？

「時」を表す接続詞 **when** の注意点も、「**原因・理由**」を表す **because** と同じでしたよね。つまり、

「日本語では『彼がシアワセなとき』でも、英語では **when he is happy** という順番！」

ってこと。ちなみに、

× He is happy when she is happy.

ってすると、「彼女がシアワセなとき彼はシアワセ」って、逆の意味ですから！　……と、ここでしつこく念押し。

全体では、

彼がシアワセなとき→ when he is happy
彼女はシアワセだよ→ she is happy

で、whenのつながり方さえ間違えなければ、「**どっちが前でも、後ろでもいい！**」んだから、

When he is happy, she is happy.　　＊「コンマ」に注意！
　／ **She is happy** when he is happy.

という2パターンが正解。

さて、（従属）接続詞の when が文頭に出てくる場合、それが、
「疑問詞の when なのか、接続詞の when なのか紛らわしい」
という問題点があります。例えば、次のような感じ。

1. When did you play tennis?
　　→あなたはいつテニスをしたのですか？
2. When I play tennis, I'm happy.
　　→ボクはテニスをするときシアワセだ。

1 が疑問詞の when、**2** が接続詞の when を使った英文です。
区別のポイントは……、わかりますよね？

疑問詞の when は直後に疑問文のカタチが、接続詞の when は直後に
〈主語＋動詞〉という肯定文のカタチが続くという大きな違いがあります。
つまり、
「when の後ろがどういうカタチになっているか？」
そこに気をつけていればイイだけの話です。簡単でしょ？

「理由」を述べたり、「条件」を出したり…… **STEP 5**

「AだからB」「AなときB」と言ってみる　その2

さて、ここまでに、

彼女がボクを愛しているからボクは彼女を愛している。
　→ Because she loves me, **I love her**. / **I love her** because she loves me.

彼がシアワセなとき彼女はシアワセだよ。
　→ When he is happy, **she is happy**.　/ **She is happy** when he is happy.

という2つの例を見てきました。
ところで、because / when を使う英語の文って、**ひとつの文が2つのパートに分かれている**ような感じがしませんか？

because を使う文なら、「…だから、…なので」という「**原因・理由**」を表すパートとそうでないパート。

when を使う文なら、「…なとき」という「**時**」を表すパートとそうでないパート（なお、**when** には、「…な場合」という「**条件**」を表す使い方もあったりします。使用上の注意点は、「時」の場合と同じ）。

ですから、それぞれのパートを **A、B** と簡単に表すなら……、

「A（だ）から B、A（な）ので B」なら、Because A, B. か、B because A.
「A（な）とき B、A（な）場合 B」なら、When A, B. か、B when A.

という感じ。
ちなみに、becauseやwhenのような従属接続詞ではじまる**「理由」や「時」を表すパートを専門用語で「従(属)節！」**、そうでないパートを**「主節！」**と呼びます。

さて、「**従(属)節・主節**」という呼び方から、「何とな〜く」想像できるか

もしれませんが、この2つのパートは、決して**対等な関係ではありません**。

イメージとしては、**従(属)節**の方は、

「ご主人様、『理由』とか『時』とか新しい意味をつけ足しますので、アッシをあなたにくっつけてくだせえ！！」

という従者・子分みたいな感じ。
一方、**主節**の方は、その名の通り、

「まぁ、お前なんかいなくても、オレひとりでもやっていけるケドナー」

という主人みたいな感じです。
つまり、「『理由』や『時』を表すパート（従(属)節）」は単なるおまけであって、本当に大切なのは「そうでないパート（主節）」の方なんですね。and、but、orなどの等位接続詞は同じレベル（つまり平等な関係）のものをつなぐ接続詞だったけど、because、whenなどの従属接続詞がつなぐ内容は対等な関係じゃないんです。『理由』や『時』を表す従(属)節の方が格下の扱い。

で、従者・子分（従(属)節）が後ろにくっ付いて回る分にはいいけど、主人(主節)より前に出る場合、
「センエツながら、前に出させていただきましたァ！！」
という証として、主人との区別のために**コンマを必ず入れなければいけない**わけです。そして、「主人と子分（主節と従節）」という上下関係があるがゆえに、もうひとつ厄介な問題が生じるんだけど、それについてはp.150を参照。

そんな注意点を頭に入れつつ問題へ。

「理由」を述べたり、「条件」を出したり…… **STEP 5**

> **Q** 次の日本語の文を英語にすると、どうなるでしょう？
>
> **1.** うれしいから彼女は踊っているんです。
> **2.** 大きいクルマを運転するときボクはいつも緊張する（get tense）。

「……日本語の『…(だ)から』に当たる **because** とか、『…(な)とき』に当たる **when** みたいな（従属）接続詞を使うときは、日本語の語順に引きずられないように注意が必要なんだよね？ 日本語だと『AだからB』だけど、英語だと、**Because A, B. / B because A.** みたいな」

その通り！！

「だったら、順番に気をつけて……、

1. うれしいから彼女は踊っているんです。
　→ **Because happy, she is dancing. / She is dancing** because happy.
2. 大きいクルマを運転するときボクはいつも緊張する。
　→ **When drive a big car, I always get tense.**
　／ I always get tense when drive a big car.

これで決まり？」

……チョット待ったァ！！
大事なことを言い忘れていました。実は、**従属接続詞と等位接続詞**（**and、but、or** とか）には**大きな違い**があるんです。等位接続詞は、
「動詞と動詞、〈前置詞＋名詞〉と〈前置詞＋名詞〉、あるいは〈主語＋動詞〉と〈主語＋動詞〉……」
といった具合に、**同じレベルのものであれば何でもつなぐことができました**よね？ 言わば、**何でもアリ**！

でも、becauseやwhenのような従属接続詞は違うんです！
先ほど、「becauseやwhenのような従属接続詞ではじまる『理由』や『時』を表すパートを専門用語で『従(属)節！』、そうでないパートを『主節！』と呼ぶ」と説明しましたが、そもそも「節！」という呼び方は、「主語と動詞を含むカタチのこと」を指します。つまり、

「従属接続詞を使う文は、従(属)節（『理由』や『時』を表すパート）と主節（そうでないパート）の2つに分かれる」

ってことは、

「従属接続詞を使う文は、それぞれ主語と動詞を含む2つのパートに分かれる」

ってことだったりするんですね。だ・か・ら、

> **becauseやwhenのような（従属）接続詞を使う場合、その後ろ（「理由」や「時」を表すパート）にも、必ず主語と動詞があるカタチが続かなければならない！**

ってことになるわけ。
一方、困ったことに、日本語はと言えば、

うれしいから（主語ナシ）／彼女は踊っている（主語アリ）
大きいクルマを運転するとき（主語ナシ）／ボクはいつも緊張する（主語アリ）

といった具合に、「理由」や「時」を表すパートと、そうでないパートの主語が同じ場合、一方のパートには、主語を入れないのが普通なのです。ですから、こうした日本語を英語に直そうと思ったら、直訳じゃダメで、

「『うれしいから**彼女は踊っているんです**』って、『うれしい』のはだれ？」
「『**大きいクルマを運転するとき**ボクはいつも緊張する』って、『大きい車を運転する』のはだれ？」

という具合に、日本語からは見えない because や when のあとに続く部分の主語 (S) と動詞 (V) の関係をいちいち考える必要アリ。

はっきり言って、**メンドクサイ**！
でも、それゆえに、**間違いやすい**！
……というわけで、気をつけてください。

それでは、前置きが長くなりましたが、ここで正解を確認！

1. うれしいから彼女は踊っているんです。
　→ Because she is happy, she is dancing.
　／ She is dancing because she is happy.
2. 大きいクルマを運転するときボクはいつも緊張する。
　→ When I drive a big car, I always get tense.
　／ I always get tense when I drive a big car.

特に **1** の「うれしいから」のように、**日本語の「理由」や「時」のパートに英語の一般動詞に当たる内容がない場合**（「うれしい」は形容詞)、英語の文の（従属）接続詞（ここでは because）から後ろのパートには、**主語だけでなく be 動詞も補ってやる**必要があることを忘れないでくださいね。

「A なら B」とか言ってみる

ここまでは、(従属)接続詞の中でも because と when に焦点を絞っていろいろと解説してきました。
でも、**従属接続詞って because と when だけじゃないんです！**
この2つ以外にもメジャーな従属接続詞はいくつか存在します。
その代表例のひとつがこれからご紹介する if。

if は「(もし)…なら、(もし)…だったら、(もし)…な場合は」のような意味で「**先のこと(未来のこと)、仮の話・条件**」などを述べたりするときに使う接続詞です。さっき出てきた **when** にも、「**…な場合**」という「**条件**」を表す使い方がありましたよね。ですから、when を if と同じような意味で使うこともあります。

> **Q**
> 「(もし)あなたが晩ご飯をつくる(prepare dinner)のなら、
> 私がお皿を洗う(do the dishes)わ」
> を英語で言うとどうなるでしょう？

「(もし)…なら」となっているので、**if** を使って英文をつくればいいってことですよね。

if もこれまで紹介した because や when と同じ従属接続詞だから、使うときの基本的な注意点はやはり同じ。
まず、if を使った「先のこと(未来のこと)、仮の話・条件」を表すパート(従(属)節)と、そうでないパート(主節)に分けて考えます。

この問題の場合は、
「**(もし)あなたが晩ご飯をつくるのなら**」
というパート(従(属)節)と、
「**私がお皿を洗うわ**」

「理由」を述べたり、「条件」を出したり……　**STEP 5**

というパート（主節）に分かれる感じですね。

で、**日本語の場合、「A なら、A だとしたら」のような「条件」を表す言葉が後ろにつくけど、英語では if A という感じで、「条件」を表す if がパートの頭に入ります。**日本語と逆の順番だけど、これも because や when と同じですね。
そして、**if の後ろには必ず主語と動詞があるカタチが続きます。**
これもやっぱり because や when と同じ。

で、ここからが if オリジナルの注意点。
「(もし)あなたが晩ご飯をつくるのなら」
というのは、「先の話、未来の話」ですが……、

「未来の話なら will を入れればイイんだよねー♪　だからこっちは、
if you will prepare dinner
でしょ？」

と will を入れてしまうのは、日本人がうっかりやってしまいがちな間違い。

> ⚠️ **たとえ「先の話、未来の話」のような内容でも、**
> **if ではじまるパートの動詞には、will をつけない！**

というのが英語の基本的な「**お約束！**」だったりするのです。

それに対して、もう一方のパート（主節）には、内容が「先の話、未来の話」であれば、ちゃんと will を入れなければいけません。
この文も、「(もし)あなたが晩ご飯をつくるのなら、私が（食後）お皿を洗うわ」という「未来の話」なので、「私がお皿を洗うわ」のパートには、ちゃんと will を入れること。したがって、

「(もし)あなたが晩ご飯をつくるのなら」のパート (従(属)節)
→ **if you prepare dinner**（will をつけない！）

「私がお皿を洗うわ」のパート (主節)
→ **I'll do the dishes**（will が必要！）

ということになります。
だから、正解は、

→ **If you prepare dinner, I'll do the dishes.
／ I'll do the dishes if you prepare dinner.**

という2パターン。

ifではじまる「条件」を表すパート、つまり従(属)節が前に入るカタチでは、主節との区別のために間にコンマが入る点にも注意。
これも because、when の場合と同じですね。

「理由」を述べたり、「条件」を出したり…… **STEP 5**

「ふくしゅう」酒場…… 5 杯目

「英語の文は、ひとつの文に主語と動詞がひとつずつが原則。でも、接続詞が入る文は例外。中でも、従属接続詞が入る文は、必ず主語と動詞が複数ある厄介もの！」……というわけで、この辺から「何とな〜く」というレベルの理解では、「ついていけない……＿┌○」という脱落者がガンガン増えてきます。でも、基礎の基礎から、「なるほど！」を積み重ねていけば、この難関だって確実に突破できますよ！

> **Q** 次の日本語の文の内容と、それに対する英語の文について、英文が正しければ○をつけ、間違っていれば正しい文に訂正しましょう。
>
> **1．** 彼は勉強か商売をするためにその国に行くのかもしれない。
>   He must go to the country studying and doing business.
> **2．** スピーチが長すぎたのでボクは寝てしまった。
>   The speech was too long because I slept.

ここで「接続詞！」について簡単におさらい。ポイントをアタマに叩き込んだ上で、満足のいく解答ができあがったら、p.137の「**解答と解説**」へ。

接続詞のここに注意！

その 1： and / but / or などの「等位接続詞」を使えば、「形容詞と形容詞」「〈前置詞＋名詞〉と〈前置詞＋名詞〉」、あるいは「〈主語＋動詞（＋その他）〉と〈主語＋動詞（＋その他）〉」のような同じレベルのものは何でもつなぐことができる！

● **and** が名詞と名詞をつなぐ例
  He likes apples and bananas.（彼はリンゴとバナナが好きだ。）

● but が〈動詞＋名詞〉と〈動詞＋名詞〉をつなぐ例
I like apples but don't like bananas.
（ボクはリンゴは好きだけど、バナナは好きじゃない。）

その2：接続詞の中には、「従属接続詞」と呼ばれるものもある。とりあえず覚えてほしいのは、「…だから」という「理由」を表す because、「…なとき、…な場合」という「時、条件」を表す when、「（もし）…なら、…な場合」のような「仮の話、条件」などを表す if の３つ。

その3：従属接続詞を使う文は、「Aだから B だ」「A なとき B だ」のように、内容的に２つのパートに分かれるものが多い。英語の場合、
「A（だ）から B」→ Because A, B. / B because A.
「A（な）とき B」→ When A, B. / B when A.
のように、日本語とは逆に「理由」や「時」を表すパートの前に、「理由」や「時」を表す接続詞が入る点に注意。

例： She is happy when she is dancing.
／ When she is dancing, she is happy.
（踊っているとき、彼女は幸せだ。）

その4：従属接続詞を使う文は、「理由」や「時」を表すパートと、そうでないパートのどちらにも必ず主語と動詞が入らなければならない。

例： She is weeping because she is sad.
／ Because she is sad, she is weeping.
（悲しいから、彼女は泣いている。）

⇒ 日本語は「理由」や「時」を表すパートと、そうでないパートの主語が同じ場合、どちらか一方のパートにしか主語を入れないのが普通だが、英語の文には、どちらのパートにも主語がきちんと入る。また、「悲しいから」のように、日本語の「理由」や「時」のパートに英語の一般動詞に当たる内容がない場合、英語の文の「理由」や「時」を表すパートには、主語だけでなく be 動詞も補ってやる必要がある。

「理由」を述べたり、「条件」を出したり…… **STEP 5**

その 5：「（もし）…なら、…な場合」のような「仮の話、条件」などを表す if を使う文では、たとえ「未来の話」のような内容でも、if ではじまるパートには、will を入れない！　ただし、もう一方のパート（主節）には、内容が「未来の話」であれば、ちゃんと will を入れる！

　　例： **If you** pass the exam, **your parents will be happy.**
　　　　/ **Your parents will be happy if you** pass the exam.
　　　　（もしキミが試験に合格したら、両親は喜ぶだろう。）

解答と解説

1. 彼は勉強か商売をするためにその国に行くのかもしれない。
× He must go to the country studying and doing business.
　　→ ○ He **may** go to the country **to study or to do business**.

「かもしれない」という意味の助動詞は、must ではなく **may** です。「…するため（に）」というときは **to 不定詞**、つまり〈**to ＋動詞の原形**〉というカタチを使うのでしたね？　「**動詞 ing**」のカタチでは「…するため」という意味は表せません。「商売をする」は、**do business** と表します。ですから、「勉強か商売をするために」という部分は **to study or to do business** というカタチ。「**A か あるいは B か**」という「**選択の対象**」を表す等位接続詞は、and ではなく **or** です。

2. スピーチが長すぎたのでボクは寝てしまった。
× The speech was too long because I slept.
　　→ ○ **Because** the speech was too long, I fell asleep.
　　　　/ I fell asleep **because** the speech was too long.

「…なので」という「理由」を表す **because** は、「従属接続詞」と呼ばれる接続詞でしたよね。従属接続詞の特徴のひとつは、日本語とは逆で、「理由」や「時」を表すパートの前に入ること。ここでは「スピーチが長すぎた」ことが、「ボクが寝てしまった理由」なのだから、**because** は「スピーチが長すぎた」というパートの前に入るべき。「長すぎる」のような「…すぎる」という意味は、形容詞や副詞の前に **too** を置くことで表せます。また、ここでは「寝る」という表現にも注意。**sleep** は基本的に「眠っている」という「状態」を表す動詞であり、「寝てしまう・眠りに落ちる」という「瞬間の動作」は、**fall asleep** と表す方が自然です。fall の過去形は、fell となる点にも注意。

Q 日本語の内容に合う英文を書きましょう。

1. 彼らが夕食をとっているときに、その地震は起こった。
2. 彼はお金をたくさんもっているから働かなくてもいい。
3. もし病気なら、すぐに（at once）病院に行きなさい。
4. もしその話を知っていたのなら、何でお前はウソをついたんだ？

解答と解説

1. 彼らが夕食をとっているときに、その地震は起こった。
→ When they were having dinner, the earthquake occurred.
／ The earthquake occurred when they were having dinner.

「**A なとき**」は when A というカタチだから、「彼らが夕食をとっているときに」は、**when they were having dinner**（having は eating でも OK）となります。「（地震・事件などが）起こる、発生する」を意味する動詞は、**occur** です。過去形は **occurred** のように r がひとつ増える変則的なカタチになることに注意。なので、もうひとつの「その地震は起こった」というパ

ート（主節）は、**the earthquake occurred** となります。どちらのパートを前にしてもかまいませんが、whenではじまるパート（従（属）節）を前にもってきた場合は、コンマを挟んで、次のパート（主節）を後ろに続けること。

2. 彼はお金をたくさんもっているから働かなくてもいい。
　→ Because he has a lot of money, he doesn't have to work.
　　/ He doesn't have to work because he has a lot of money.

「**A（だ）から B**」といいたいので、従属接続詞の **because** を使って、**Because A, B.** もしくは、**B because A.** とします。ただし、英語の文で**従属接続詞を使う場合、「理由」を表すAパート（従（属）節）と、そうでないBパート（主節）のどちらにも、主語と動詞が必ず1つずつ入る点に注意**。日本語では、「彼」という主語が最初にひとつ出てくるだけですが、内容から「お金をもっている」のも「彼」で、「働かなくてもいい」のも「彼」。ということで、「彼はお金をたくさんもっているから」のパートは、**because he has a lot of money**、「（彼は）働かなくてもいい」のパートは、**he doesn't have to work** とする必要アリ。「…しなくてもいい／…する必要がない」は、**don't have to ...** と表すのでしたね？（p.86も参照）

3. もし病気なら、すぐに病院に行きなさい。
　→ If you are sick, go to hospital at once.
　　/ Go to hospital at once if you are sick.

「**もしAなら、B**」というときは従属接続詞の **if** を使って、**If A, B. / B if A.** と表します。日本語の文からは、だれが「病気」なのか、はっきりわかりませんが、ここでは、話者が話しかけている相手、つまり、「**あなた（= you）**」だと考えるのが自然でしょう。よって、「もし病気なら」というAパート（従（属）節）は、**if you are sick** となります（**be sick** で「病気である」という意味）。さて、従属接続詞を使う英語の文の場合、本来なら**AとBのどちらのパートにも主語と動詞が必要**なのですが、ここでちょっと注意！

もうひとつの「**すぐに病院に行きなさい**」というパート（主節）は、**命令文**ですよね？　したがって、ここは、**go to hospital at once** という主語ナシの特別パターンとなります。このように従属接続詞がくっつかないパート（主節）が、命令文になることもあるのです。

4. もしその話を知っていたのなら、何でお前はウソをついたんだ？
→　If you knew the story, why did you tell a lie?
／ Why did you tell a lie if you knew the story?

「もし **A** なら、**B**」だから、if を使って、**If A, B. / B if A.** と表します。従属接続詞を使う文なので、**A** と **B** のどちらのパートにも主語と動詞が必要。日本語の文には、だれが「**その話を知っていた**」のか出ていませんが、ここでは、話者が話しかけている相手、つまり、「**お前（＝ you）**」だと考えるのが自然。よって、「**もしその話を知っていたのなら**」という A パート（従（属）節）は、**if you knew the story** となります。残った B パート（主節）は、「**何でお前はウソをついたんだ？**」という**疑問文**である点に注意。「何で？」と理由をたずねるときには、**why** という疑問詞を使います。「ウソをつく」は、tell という動詞を使って **tell a lie** と表すのが普通です。このパートは、そのまま **why did you tell a lie?** という疑問文のカタチで表します。このように従属接続詞がくっつかないパート（主節）が、疑問文になることもあるんですね。

STEP 6

「アレ」じゃない that

「S が V するということ」

> **Q** 「ボクは彼を知っている」
> を英語で言うとどうなるでしょう？

これは、**I know him.** と「**即答！**」できてほしいところ。
でも、次の問題はどうでしょう？

> **Q** 「ボクは彼がテニスをすると（いうことを）知っている」
> を英語で言うとどうなるでしょう？

「……」

あー、そこ、沈黙しないでください！！
ちゃんとヒントを出しますので。
例えば……、次のように２つの日本語の文を並べてみるとどうでしょう？
何か見えてきませんか？

1. ボクは　彼を　知っている。
2. ボクは　彼がテニスをすると（いうことを）　知っている。

1 の「彼を」に当たる部分が、**2** では「**彼がテニスをすると（いうことを）**」に当たる感じですよね？

で、ここでよーく考えてほしいのは、「**彼がテニスをする**」って内容。
これって、英語で言おうと思ったら、

he plays tennis
S　**V**

みたいに、**主語（S）** と **動詞（V）** が入るカタチになりますよね。
つまり、**2** の「ボクは　彼がテニスをすると（いうことを）　知っている」という文は、

I know ...（ボクは…を知っている）
S **V**

という主語と動詞を含むカタチに、

he plays tennis（彼はテニスをする）
S **V**

という、もうひとつの主語と動詞を含むカタチが合わさる感じになるわけです。

「……ひとつの文に主語と動詞が2つ？」

となれば、それはもう「**接続詞の出番！**」でしょう。
p.119でも述べたように、**英語の文に主語と動詞はひとつずつが原則**。
「**ひとつの英文に2個の主語と動詞を入れようと思ったら、接続詞を使うしかない！**」
んです。

で、こういう場合は、that という**従属接続詞**を使って、

I know that he plays tennis.
（ボクは彼がテニスをすると（いうことを）知っている）

というカタチにすればOK。つまり、

「**that** は『あれ』とか『あの、その…』という意味以外に、『**従属接続詞！**』としての使い方もある！」

というわけ。
もうちょっと練習してみましょう。

> **Q**　「ボクはその本が難しいと知っている」
> を英語で言うとどうなるでしょう？

「えっと……、この場合は、『ボクは　知っている』と『その本が難しいと（いうことを）』の 2 つに分かれる感じだから、『その本が難しいと（いうことを）』というパートを that ではじめて……、
I know that the book difficult.
とすれば OK かな？」

というのは、いかにも日本人らしい間違い！

従属接続詞っていうのは、後ろに必ず主語と動詞が続く接続詞のことですよ！　p.127 でも述べた通り、従属接続詞を使う文というのは、従属接続詞が頭につくパート（従（属）節）と、そうでないパート（主節）の 2 つに分かれます。そもそも「節」というのは、「**主語と動詞を含むカタチ**」のことですから。だから、従属接続詞の that を使う文も、基本的に、

that ではじまる従（属）節に主語と動詞、主節にもやっぱり主語と動詞

というカタチにしないとダメ。

それなのに、**that** の後ろが、
the book difficult
だったら、主語はあっても、動詞がない！（difficult は「難しい」という形容詞）
「その本は難しい」のように、that から後ろに続く内容に一般動詞が入りそうにないときは、**be 動詞**を補ってやる必要があるわけです。

そんなわけで正解は、

I know that the book is difficult.

となります。

従属接続詞の **that** の特徴は、とりあえず次の通り。

① 従属接続詞の that は、主語と動詞が入るカタチに、「もうひとつ主語と動詞が続きますよ」という目印！
② 〈that S ＋ V (＋その他)〉というパートを日本語にすると、「S が V すると(いうこと)」みたいな感じ。

ちなみに、従属接続詞の that ではじまる〈that S ＋ V (＋その他)〉という従(属)節のことを、一般に「that 節」と呼んだりします。

> **Q**「ボクたちは、彼は謝る (apologize) べきだと思う」
> を英語で言うとどうなるでしょう？

この場合、「ボクたちは　思う」という**主節**と、「彼は謝るべきだと」という that 節に分かれる感じ。だから、

We think that he should apologize.
　S1　　V1　　　 S2　　　　 V2

とすればOK。主節にも that 節にも主語と動詞がある点に注意。

従属接続詞の that の特徴

ここまでに次のような従属接続詞の that を使う文が登場しました。

I know that he plays tennis.
I know that the book is difficult.
We think that he should apologize.

こんなふうに３つ並べて、あらためてよく見ると、何か気づくことがありませんか？

……そうです！

> 従属接続詞の **that** を使った〈that S ＋ V（＋その他）〉のカタチ（that 節）は、動詞のすぐ後ろ（つまり、目的語の位置）に入る！

という特徴があるんですねぇ。

ちなみに「動詞のすぐ後ろ（目的語の位置）」っていうのは、「名詞の指定席」だったりします（忘れた人は、p.14 で復習を！）。
そこに**スッポリと収まる**ということは……、

「〈that S ＋ V（＋その他）〉のカタチは１セットで名詞ひとつ分の扱い！」

なんですね。

「……まーた、『名詞扱い』とか言ってるけど、何かメンドクセー。いちいちそんなふうに考えることに意味があるワケェ？」

という人もいるかもしれませんが、**もちろん意味はあります！** 例えば、
「〈that S + V（+その他）〉のカタチは1セットで名詞ひとつ分の扱い！」
ということがわかれば、それだけで、

The important thing is that you do it (by) yourself.
    S   **V**   **C**

＊**(by) yourself** =「自分の力で」

みたいに、〈that S + V（+その他）〉の1セットを、**be 動詞の後ろ**に入れてもOKってことになるんです。なぜなら、

「**be 動詞の後ろ**と言えば、**補語（C）の位置**。そして、**名詞は補語の役割を果たすことができる！** だったら、『**名詞扱い**』の〈that S + V（+その他）〉の1セットを補語として be 動詞の後ろに入れても問題ナシ！」

だから。
上の文の場合も、**that you do it (by) yourself**（あなたが自分自身でそれをやるということ）という1セットが、（ちょっと長いけど）そのまま補語として主語の内容を詳しく説明する役割を果たしています。よって、意味は、

「**大事なことは、あなたが自分自身でそれをやるということです**」

みたいな感じ。さらに！
「〈that S + V（+その他）〉のカタチは1セットで名詞ひとつ分の扱い！」
ということは、

That he visited the country is true.
    S   **V C**

みたいに、「〈that S + V（+その他）〉を**主語**にすることだって可能！」ってことになるんです。なぜなら、「**名詞は主語になることが可能！（主語になれるのは名詞だけ）**」だから。

この文の場合、**That he visited the country**（彼がその国を訪れたということ）という1セットが、そのまま**より大きな文**の**主語**になる感じで、意味は、

「彼がその国を訪れたということ**は本当だ**」

となります。
従属接続詞を使う文は、従属接続詞ではじまるパート（従（属）節）と主節の両方に主語と動詞があるのが普通だけど、that節が主語になるカタチだけはチョット例外で、

That he visited the country is true.
　S1　　V1　　　　　　　V2

という具合に、パッと見、文の中に**動詞はふたつ**登場するけど。**主語は1個**だけっぽい感じになってしまうことに注意。ちょっと長くてわかりづらいかもしれないけど、この場合、**that節そのものが主節の主語ですから！**

こんなふうに〈That S1 V1 V2〉というカタチになっている文を見かけたら、「S1 が　V1 ということは V2 だ」という感じで訳せばOK。逆に言えば、日本語が「S1 が　V1 ということは　V2 だ」という感じなら、英語の文は、〈That S1 V1 V2〉というカタチを使うということですね。
なお、「**V2 の位置には be 動詞が入ることが多い！**」のですが、一般動詞が入ることもあります。念のため。

……といっても、〈that S + V（＋その他）〉が、主語の位置にスッポリ入るカタチは、ややこしいせいか、ほとんど使われないんですけどね。「名詞扱い」なら理論上は主語にすることも可能ってことで、参考程度に見てもらうだけでOKだったりします。

なお、文の中で名詞が入ることができる位置は、

① 目的語の位置（一般動詞の後ろ）
② 補語の位置（be 動詞の後ろ）
③ 主語の位置
④ 前置詞の後ろの位置

の4パターンですが、従属接続詞の that を使った〈that S ＋ V（＋その他）〉のカタチが入ることができる位置は、この中の①〜③のみです（ただし、③はまれ）。「1セットでひとつの名詞扱い」と言っても、基本的に〈that S ＋ V（＋その他）〉のカタチは、前置詞の後ろには入りません！（一部、例外的な組み合わせもアリ）

とりあえず、ここまでのポイントをまとめておくと次の通りです。

重要

★従属接続詞の that の考え方

①that には『あれ、あの』だけじゃなく、（従属）接続詞としての使い方もある

②that が（従属）接続詞として使われる場合には、〈that S ＋ V（＋その他）〉という具合に、主語と動詞を含むカタチが後ろに続く

③従属接続詞の that ではじまる〈that S ＋ V（＋その他）〉というパート（that 節）は、『S が V すると（いうこと）』みたいな意味で、**大きな名詞1個分という扱いになる**

④従属接続詞の that ではじまるパートは、大きな名詞として文の中の目的語、補語、主語になったりする。そして、〈that S ＋ V（＋その他）〉というパートとは別に、文の中にもうひとつ主語や動詞が存在するのが普通

「時制の一致」というルール

p.145では、
「従属接続詞の that は、主語と動詞が入るカタチに、『もうひとつ主語と動詞が続きますよ』という目印！」
と説明しました。でも、ここまでの説明でわかる通り、より正確に言うと、

「従属接続詞の that は、『オレの後ろには主語と動詞が入るカタチが続くけど、コイツらは、より大きな文の中に入り込んで名詞ひとつ分の働きをする（目的語、補語、主語になったりする）１セットだからね』と示す目印！」

ということだったりします。

従属接続詞といっても、ここが、because、when、if などと that の違うところです。because などは、

I love her because she loves me.
（彼女がボクを愛しているから、ボクは彼女を愛している。）

のように **I love her** というちゃんとした文に、もうひとつ **she loves me** のようなちゃんとした文をくっつける感じでしたね。
基本的に、**because**、**when**、**if** などを使う文というのは、

「自分たちは一応、それぞれが文として独立してやっていくだけの力はありますが、今後は一方が主節という代表になり、もう一方が、because、when、if を頭につけた『理由、時、仮の話』を表す従（属）節というカタチでその下につくことで、よりフクザツな意味を表せる文として発展していきたい所存であります」

みたいに、勢力拡大のために、企業同士が合併して、●クウェア・エニック●になるような大人の世界のイメージです。

「アレ」じゃない that **STEP 6**

それに対して、that がつくる〈that S ＋ V（＋その他）〉のカタチは、

I know that he plays tennis.
S **V**   **O**

The important thing is that you do it (by) yourself.
   S   **V**   **C**

That he visited the country is true.
         S   **V C**

のように、1セットでひとつの名詞として、より大きな文の一部（目的語、補語、主語の位置）に入り込む感じになるのです。
逆に言うと、〈that S ＋ V（＋その他）〉をとってしまうと、残る主節は「**目的語、補語、主語などが足りない！**」中途半端なカタチ。言ってみれば、that 節というやつは、

「オレ、世間の常識では文として独立してやっていけるってことになってるんだけど、まだまだ社会に出ずに夢見ていたいお年頃。というわけで、頭に that という『社会に出てませんよ』マークをつけるから、動詞の後ろとか、主節のどっかに場所をつくって、オレの面倒見てくれないかな？」

という感じ。いい年して定職につかない子どものために、親が自分たちの生活する場所を削って、面倒を見てやってるというか……、要は**主節が保護者で、that 節がニート**みたいなイメージ。

でも、保護者である主節だって、（主語の位置とか）目的語の位置とか、補語の位置とか、自分たちの生活スペースをあえて削って、that 節の面倒を見ているわけですから、文句のひとつも言いたくなります。
「お前、いい年こいて、ウチに住み続けるんなら、生活費くらい払えよ」
みたいな。

で、主節と that 節の間でその「**生活費**」に当たるのが、p.104でもチラッと登場した「**時制の一致**」というルールです。「**時制の一致**」とは、簡単に説

明すると次の通り。

> ⚠️ **主節の動詞が過去形なら、that 節の動詞も過去形にしなければならない！**

「保護者であるワシらが過去形なんだから、面倒見てもらってるお前も時制を過去形にして見た目くらいそろえなさい」

みたいな感じ。……なーんて言い方をすると、ちょっと誤解させてしまうかもしれないけど、実際の話、**時制の一致**は、ひとつの文の中に**主語と動詞の組み合わせが複数**あって、しかも**対等の関係ではない場合**、つまり、文が**主節と従（属）節に分かれるすべての従属接続詞を使う文において**、（理論上は）**発生する**ことになっています。

「従（属）節として、私（主節）の下につく以上、キミも時制くらいは一致させてもらわないとね」

みたいな感じ。要は、that 節を使う文に限らず、**主節と従（属）節という上下関係が生じるのであれば**、基本的に下の立場のもの（従（属）節）が上の立場のもの（主節）に時制を一致させなければならないってこと。ただ、**that 以外の従属接続詞を使う文は、そんなに時制の一致を気にしなくてもいいんです**。なぜなら、結構、感覚的に時制を合わせられちゃうことが多いから。

でも、**that 節を使う文の場合、話は別**。主節の中に that 節が入り込む特殊なカタチのせいか、ほかの従属接続詞を使う文よりも、ずっと**理不尽な時制の一致が、起こったり、起こらなかったり**します。例えば、次の通り。

「アレ」じゃない that **STEP 6**

> **Q** 「彼女は彼がテニスが上手だということを知らなかった」を英語で言うとどうなるでしょう？

この文って、日本語の文を見ると、

（主節）彼女は　知らなかった → **She didn't know**
（that 節）彼がテニスが上手だということを
→ **that he** is good at playing tennis

という主節と that 節に分かれそうな感じですよね。つまり、主節の時制は「知らなかった」という過去形、that 節の時制は「テニスが上手だ」という現在形。でも、これをひとつの文としてまとめると、「時制の一致」で、

彼女は彼がテニスが上手だということを知らなかった。
→ **She didn't know that he was good at playing tennis.**

という具合に that 節の動詞も主節の動詞に合わせて時制を過去形にしないといけなくなるのです。要は、**日本語の文と英語の文で、時制がうまくかみ合わなくなる。**だから、**that 節を使う文では時制の一致に要注意！**

……で、話が済めば、**まだマシ**なんです。ここからがまたややこしいところ。実は、時制の一致は「ルール」というより「傾向」と言った方がいいような「あやふや」なところがあって、that の後ろに入る内容が「現在もそう」であれば、「時制の一致をしなくてもいい」のです。つまり、「彼が現在もテニスが上手」なのであれば、

彼女は彼がテニスが上手だということを知らなかった。
→ **She didn't know that he is good at playing tennis.**

のように現在形を使うのもアリ。**ところが！** これまた変な話ですが、たと

え「彼が現在もテニスが上手」だとしても、that 節が主節に面倒を見てもらっている関係上、**時制の一致で過去形にしてしまうのもアリ**なんです。

「どっちやねん！」
って感じですが、「**現在もそうであることを強調したい**」なら**現在形**（時制を一致させない）、「**現在もそうであるけど、そんなことは別にどうでもいい**」なら**過去形**（時制を一致させる）というのが一般的な使い分けの基準かな？　でも、今回の問題のように、

「『**彼女は彼がテニスが上手だということを知らなかった**』を英語に訳せ」

みたいな英作文が出題された場合、この問題文を見ただけでは「**彼は現在もテニスが上手かもしれないが、本当にそうなのか確かめようがない**」というわけで、**時制の一致により、過去形にした方がベター**ということになります。別に現在形でも×（バツ）にすることはないと思うんですけどね。

さて、この延長として、「**１＋１は２である**」とか「**海は青い**」とか、「**昔もそうだったし、現在だってそうに決まっているし、きっと未来だってそうだろう**」と断言できそうなごく当たり前の話（**不変の真理**）は、「**時制の一致の例外として、常に現在形で表す**」のがセオリーです。まぁ、現実には、「それって、よく考えたら不変の真理じゃない？」とツッコミたくなるような内容を時制の一致により、過去形にしている英語人もたくさんいるのですが……。

ただし！　that 節の内容が、主節の時制と同じ時点（過去）に起こった出来事やとった行動など、現在には当てはまらない「**そのとき限定**」の話であれば、確実に that 節の中の動詞は過去形になります。

「アレ」じゃない that **STEP 6**

> **Q** 次の日本語の文を英語にすると、どうなるでしょう？
>
> **1.** 彼女は彼女の両親が彼女の日記を読んでいる最中だと知らなかった。
> **2.** 彼女はその電車には間に合わない（not be in time for the train）だろうと思った。

1 は、「**彼女は　知らなかった**」という**主節**と、「**彼女の両親が彼女の日記を読んでいる最中だと（いうこと）**」という **that** 節に分かれる感じ。「…している真っ最中」とかいうと、いかにも現在進行形を使いそうだけど、この場合、主節が「**知らなかった**」という過去時制。その時点で「**…している真っ最中だった**」ということなので、that 節も過去進行形にしないとダメ。よって、正解は次の通り。

1. She didn't know that her parents were reading her diary.

2 は、「**彼女は　思った**」という**主節**と、「**（彼女は）その電車には間に合わないだろうと（いうこと）**」という **that** 節に分かれる感じ。普通、「**…だろう**」とかいう未来の話は助動詞の **will** を使えばいいんだけど、この場合、主節が「**思った**」という過去時制。その時点で「**…だろう**」と推測したのだから、that 節も過去時制にする必要アリ。ここでようやく p.103 で登場した「**意味はともかくカタチだけ過去形の助動詞**」の出番となります。will という助動詞の過去形は would なので、

2. She thought that she wouldn't be in time for the train.
　/ She didn't think that she would be in time for the train.

とすれば正解。**英語では否定の言葉は主節に入れる**方が普通なので、後者の方が英語人っぽい感じ。
「未来のニュアンスを **be going to** で表しちゃダメ？」と思った人もいるかもしれないけど、この場合、「**…するつもりだ**」という「**予定・計画**」じゃな

くて、「自然な時間の流れで…しそう」という未来なので、**will / would** を使うべき。助動詞の過去形を覚えた甲斐がありましたよね？（と、有無を言わさず）

特に注意が必要なのは、英語を日本語に直す場合です。
She didn't know that he was good at playing tennis.
みたいにthat節で過去形が使われているのを見ると、うっかり、
「『彼女は彼が（過去に）テニスが上手だったと知らなかった』ってこと？」
と、間違ってしまう人は少なくありません。
「時制の一致」とは、あくまでも主節と **that** 節の時制をイコールにするものであって、決して、**that** 節の時制が意味的に主節より過去であることを表すわけではないのです。

「じゃあ、『彼女は彼が（過去に）テニスが上手だったと知らなかった』みたいに本当にthat節の表す内容が主節よりさらに過去の場合はどうすればいいの？」

と思う人もいるかもしれないけど、それについては**高度なほかのワザが必要**になるので、また別の機会に。

まぁ、ごちゃごちゃ難しいことは抜きにして、

「従属接続詞の that の前の動詞が過去形なら、that の後ろの動詞も基本的に過去形」

と簡略化して覚えておいてくれれば、とりあえずOKです。

動詞と従属接続詞 that の相性

「〈that S ＋ V（＋その他）〉という１セット（that 節）は、一般動詞の後ろに『目的語』として続けられますよ〜」
という話をここまでに何度かしましたが、**どんな動詞の後ろにでもこのカタチを続けて OK ……じゃないんです。**

動名詞や to 不定詞なんかと同じように、
「**この動詞の後ろには続けてもいいけど、この動詞の後ろはダメ！**」
というふうに、**前にくる動詞との間に相性がある**んですね。
例えば、次の通り。

> **重要**
>
> ★〈that S ＋ V（＋その他）〉のカタチを
> 後ろに続けられる動詞
>
> ●「考えている、認識している」ことを表す動詞
> believe（信じる）、decide（決める）、deny（否定する）、feel（感じる）、find（わかる）、forget（忘れる）、hope（望む）、realize（悟る）、remember（思い出す）、suppose（思う）、think（思う）、understand（理解する）など
>
> ●「相手に伝えたり、お願いしたりする」ことを表す動詞
> answer（答える）、argue（主張する）、complain（不平を言う）、explain（説明する）、mean（意味して言う）、order（命令する）、promise（約束する）、prove（証明する）、repeat（繰り返して言う）、require（要求する）、say（言う）、show（示す）、suggest（提案する）、write（書いて知らせる）など

「〈that S ＋ V（＋その他）〉というパートは、『S が V すると（いうこと）』という大きな名詞みたいな扱い」でしたよね。ですから、例えば、**believe**

なら、〈believe that S + V（+その他）〉で、「S が V と（いうことを）信じる」という感じ。そんなふうに、

> ⚠️ 〈that S + V（+その他）〉のカタチは、動詞の中でも、
> 「考えている、認識している」「相手に伝えたり、お願いしたりする」
> ことを表す動詞の後ろに続くことが多い！

わけです。
逆に言うと、**do** や **play** のような「…をする」という意味の動詞であれば、「後ろに〈that S + V（+その他）〉のカタチが続くことは考えにくい」ってことですね。

ただし！　やはり、この傾向にも例外はあります。
例えば、**want** と **hope** は、どちらも「望んでいる、希望している」という「考えている、認識している」タイプの動詞ですよね？ だから
「私の年老いた両親は、私が彼ら（両親）と一緒に住むことを望んでいる」
と、英語で言おうと思ったら、

A. My old parents hope that I live with them.
B. My old parents want that I live with them.

の「どっちも○（マル）っぽい」じゃないですか？
でも実は、**A** は○だけど、**B** は×なんです！

「どっちも同じような意味なのに、hope の後ろは〈that S + V（+その他）〉のカタチを続けても OK で、want の後ろはダメなんて納得いかない！」

と思う人もいるかもしれないけど、英語ではそういう決まりだから仕方ない！　逆に言うと、

「アレ」じゃない that　STEP **6**

「want という動詞の後ろには、〈that S＋V（＋その他）〉というカタチを続けちゃダメ！」
という決まりがある以上、「**S が V と（いうことを）望んでいる**」という日本語の内容を英語で表そうと思ったら、たとえ「**望んでいる**」という同じような意味を表す動詞だとしても、want ではなく **hope** を使うしかないわけです。

> **Q** 次の日本語の文を英語にすると、どうなるでしょう？
>
> **1.** キミがこの曲を好きだなんて（ボクは）うれしいよ。
> **2.** 彼は（彼の）息子が約束を破ったことに腹を立てていた。
> **3.** 私たちは、ヤツらが私たちを裏切るのではないかと心配です。

どの問題も、「**S が V すると（いうこと）**」という「もうひとつの主語と動詞」が、文の中に入りそうな感じですよね。となれば、もちろん「〈**that S＋V（＋その他）**〉**というカタチを続けたい！**」ところですが……、

「『うれしい』とか『腹を立てる』とか『心配している』って、英語ではどんな動詞で表すの？」

って気になった人はいませんか？　答えは次の通り。

1. I'm happy that you like this song.
2. He was angry that his son broke his promise.
3. We're afraid that they may betray us.

……気づきました？　実は、

> ⚠ **従属接続詞の that を使った〈that S＋V（＋その他）〉のカタチは、〈be 動詞＋形容詞〉のすぐ後ろに続けることもできる！**

のです。ちなみに、ここでいう「形容詞」って、「補語に当たる形容詞（つまり、形容詞が SVC の C に当たる場合）」のことですよ。**a big ball** みたいな、〈形容詞＋名詞〉というカタチの場合は、また話が別なのでご注意を。

「あれっ、〈that S ＋ V（＋その他）〉って、確か『名詞扱い』じゃなかったっけ？　I(S) am(V) happy(C)みたいなカタチの後ろに前置詞ナシで名詞を続けちゃマズイんじゃない？」

と、ここで気づけた人は、かなり「英文法を極めつつある」人。
be happy のような、be 動詞と感情や気分を表す形容詞の組み合わせは、はっきり言って、英語の中でも「例外中の例外！」の特別表現で、
「〈be 動詞＋感情や気分を表す形容詞〉の組み合わせを、ひとつの一般動詞に近い感覚で使って、後ろに〈that S ＋ V（＋その他）〉を続けても OK」
だったりするのです。

ただし！　特別扱いなのは、後ろに「〈that S ＋ V（＋その他）〉が続くケース限定」で、〈that S ＋ V（＋その他）〉の代わりに普通の名詞を続けることはできません。そこが何ともややこしいところですが、単純に、

「〈be 動詞＋感情や気分を表す形容詞〉の組み合わせの後ろには、〈that S ＋ V（＋その他）〉を続けちゃっても OK！」

と覚えておけば、それだけで何とかなる話だったりします。

　　be happy that ...（…だなんてうれしい）
　　be angry that ...（…だと腹を立てている）
　　be afraid that ...（…ではないかと心配している）

という感じで、「〈be 動詞＋感情や気分を表す形容詞〉の組み合わせを〈that S ＋ V（＋その他）〉とセットにして、丸暗記しておきましょう。

「アレ」じゃない that **STEP 6**

that が消える？

> **Q** I know he plays the guitar.
> を日本語にするとどうなるでしょう？

「えっと……、『ボクは、アイツがギターを弾くと知っている』みたいな感じ？」

と「**即答！**」できた人って意外に多いと思います。
でも、この英文って「**よーく**」見てみたら、どこか「**変！**」じゃないですか？
もっと言ってしまうと、**この英文、何か足りなくない？**

……そうです！
これって、p.143で紹介した
I know that he plays tennis.（ボクは彼がテニスをすると知っている。）
とよく似てるけど……、
that がないんです！

一体どういうこと？

……って、いきなり答えを言ってしまうと、
実は、that は省略されちゃったんです！

ここまでに述べたように、〈that S ＋ V (＋その他)〉というカタチが文の中に入るのは、

① 目的語の位置（一般動詞の後ろ）
② 補語の位置（be 動詞の後ろ）
③ 主語の位置
④ 〈be 動詞＋感情や気分を表す形容詞〉の後ろ

STEP 6 | 161

という4パターン。
この中で、「主語の位置」に入るパターンは「かなりまれ」なので、実質的には、「一般動詞の後ろ」「be動詞の後ろ」「〈be動詞＋感情や気分を表す形容詞〉の後ろ」という3パターンということになりますよね。つまり、「入る位置が決まっている」わけです。さらに、

「（一般）動詞だったら、基本的に『考えている、認識している』『相手に伝えたり、お願いしたりする』ことを表すもの」
「形容詞だったら、『感情や気分』を表すもの」

といった具合に、「どんな動詞（あるいは形容詞）の後ろに続くかも決まっている」のでしたよね。つまり、これって裏を返せば、

「〈that S + V（＋その他）〉というカタチがどこに入るか、あるいはどんな動詞（もしくは形容詞）の後ろに続くか、何とな～く見当がつく」

ということだったりします。そもそも、

「従属接続詞の that は、主語と動詞が入るカタチに、『もうひとつ主語と動詞が続きますよ』という目印！」

でしたよね？
でも、四六時中、英語でものを考え、会話する英語人にしてみれば、
「ただの目印で、入る位置についてもだれもが見当がつくようなものなら、いちいち入れるのもメンドクサイ」
ってわけで、

> ⚠️ **従属接続詞の that は、省略可能！**

ということになっています。

「アレ」じゃない that　STEP 6

……何とも哀れな that。

そんな感じで、

1. **My old parents hope** I live with them.
2. **I'm happy** you like this song.
3. **The important thing is,** you do it (by) yourself.

というふうに、that が省略されてしまうことは非常によくあります。でも、ちゃんと意味はわかりますよね？　上から、

1. 私の年老いた両親は、私が彼ら（両親）と一緒に住むことを望んでいる。
2. （ボクは）キミがこの曲を好きだなんてうれしいよ。
3. 大事なことは、あなたが自分自身でそれをやることです。

という具合。どれもここまでに出てきた例文から「**that をとっただけ！**」なので「**余裕！**」だったのでは？
be 動詞の後ろ（つまり補語の位置）に〈that S + V（+その他）〉のカタチが続く場合のみ、もともと that があったところに「**that を省略しましたよ〜**」という目印として「**,（コンマ）**」を入れるというポイントに注意！

……とはいえ、常日頃から英語に慣れ親しんでいる英語人と違って、英語に不慣れな日本人にとっては、「**従属接続詞の that が省略された英文は、理解しにくい！**」のも事実。
特に、慣れてないうちに、突然、that が省略された英文に出合うと、
「**主語と動詞がいくつも出てきて、何が何だか……**」
となってしまっても不思議はありません。

対策としては、**know** や **hope**、**glad** のような、後ろに〈that S + V（+その他）〉のカタチを続けることができる動詞や形容詞をまずしっかり覚えること。
その上で、こういう動詞や形容詞を見たり聞いたりしたら、

「この後ろには that が入らなくて、いきなり主語や動詞が続く可能性があるぞ！」
と心の準備をした上で、続きを待つようにすることです。これだけで随分と違ってくるはず。まさに「備えあれば憂いなし」ってやつですね。

ちなみに、「従属接続詞の that を、省略できない！」ケースもあります。それは、〈that S ＋ V（＋その他）〉が主語になる場合。

そもそも、「〈that S ＋ V（＋その他）〉が主語になるケースは非常にまれ」でしたよね。つまり、英語人もこのカタチに慣れていない。だから、目印である that がなくなると、英語人にとっても何が何だかわかりづらい。
こんなふうに、従属接続詞の that が大切な目印として機能している場合には、うっかり省略できないわけです。

最後にもうひとつ注意点。ここまで、

I know (that) he plays tennis.

のような、〈that S ＋ V（＋その他）〉のカタチが入る英文をすべて「私は彼がテニスができると　思う。」みたいな日本語の文のカタチに対応させていましたよね。でも、文を読んだり聞いたりするときに、**いつもこんな日本語らしい語順に直す必要はないのです。**

「日本語に訳せ」というテストの問題でない限りは、「私は知っている、彼がテニスをするってことを……」みたいな感じで、**英語の語順通りに、前から意味をとっていっても全然問題ナシ**。というより、英語人の発想に慣れるという意味では、日本語としてはちょっと変でも、「**英語の語順で意味を把握できるようになる**」方がずっと大切ですよ。

「アレ」じゃない that　STEP 6

「ふくしゅう」酒場……6杯目

従属接続詞の that は「〈that S + V（+その他）〉というパート（that 節）が、1セットで『S が V すると（いうこと）』という意味の大きな名詞として、文の中で目的語、補語、主語の役割を果たす」という特殊なもの。ここまでに登場した because、when、if などの従属接続詞とは違いも多いので、ご注意を。

> **Q** 日本語の内容に合う英文を書きましょう。
>
> 1. タカシは状況が厳しい（tough）ことを知っている。
> 2. （あなたは）私が彼女に手紙を書いた方がいいと思いますか？

今回は「従属接続詞！」について、まとめておさらい。ポイントをアタマに叩き込んだ上で、満足のいく英文ができあがったら、p.168の「解答と解説」へ。

👆 従属接続詞のおさらい

その1：「従属接続詞」とは、〈接S + V（+その他）〉（接は「従属接続詞」を指す）のように、後ろに必ず主語と動詞を含むカタチが続く接続詞のこと！

その2：従属接続詞は、because、when、if などのグループと that の大きく2つに分かれる。

その3：because は「…だから」という「理由」、when は「…（な）とき」という「時」、if は「（もし）…なら」という「条件・仮の話」などの意味を表す。

一方、従属接続詞の that はこれといった特別な意味をもたないが、日

本語の「と(いうこと)」に近い感じで、〈that S + V (+その他)〉というパート全体の意味をひとつの大きな名詞のようにまとめる働きをする。いわば、「〈that S + V (+その他)〉というカタチが1セットで名詞扱いになり、名詞が入る位置にスッポリ収まりますよ」ということを示す目印としての役割である。

その4：because、when、if ではじまるパートは、〈S + V + 接S + V〉、あるいは〈接S + V, S + V〉のように、文の終わり、または文頭に入る。それに対して、従属接続詞の that を使った〈that S + V (+その他)〉というカタチは1セットで名詞扱いとなり、

① 目的語（一般動詞の後ろ）
② 補語（be 動詞の後ろ）
③ 主語

など、文の中での役割によって、入る位置が決まる。また、be 動詞と「感情や気分」などを表す形容詞の組み合わせ（つまり、〈be 動詞＋形容詞〉というカタチ）の後ろにも、〈that S + V (+その他)〉を続けることができる。

- 〈that S + V (+その他)〉が目的語になる例
  I know that he is a good teacher.
  （ボクは彼がよい先生だと知っている。）
- 〈that S + V (+その他)〉が補語になる例
  The important thing is that he is a good teacher.
  （重要なことは彼がよい先生だということです。）
- 〈that S + V (+その他)〉が主語になる例
  That he is a good teacher is true.
  （彼がよい先生だということは事実です。）
- 〈that S + V (+その他)〉が〈be 動詞＋形容詞〉の後ろに続く例
  I'm happy that he is a good teacher.
  （彼がよい先生でボクはうれしい。）

その 5：〈that S + V（＋その他）〉というカタチ（that 節）は、主節の中にムリヤリ場所をつくって入れてもらっているという関係上、「主節の動詞が過去形なら、that 節の動詞も過去形」という具合に、主節に時制を合わせる義務がある。この決まりを「時制の一致」という。

　　例：**I didn't know that he was a good teacher.**
　　　　（ボクは彼がよい先生だと知らなかった。）
⇒ 主節が過去時制なので、「時制の一致」により、**that** 節の中も過去時制になる。ただし、彼が「現在もよい先生である」のなら、現在形にしても間違いではない。

その 6：〈that S + V（＋その他）〉というカタチを後ろに続けられる動詞は決まっている（どんな動詞でも、このカタチを続けられるというわけではない）。基本的に、「考えている、認識している」「相手に伝えたり、お願いしたりする」ことを表す動詞の後ろに続くことが多い。

重要

- 〈that S + V（＋その他）〉のカタチを後ろに続けられる動詞一覧
  answer（答える）、**believe**（信じる）、**explain**（説明する）、**feel**（感じる）、**forget**（忘れる）、**hope**（望む）、**remember**（思い出す）、**say**（言う）、**show**（示す）、**think**（思う）、**understand**（理解する）、**promise**（約束する）、**write**（書いて知らせる）など

その 7：**because**、**when**、**if** は省略できないが、従属接続詞の **that** は省略可能。ただし、be 動詞の後ろの **that** を省略する場合、省略した印として、be 動詞の後ろに「, （コンマ）」を入れる。また、〈that S + V（＋その他）〉というカタチが主語になる場合、例外的に省略不可。

例：I know that he is a good teacher.
→ I know he is a good teacher.

The important thing is that he is a good teacher.
→ The important thing is, he is a good teacher.

解答と解説

1. タカシは状況が厳しいことを知っている。
→ Takashi knows (that) the situation is tough.

主語は「タカシ（**Takashi**）」で、文の結論は「知っている（**know**）」なので、英語の文の出だしは、**Takashi knows ...** となります。この後ろに「知っている内容」を続ければOK。でも「状況が厳しい」と言おうと思ったら、**the situation is tough** のように、主語と動詞を含むカタチが再び必要ですよね。つまり、**主語と動詞が入るカタチに、『もうひとつ主語と動詞が続きますよ』という目印＝従属接続詞の that の出番！** したがって、know の後ろに、**that the situaition is ...** と続ければOK。ただし、このように一般動詞の後ろに that ではじまるパートが続く場合は、**従属接続詞の that を省略してもかまいません。**

2. (あなたは) 私が彼女に手紙を書いた方がいいと思いますか？
→ Do you think (that) I should write (to) her?

「あなたは…思いますか？」という疑問文の中に、「私が彼女に手紙を書いた方がいいと」というもうひとつの主語と動詞を含むカタチがありますよね。つまり、**Do you think ...?** と〈**that S ＋ V（＋その他）**〉というカタチとを組み合わせて表します。「…した方がいい」のような「やわらかい忠告や提案」は、助動詞の **should** で表すのでしたよね。「…に手紙を書く」は **write to ...** と表すのが普通ですが、この to は省いてしまってもかまいません。した

がって、「私が彼女に手紙を書いた方がいいと」は、**(that) I should write (to) her** となります。このパートがthinkの後ろに続く（目的語になる）ので、thatは省略してもOK。

> **Q** 次の日本語の文の内容と、それに対する英語の文について、英文が正しければ○をつけ、間違っていれば正しい文に訂正しましょう。
>
> **1.** その結果は彼が教師として有能 (competent) ということを意味しているのではない。
> The result isn't mean that he is competent do a teacher.
>
> **2.** その子どもたちは、なぜそのうわさが本当だと信じたのですか？
> Why the children believed that the rumor true?
>
> **3.** イチローは、本を書くことはとても難しいと気づいた。
> Ichiro found that write a book is very difficult.
>
> **4.** 彼らは仕事がないから生活できないと文句をたれた。
> They complained that because they didn't have work, they couldn't live.

解答と解説

1. その結果は彼が教師として有能ということを意味しているのではない。
× The result isn't mean that he is competent do a teacher.
　→ ○ The result **doesn't mean** (that) he is competent **as** a teacher.

「その結果は」「彼が」という感じで**主語が2つ入る**ところから、〈that S＋V（＋その他）〉のカタチを思い出してほしいところ。元の英文は、一応それっぽくはなっていますが、ここでは**mean**という単語に注意！　**mean**は日

本語に直しにくい単語ですが、あえて訳すなら「…(ということ)を意味する／意味して言う」というところ。日本語の感覚からすると違和感があるかもしれませんが、**mean** は動詞です。だから、isn't mean ではなく、**doesn't mean** としなければダメ。また「…として」という日本語表現は、英語では **as** という前置詞を使って表します。「**教師として**」なら、**as a teacher** です。

2. その子どもたちは、なぜそのうわさが本当だと信じたのですか？
× Why the children believed that the rumor true ?
　→ ○ Why **did** the children believe (that) the rumor **was** true ?

「その子どもたちは、なぜ…と信じたのですか？」とあるので、**why**（なぜ）という疑問詞を使う疑問文となります。疑問詞の位置は文頭、その後ろは疑問文のカタチにすること。したがって、**Why did the children believe ...?** という感じ。「信じる」を意味する believe は、〈**believe (that) S ＋ V ...**〉というカタチで、「**S が V と信じる**」という意味を表します。元の文では、that の後ろに動詞が入っていませんが、**従属接続詞の後ろは必ず主語と動詞を含むカタチ**です。だから、ここでも be 動詞（was）を補って、**the rumor was true** とする必要があります（that を省略する場合でも動詞はゼッタイ必要）。**that** の前の動詞が過去形（主節の動詞が過去時制）なので、「時制の一致」により、**that** の後ろの動詞も過去形にする（従(属)節＝ **that** 節の中の動詞も過去時制にする）のを忘れないこと。

3. イチローは、本を書くことはとても難しいと気づいた。
× Ichiro found that write a book is very difficult.
　→ ○ Ichiro found (that) **writing** a book **was** very difficult.

「イチローは」「本を書くことは」と主語らしきものが2つ入るところから、従属接続詞の that を思い浮かべてほしいところ。日本語の「気づく、わかる」は、英語では **find** と表します（過去形は **found**）。find は、〈**find (that) S ＋ V ...**〉

というカタチで「**S が V とわかる／気づく**」という意味を表すことが可能。したがって、find の後ろに〈**that S + V（+その他）**〉というカタチで、「**本を書くことはとても難しい**」という内容を続ければOK（that は省略可能）。
「**従属接続詞の that は、主語と動詞が入るカタチに、『もうひとつ主語と動詞が続きますよ』という目印！**」でしたよね。逆に言えば、「**that の後ろに動詞が2つも入ったらダメ**」ということで、**that write a book is ...** と2つの動詞がある元のカタチは不適切。「**本を書くこと**」のように、日本語で「**…すること／…するの**」という意味になる表現は、英語では**動詞に -ing をくっつけたカタチ**（「**動名詞**」）もしくは〈**to +動詞の原形**〉というカタチ（「**to 不定詞**」）で表せるので、この部分は **writing a book** あるいは **to write a book** のように表せばOK。また、ここでも that の前の動詞が **found（気づいた）**という過去形なので、that の後ろの動詞も、is ではなく**過去形の was** を使うことになります。

4. 彼らは仕事がないから生活できないと文句をたれた。
○ **They complained that because they didn't have work, they couldn't live.**

that と because が続いているのがイヤな感じだけど、この文はこのままで正解。でも一応、注意点を確認しておきましょう。まず「**文句をたれる、不平を言う**」という日本語の文の結論は、英語では **complain** という動詞で表します。complain も〈**complain that S + V ...**〉というカタチで「**S が V だと不満を言う**」という意味を表せる動詞。
でも、この問題では、that の後ろに「**（彼らは）仕事がないから生活できないと**」という「**理由**」を表す内容も続きそうな感じですよね。つまり、**that 節の中に、さらに「理由」を表す従属接続詞 because ではじまるパートが組み合わさる**感じ。こんなふうに従属接続詞を組み合わせることで、文の中に3つ以上の主語と動詞が入る「**フクザツ～！**」な文をつくることも可能なわけです。とはいえ、ここでは「**文句をたれる**」のも「**仕事がない**」のも「**生活できない**」のも全部「**彼ら**」なので、主節にも、that ではじまるパートにも、because ではじまるパートにも、すべて **they** という同じ主語が入り

ます。日本語と違って、英語では従属接続詞の後ろには必ず主語がいるので、勝手に省略したりしないこと。したがって、thatの後ろには、**because they didn't have work, they couldn't live / they couldn't live because they didn't have work** というカタチが続きます。主節（**彼らは…文句をたれた**）と時制を合わせるのも忘れずに。

STEP 7
to が that で、that が to で

to 不定詞と従属接続詞の that の関係

> **Q** 「私たちはその歌を歌いたい（歌うことを望んでいる）」
> を hope という動詞を使って、英語で言うとどうなるでしょう？

文の主語は「私たち」で、結論は「望んでいる」ですね。「望んでいる」は **hope** という動詞で表せるので、英語の文の出だしは、
We hope ...
という感じ。で、その後ろに「その歌を歌うこと」に当たる部分が続くことになります。

英語で「…すること」という意味を表すには、**動詞の後ろに -ing をつけたカタチ（動名詞）**と、**前に to を置いたカタチ（to 不定詞）**の2通りの方法があるのでしたね？（できれば、「…すること！」といったら、もう、すぐにこのカタチが思い浮かぶようにしておいてください）

だから、「その歌を歌うこと」だったら、
singing the song / to sing the song
という2パターン。でも、
「英語では、動詞ごとに動名詞／ to 不定詞との相性が決まっている！」
という注意点があったことも覚えているでしょうか？（忘れた人は、p.70 も参照）例えば、

「この動詞の後ろには、動名詞と to 不定詞のどっちを続けても OK」
「動名詞／ to 不定詞しか続けちゃダメ」

みたいな感じ。**hope** の場合は、
「後ろに to 不定詞しか続けられない！（動名詞は続けられない）」
と決まっているので、ここでは

to が that で、that が to で…… **STEP 7**

We hope to sing the song.

が正解となります。
……と、ここでまた問題。

> **Q** **We hope** to sing the song.
> （私たちはその歌を歌うことを望んでいる。）
>
> という文で、「望んでいる (hope)」のはだれ？

「……そりゃー、主語の we（私たち）じゃないの？」

と「**即答！**」できてしまった人がおそらく大半のはず。
では、これならどう？

> **Q** **We hope** to sing the song.
> （私たちはその歌を歌うことを望んでいる。）
>
> という文で、to sing the song（その歌を歌う）という部分の動作をするのはだれ？

「うーん、それもやっぱり『私たち（we）』がする動作なんじゃないの？」

その通り！
さて、一体、何でこんなことを聞いたかというとですね、「**私たちはその歌を歌うことを望んでいる**」というのは、あえて強引な言い方をすると、
「**私たちは、私たちがその歌を歌うということを望んでいる**」
というふうに言い換えることも可能だってことなんです。でも、この日本語の文を「**よーく**」見てみると、別の英語のカタチが見えてきませんか？

こんなふうに「**S が V するということ**」という感じで、文の中にもうひとつ主語と動詞が入って、かつ「**S が V するということ**」というパート全体が文の中で「**望んでいる（hope）**」という動詞の**目的語になる**（つまり、名詞ひとつ分の役割を果たす）ような、そんな英語の表現がありましたよね？

……そうです！　従属接続詞の that です！！
つまり、ボクが言いたいのは、

We hope to sing the song.（私たちはその歌を歌うことを望んでいる。）
　→ **We hope (that) we sing the song.**
　　（私たちは、私たちがその歌を歌うということを望んでいる。）

という言い換えも可能だってことなんですね。もちろん、「どんな動詞でもこういう言い換えができる」ってわけではないですよ。

「**hope** みたいに、後ろに to 不定詞と〈that ＋ S ＋ V（＋その他）〉のどちらも続けられる動詞なら、to 不定詞で表せる内容を、〈that ＋ S ＋ V（＋その他）〉を使って表すこともできる」

って条件つき。

それから、もうひとつ。そもそも〈that ＋ S ＋ V（＋その他）〉のカタチは、「**従属接続詞の that を使わないと表すのが難しい内容に使う**」のが基本です。
例えば、「私たちは、彼がその歌を歌うのを望んでいる」のように、「**私たちは（we）**」という主語とは別に、「**彼は（he）**」というもうひとつの主語が出てくるような場合。こんなときには、

We hope (that) he sings the song.

のように、〈that ＋ S ＋ V（＋その他）〉を使うのが自然な感じ。

でも、「私たちは、(私たちが)その歌を歌うことを望んでいる」のように、「望んでいる」のも「歌う」のも、どちらも「私たち」という同じ主語なら、

We hope to sing the song.

のように **to 不定詞**を使うだけで十分表せますよね？ こんなときにまで、
We hope (that) we sing the song.
みたいに、わざわざ〈**that S ＋ V**（＋その他）〉のカタチを使って同じ主語を繰り返すのは、「ちょっと回りくどい」感じ。だから、こういう場合には **to 不定詞**を使ったカタチの方が、すっきりしていて好まれます。

この傾向は、hope 以外にも、後ろに **to 不定詞**と〈**that S ＋ V**（＋その他）〉のカタチのどちらも続けることができるほとんどの動詞に当てはまるし、動詞だけでなく、後ろに〈**that S ＋ V**（＋その他）〉のカタチを続けることができる〈**be 動詞＋形容詞**〉の組み合わせについても同様のことが言えます。

例えば、「ミサはその知らせを聞いて少し悲しかった」なら、
Misa was a little sad (that) she heard the news.
のように〈**that S ＋ V**（＋その他）〉ってカタチを使ってもいいんだけど、

Misa was a little sad to hear the news.

みたいに **to 不定詞**を使って、同じ主語（Misa と she）の繰り返しを避けた方がスッキリしている感じ。

こういう言い換えは、テストの書き換え問題などで出題されることもあるので、知識として覚えておいてください。

★〈動詞＋名詞＋ to 不定詞〉のカタチ

> **Q** We want to sing the song.
> を日本語にするとどうなるでしょう？

「want の後ろに to sing っていう to 不定詞のカタチが続いているから、『…することを望んでいる→…したい』という感じで、
『私たちはその歌を歌いたい』
って意味でしょ？」

と「**楽勝！**」で答えられた人がほとんどだと思います。でも、次の問題はどうでしょうか？

> **Q** We want him to sing the song.
> を日本語にするとどうなるでしょう？

「えーと、want の後ろに to sing っていう to 不定詞のカタチが、やっぱり続いているんだけど、want と to sing の間には、him（彼を）っていうのも割り込んでいて……。だから、意味は、
『私たちは彼を……その歌を歌いたい』みたいな感じ？？
ていうか、この him、ジャマ！！」

と、「何だかうまく訳せない…… _「◯」人もいたのではないかと思います。でも、あらかじめ言っておきますが、英語では、こんなふうに「**動詞と to 不定詞の間に、名詞が割り込んでくるカタチもアリ！**」なのです。

この〈動詞＋名詞（目的語）＋ to ＋動詞の原形〉という新しいカタチを考える上でポイントとなるのは、「**動詞の後ろの名詞（つまり、目的語）と、to 不定詞の部分を１セットの感覚でとらえる**」というところ。と言っても、これだけではピンとこない人がほとんどのはず。具体的に説明すると次のよ

うな感じです。

We want to sing the song.

という文で、「望んでいる（= want）」のがだれかと言えば、主語の「私たち（= we）」ですよね。で、「その歌を歌う（= to sing the song）」のがだれかと言えば、これもやっぱり主語の「私たち」。一方、

We want him to sing the song.

という文で「望んでいる」のはだれかと言えば、当然、こちらも主語の「私たち」。でも、ポイントはここから。

> **Q** We want him to sing the song.
> という文で、to sing the song（その歌を歌う）という部分の動作をするのはだれ？

「えっ、『私たち』じゃないの？」
と思ってしまった、そこのアナタ！ 実は、これが違うんです！！
この文で「その歌を歌う」のは、**want** と **to sing the song** の間に割り込んだ **him**（彼）なんです！ 実は、

> ⚠ **動詞と to 不定詞の間に（主に「人」を指す）名詞が割り込むと、その割り込んだ名詞が to 不定詞の動作をすることになる！**

というのが英語の「**お約束！**」だったりするのです。
つまり、「動詞の後ろの名詞（つまり、目的語）と、to 不定詞の部分を 1 セットの感覚でとらえる」っていうのは、

him ＋ to sing the song → 彼が＋その歌を歌うこと

みたいな感じで、「**動詞の後ろの名詞（つまり、目的語）と、to 不定詞の部分を、主語と動詞みたいな1セットの感覚でとらえる**」ということなんですね。

「**動詞と to 不定詞の間に割り込んだ名詞は、カタチの上では目的語なのに、意味の上では主語になる**」

っていうのがこのカタチのややこしいところ。全体では、

私たちは　彼がその歌を歌うことを　望んでいる。
　→私たちは彼にその歌を歌ってほしい

というように、「私たち」が「望んでいる」内容が、「him ＋ to sing the song →彼が＋その歌を歌うこと」という1セットに当たる感じになります。

ただし！　動詞と to 不定詞の間に名詞が割り込んだ〈動詞＋（主に人を指す）名詞＋ to ＋動詞の原形〉というカタチは、**すべての動詞に許されたカタチというわけではありません**。

want という動詞は、〈**want** ＋（主に人を指す）名詞＋ **to** ＋動詞の原形〉というカタチで、「～が…するのを**望んでいる**、～に…**してほしい**」という意味を表せます（**want to ...** の丁寧版である **would like to ...**（できれば…したい）という表現も、〈**would like** ＋名詞＋ **to** ＋動詞の原形〉というカタチで、「できれば～に…してほしい」という意味を表せます）。
……でもっ！　want と同じような意味を表す hope（望む）という動詞は、

○　**We hope to sing the song.**（私たちはその歌を歌うことを望んでいる。）

と言うことはできても、

× **We hope him to sing the song.**

のように言うことはできません！！

「英語の文では、とにかく動詞が大事！」であり、「動詞の後ろに続くカタチは、動詞が決定する！」のです。
だから、今回登場した〈動詞＋（主に人を指す）名詞＋ to ＋動詞の原形〉という新しいカタチについても、**後ろにこの特別なカタチを続けることが許された、一握りの動詞を覚えることがカギ**となります。
……というわけで、代表例を挙げると次の通り。

重要

> ★後ろに〈名詞＋ to ＋動詞の原形〉というカタチを続けられる動詞
> ● 〈ask ＋（主に人を指す）名詞＋ to ＋動詞の原形〉
>   →「〜に…するように頼む」
> ● 〈tell ＋（主に人を指す）名詞＋ to ＋動詞の原形〉
>   →「〜に…するように言う」（命令のニュアンス）
> ● 〈allow ＋（主に人を指す）名詞＋ to ＋動詞の原形〉
>   →「〜が…するのを許す、許可する」
> ● 〈expect ＋（主に人を指す）名詞＋ to ＋動詞の原形〉
>   →「〜が…するのを期待する、予期する」

ちなみに、動詞の直後に入る名詞が**代名詞**の場合は、**him** や **me** のような「…に／を」という意味を表すカタチ（代名詞を**目的語**として使うときのカタチ）を使うのが決まりです。

「動詞と to 不定詞の間に割り込んだ名詞は、意味の上では to 不定詞の主語に当たるけど、英文全体の中でのポジションはあくまでも目的語」

というポイントをしっかり押さえておいてくださいね。

従属接続詞の that = to 不定詞？

> **Q** 次の英語の文を日本語にすると、どうなるでしょう？
>
> **1.** We hope that he sings the song.
> **2.** We want him to sing the song.

正解は次の通り。

1. 私たちは、彼がその歌を歌うのを　望んでいる。
2. 私たちは　彼がその歌を歌うことを　望んでいる。
　→私たちは彼にその歌を歌ってほしい

「どっちもすでに登場した英文じゃん。こんなのもう余裕！」

……ですよね？（と、有無を言わさず）

でも、この問題の本当のねらいは、日本語の訳を考えてもらうことだけではないんです。上の１、２の日本語訳を「よーく」見比べてみましょう。

……もう気づきましたね？

> ⚠ 〈動詞＋ that S ＋ V〉と、〈動詞＋名詞＋ to ＋動詞の原形〉
> というカタチは、意味的にはほぼ同じ！

だったりするのです。つまり、主語と動詞があるカタチに、さらに「S が V と（いうことを）」という感じで、また別の主語と動詞を含む内容を組み合わせようと思ったら、

① 〈動詞＋ that S ＋ V〉のように、接続詞の that を使って、動詞の後ろに、主語と動詞（S ＋ V）を含む、ちゃんとした文のカタチを続ける

② 〈動詞＋名詞＋ to ＋ 動詞の原形〉のように、意味的には主語と動詞（S ＋ V）の関係でも、接続詞を使わずに（ちゃんとした文のカタチにする代わりに）、名詞（目的語）と to 不定詞という組み合わせを使って表す

という2つの方法があり得るわけです。
で、この2つのうち、どちらのカタチが続けられるかは、その前の動詞次第。何度も述べているように、「**動詞の後ろのカタチは、どんな動詞を使うかで決まる**」んでしたよね。例えば、

● hope →後ろに〈that S ＋ V〉のカタチは続けられるけど、〈名詞＋ to ＋動詞の原形〉は続けられない動詞
● want →後ろに〈名詞＋ to ＋動詞の原形〉のカタチは続けられるけど、〈that S ＋ V〉は続けられない動詞

という決まりだから……。

> **Q** 次の日本語の意味を表すように、カッコを埋めて、英語の文を完成させなさい。
>
> ボクは、彼らにこの本を買ってほしい。
> **1.** I (   ) that they buy this book.
> **2.** I (   ) them to buy this book.

みたいな問題がテストで出たら、たとえ日本語の意味は同じでも、**1** には **hope** を、**2** には **want** を入れないといけないってわけ。

また中には、**expect**（予期する、期待する）のように、**どちらのカタチも**

続けられる動詞ってのもあったりします。こういう動詞は、

- I expect him to help me.（私は彼に私を手伝ってほしい。）
- I expect that he will help me.（私は彼が私を手伝うことを期待している。）

という感じで、どっちでも好きなカタチを後ろに続けて OK。

さらに、**動名詞**や **to 不定詞**まで含めて考えれば、後ろに続くカタチとの間にとんでもなくややこしい相性をもつ動詞もあったりします。

重要

★後ろに続くカタチに「要注意！」の動詞

- **recommend（勧める）**
  - ○ recommend ...ing（…することを勧める）
  - × recommend to ...
  - ○ recommend that S + V（S が V するよう勧める）
  - ○ recommend O to ...（O に…することを勧める）

- **remind（思い出させる）**
  - × remind ...ing
  - × remind to ...
  - × remind that S + V
  - ○ remind O to ...（O に…することを思い出させる）
  - ○ remind O that S + V（O に S が V と思い出させる）

「後ろに to 不定詞、〈that S + V〉のカタチだけを続けることはできないのに、間に名詞（目的語）を挟んだら OK だったり、……ワケがわからん！（怒）」

to が that で、that が to で…… **STEP 7**

という人もいるかもしれないけど、英語ではこういう決まりなんだから、仕方ない（外国語ってホント不思議）。

まぁ、でも、動名詞や、to 不定詞まで含めた細かい相性などについては、日常レベルではそんなに気にしなくても大丈夫ですよ。ぶっちゃけ、ボクも基本的なものしか覚えてなかったり……。

とりあえず、この本の中で登場したものくらいは最低限の基本知識として押さえておいて、その上で、
「**英語の動詞とその後ろに続くカタチの間には、こういうややこしい相性があるんだ！**」
と肝に銘じておくこと。
こういう意識の積み重ねが、英語力全体の底上げにもつながるんです！
……なんて言ってみたり。

「ふくしゅう」酒場……7杯目

この「STEP 7」は、ここまでに登場した **to** 不定詞、従属接続詞の **that** などの知識の総まとめ。同じ内容でも、どんな動詞を使うかで後ろに続くカタチはさまざまだったりします。「**この動詞を使うなら、後ろにこのカタチを続けるのはマルだけど、このカタチはバツ**」といった具合に、いろいろな文法の知識をバラバラではなく、互いに関連づけながら覚えるようにしましょう。

> **Q** 次の英文と同じ内容を別の表現を使って表しましょう。
>
> **1.** Was Shinji happy to know Ichiro's plan?
> （シンジはイチローの計画を知って喜んだの？）
>
> **2.** The group's boss ordered his men to kidnap some foreigners.
> （そのグループのボスは、部下たちに外国人を誘拐するように命じた。）

今回は「従属接続詞の **that** と **to** 不定詞の関係」について、まとめておさらい。ポイントをアタマに叩き込んだ上で、満足のいく英文ができあがったら、p.189 の「**解答と解説**」へ。

👞 従属接続詞の that と to 不定詞

そのゼロ（大前提）：英語では、動詞の後ろに続くカタチは、動詞が決定する！

その❶：動名詞／ to 不定詞／〈that S + V〉は、いずれも「…すること」という似たような（場合によっては、まったく同じ）意味を表すことができる。ただし、動詞ごとに動名詞／ to 不定詞／〈that S + V〉と

の相性が異なるので、どんな動詞を使うかによって、後ろに続くカタチを使い分ける必要がある。

例：ボクはその本を読むことを望んでいる。
→ × **I hope** reading the book.
→ ○ **I hope** to read the book.
→ ○ **I hope** (that) I read the book.

⇒ hope は、動名詞を直後に続けることはできないが、to 不定詞、〈that S ＋ V〉のカタチは後ろに続けられる動詞。このタイプの動詞の場合、上の例のように、同じ内容を to 不定詞と〈that S ＋ V〉の 2 通りの方法で表すことも可能。ただし、〈that S ＋ V〉を使うと同じ主語を繰り返すことになり回りくどいので、一般に to 不定詞を使う方が好まれる。

その2：動詞と to 不定詞の間に名詞（目的語）を挟んだ、〈動詞＋（主に人を指す）名詞＋ to ＋動詞の原形〉というカタチは、〈動詞＋ that S ＋ V〉と同じような内容を表すことができる。ただし、このカタチを続けられる動詞も限られている。

重要

★後ろに〈名詞＋ to ＋動詞の原形〉というカタチを続けられる動詞一覧
- 〈**allow** ＋（主に人を指す）名詞＋ to ＋動詞の原形〉
  →「〜が…するのを許す、許可する」
- 〈**ask** ＋（主に人を指す）名詞＋ to ＋動詞の原形〉
  →「〜に…するように頼む」
- 〈**expect** ＋（主に人を指す）名詞＋ to ＋動詞の原形〉
  →「〜が…するのを期待する、予期する」
- 〈**tell** ＋（主に人を指す）名詞＋ to ＋動詞の原形〉
  →「〜に…するように言う」（命令のニュアンス）
- 〈**want** ＋（主に人を指す）名詞＋ to ＋動詞の原形〉
  →「〜に…してほしい」

例：ボクは彼にこの本を読んでほしい（彼がその本を読むことを望んでいる）。
→ I want him to read this book.
→ I hope (that) he reads this book.

⇒ hope は、〈that S + V〉のカタチは後ろに続けられるが、〈hope ＋名詞＋ to ＋動詞の原形〉というカタチにはできない。一方、want は、〈that S + V〉のカタチは後ろに続けられないが、〈want ＋名詞＋ to ＋動詞の原形〉というカタチは OK。動詞とその後ろに続くカタチは違うが、意味することは同じ。

その3：動詞の中には、後ろに to 不定詞、〈that S + V〉を続けることはできないが、間に名詞を挟んで、「〈動詞＋名詞＋ to ＋動詞の原形〉、あるいは〈動詞＋名詞＋ that S + V（＋その他）〉というカタチにすれば OK！」というものもあったりする。

重要

★後ろに続くカタチに「要注意！」の動詞一覧

● expect（期待する）
　× expect ...ing
　○ expect to ...（…することを期待する、…するつもりである）
　○ expect that S + V（S が V だと予想する／期待する）
　○ expect O to ...（O が…することを期待する）

● recommend（勧める）
　○ recommend ...ing（…することを勧める）
　× recommend to ...
　○ recommend that S + V（S が V するよう勧める）
　○ recommend O to ...（O に…することを勧める）

● remind（思い出させる）
　× remind ...ing

to が that で、that が to で…… STEP 7

> × remind to …
> × remind that S + V
> ○ remind O to … (O に…することを思い出させる)
> ○ remind O that S + V (O に S が V と思い出させる)

解答と解説

1. シンジはイチローの計画を知って喜んだの？
Was Shinji happy to know Ichiro's plan?
→ Was Shinji happy that he knew Ichiro's plan?

〈**be happy to** ＋動詞の原形〉で、「…してうれしい、喜んで…する」という意味になります（ここでは前者）。後ろに **to** 不定詞、〈**that S + V**〉のどちらも続けられる動詞や形容詞の場合、**to** 不定詞で表せる内容は〈**that S + V**〉を使っても表すことができるのでしたね？ **be happy** という be 動詞と形容詞の組み合わせも、このパターン。したがって、**to know Ichiro's plan** という to 不定詞で表している部分を**従属接続詞の that** を使った表し方で、言い換えればOKということになります。
その際の「**注意点その１**」は、**文の主語（主節の主語）と同じものを従属接続詞の that の後ろにも主語として入れる**というところ。この問題の場合は、**Shinji** ということになりますが、こういう人の名前は、そのまま繰り返さずに代名詞で置き換えるのが普通。つまり、**he** ですね。
「**注意点その２**」は、〈that S + V〉の動詞 (V) の時制は、主節の動詞に合わせるというところ（この決まりを「**時制の一致**」というのでしたよね？）。この問題の場合、主節の動詞が過去形の **was** なので、従属接続詞の that の後ろの動詞の時制も過去形の **knew** へと変化します。

2. そのグループのボスは、部下たちに外国人を誘拐するように命じた。

The group's boss ordered his men to kidnap some foreigners.
→　The group's boss ordered that his men kidnap some foreigners.

「…の部下」は、one's men、「誘拐する」は kidnap と表します。order は〈order ＋名詞＋ to ＋動詞の原形〉というカタチで、「～に…するように命令する」という意味を表すことができる動詞。また、〈order ＋ that S ＋ V〉のように、後ろに〈that S ＋ V〉というカタチを続けることもでき、こちらも同じような意味を表します。だから、この問題の場合も、to 不定詞の部分を従属接続詞の that を使うカタチで言い換えれば OK。

〈動詞＋名詞＋ to ＋動詞の原形〉を〈動詞＋ that S ＋ V〉というカタチで言い換える際の「**注意点その１**」は、動詞と to 不定詞の間の名詞（つまり、目的語）が、〈動詞＋ that S ＋ V〉というカタチの中では主語（S）になるということ。ここでは、his men ですね。

「**注意点その２**」は、「**時制の一致**」。ここでは主節の動詞が ordered と過去形なので、従属接続詞の that の後ろに入る kidnap という動詞の時制も過去形の kidnapped へと変化するのかと思いきや……、「**order の後ろに〈that S ＋ V〉というカタチを続ける場合、that の後ろの動詞（V）は必ず原形を使う！**」という決まりがあるのです。動詞の中には、ごく一部、このように「**that の後ろの動詞が必ず原形になる！（be 動詞なら be になる）**」特殊なものもあるので注意してください。

> **Q**　日本語の内容に合う英文を書きましょう。
>
> **1.** 彼の両親は、彼が学校を辞めることを許さなかった。
> **2.** ボクはアイツらに助けを頼みたくない。
> **3.** 彼はそのバスがどこに行くこと（to go）を期待していたの？
> **4.** ウチへいらっしゃったら、息子に運動をする（exercise）ように言ってください。

to が that で、that が to で…… **STEP 7**

解答と解説

1. 彼の両親は、彼が学校を辞めることを許さなかった。
→ His parents didn't allow him to quit school.

〈allow ＋名詞＋ to ＋動詞の原形〉というカタチで、「～が…することを許す」という意味を表せるのでしたよね（p.181 の「後ろに〈名詞＋ to ＋動詞の原形〉というカタチを続けられる名詞一覧」も参照）。日本語の方は、「彼が(S)学校を辞める(V)」という主語と動詞を含むカタチなのに、英語では、**him to quit school** のように目的語と to 不定詞で表すのがポイント。ちなみに、allow の後ろには〈that S ＋ V（＋その他）〉というカタチを続けることもできますが、その場合は「**S が V というのが本当だと認める**」という感じの意味になってしまうので要注意。「学校を辞める」は、**quit / leave school**、あるいは単に **drop out** でも OK。**leave school** は、「中退する」という意味だけじゃなく「卒業する」という意味でも使えます。

2. ボクはアイツらに助けを頼みたくない。
→ I don't want to ask them to help me.

ちょっとややこしい感じですが、「アイツらに助けを頼みたくない」という部分を「アイツらに私を助けるように頼むことを望まない」と考えるのがポイント。「私は…することを望まない」は **I don't want to ....**、「アイツらに私を助けるように頼む」は **ask them to help me** だから、これらを組み合わせて、**I don't want to ask them to help me.** とすれば正解。

3. 彼はそのバスがどこに行くことを期待していたの？
→ Where did he expect the bus to go?

「期待する」という文の結論は、**expect** という動詞で表します。**expect** は後ろにいろいろなカタチを続けることができる動詞ですが（p.188 の「**後ろに**

続くカタチに「要注意！」の動詞一覧」も参照）、ここではto不定詞のカタチ（to go）を使うよう指定されているので、その線で考えましょう。日本語の文は、「そのバスが(S)どこに行く(V)こと」という主語と動詞を含むカタチですが、英語では〈expect ＋名詞＋ to ＋動詞の原形〉というカタチでも「〜が…することを期待する」という意味を表せるのでしたよね。to goを使うという条件も、これでバッチリ。「どこ？」と場所を聞くときには、疑問詞の where の出番でしたよね。疑問詞の位置は文頭、その後ろは疑問文のカタチが続くということをお忘れなく。なお expect は、〈expect ＋（人を指す）名詞＋場所や時間を示す語句〉というカタチで「〜が…に来るものと思う」という意味を表します。例えば、次の通り。
I expect you here tomorrow.（明日、ココであなたをお待ちしています。）

4. ウチへいらっしゃったら、息子に運動をするように言ってください。
　　→ **When you come to my house, please tell my son to exercise.**

「ウチへいらっしゃったら」は「あなたが私の家へきたら、あなたが私の家へくるとき」と考えて、「時・条件」を表す従属接続詞 **when** を使って表します（**if** でも OK）。よって、このパートは、**when / if you come to my house** という感じ。「あなたが私の家を訪れるとき」と考えて、**when you visit my house** と表してもかまいません。この when ではじまるパートは、文のはじめに入れても、終わりに入れても OK です。

残る主節は、「言ってください」とあるので、命令文のカタチとなります。〈**tell** ＋名詞＋ **to** ＋動詞の原形〉というカタチで、「〜に…するように言う」という意味を表せるのでしたよね。「運動をする」は、**get some exercise** という言い方でも表せます。なお、exercise を名詞として使う場合、数えられない名詞（不可算名詞）として扱うのが普通なので、後ろに複数の -s をつける必要はありません。

STEP 8
カタチだけ主語

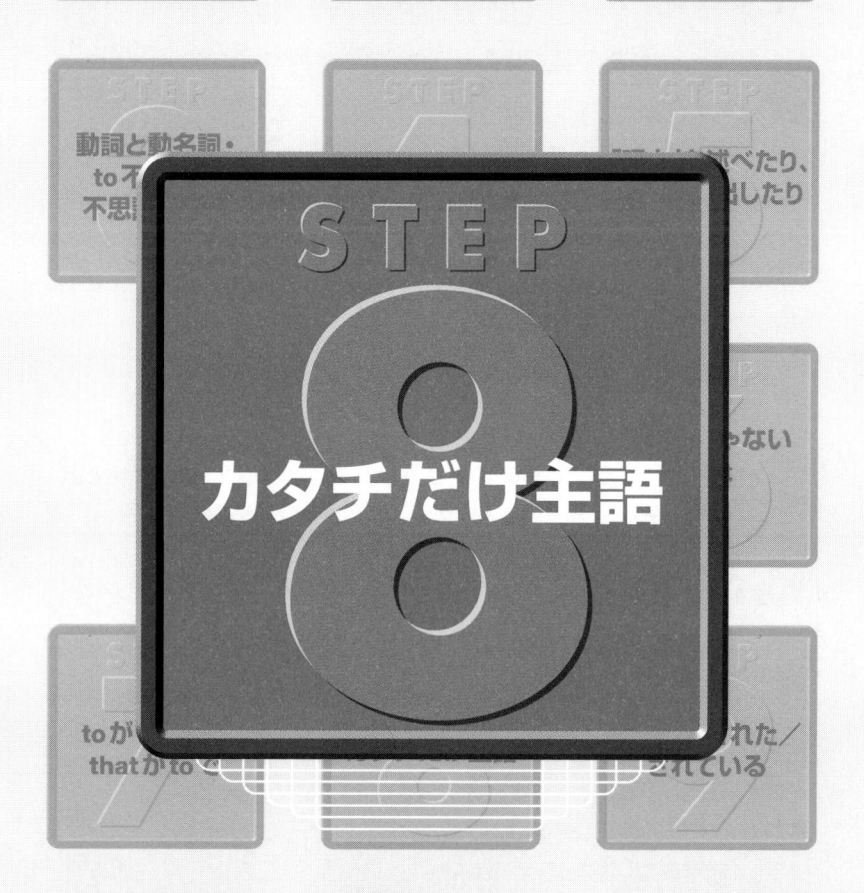

it ではじまる英文

ここまでに「英語の文では、とにかく動詞が大事！」で、「動詞の後ろに続くカタチは、動詞が決定する！」と動詞の偉大さばかりを強調してきました。でも動詞の大切な相棒、「主語！」の中にも特殊なものがあります。

> **Q**
> 「今日は晴れだ」
> を英語で言うとどうなるでしょう？

「『今日』が主語だから……、
Today is sunny.
これで OK ？」

別にこれでも**間違いではないんです**。
でも、「**英語として自然な言い方かどうか**」というポイントから考えると、ちょっと「う〜ん」というところ。実は、「じっくり基礎編」でも簡単に説明したんですが、「**天気！**」の話をするときには、次のような言い方をするのが普通なんです。

It's sunny today.

「……何、この it ？」
って思った人もいるかもしれないけど、この it は簡単に言うと、
「これから天気の話をしますよ〜」
って示す記号みたいなもので、日本語には訳せません。
日本語にはうまく訳せないんだけど、「**天気の話をする場合は、とりあえず主語の位置には it を置く**」というのが英語のお約束。
……と、ここでまた問題。

カタチだけ主語 **STEP 8**

> **Q** It's sunny today.
> という英語の文の today という単語の品詞は何でしょう？

「えっ、名詞でしょ？」
と思った人は**残念！**　英語の文で、「**前置詞ナシ**」で名詞を入れることができるのは、

① 主語の位置
② 目的語の位置（一般動詞の後ろ）
③ 補語の位置（be 動詞の後ろ）

の3パターンのみでしたよね。でも、この today の位置は、その3パターンのどれにも当てはまりません。おまけに、前置詞もナシ。じゃあ、この today の品詞は一体、何なのかといえば、答えは「副詞！」。

実は、**today**（今日）や **tomorrow**（明日）といった「時」を表す表現は、たいてい副詞として使えるんです（もちろん、名詞としても使えます）。
「英語の副詞は、前置詞ナシで、単独で文の中に入れられる。だから、副詞である **today** を前置詞ナシで文の中に入れても **OK**！」
という感じ。

「**日本語の感覚では名詞っぽいけど、英語での分類は副詞**」

ってとこがポイントですよ。

……と、**It's sunny today.** という文のカタチを解説したところで、
「**何でわざわざ it みたいな意味のない主語を入れるわけ？**」
とやっぱり気になってしまう人もいるのでは？

その理由は、

「英語の文には、必ず主語と動詞が必要！ なければ、無理やりにでもつくる！」

というところに尽きます。
英語では、「あの犬は大きい」のような「動詞ナシでも表せる内容」を文のカタチにする場合、be 動詞という「カタチだけ動詞」を無理やり入れて、
That dog is big.
のように表します。
同じように「晴れてるねー」みたいに「主語ナシでも表せる内容」を文のカタチにする場合、it という「カタチだけ主語」を無理やり入れて、

It's sunny.

と表すんです。「晴れ」に限らず天候・気候の話をするときには、

It was cloudy / rainy / snowy **two days ago.**
（2日前は曇り／雨／雪だった。）

のように、it を主語にしたカタチを使います。
いわば、英語人にとっては、「天気の話題＝ it が主語」。それが英語人にとっては当たり前の感覚なので、「今日は晴れです」みたいな「Today を主語にして文をつくればいいじゃん」って内容のときにも思わず、
「**Today is sunny.** ではなく、**It's sunny today.** と言ってしまう！」
ってことじゃないかなー？ まぁ、この辺は、ただのボクの推測ですけど。
とにかく大切なのは、ココ（↓）。

> ⚠️ 英語は主語がないと文として成立しないので、
> 内容的に主語がなさそうなら、主語の位置にはとりあえず it を入れておく！

カタチだけ主語 **STEP 8**

ここまで、it を、「『それは、それを・に』という意味のモノを指す代名詞」として丸暗記していた人も多いかもしれないけど、それだけではなくて、

「特別な意味はないけど、カタチの上では主語／単に〈主語＋動詞（＋その他）〉という英文としてのカタチを整えるためだけの記号」

としての使い方も it にはあるってことです。こんなふうに「**カタチだけ主語**」の it を使う表現は、ほかにも次の通り。

重要

★カタチだけ主語の it を使う表現
- 時刻（何時何分）
  It's five thirty now.（今、5 時 30 分です。）
- 曜日
  It's Sunday today.（今日は日曜日だ。）
- 日付（何月何日）
  It was February seventh yesterday.（昨日は 2 月 7 日でした。）
- 所要時間（どれくらい時間がかかるか）
  It takes two hours to go to the station.（その駅に行くのに 2 時間かかる。）

いずれも it が「それ」という意味で使われていない（〈主語＋動詞(＋その他)〉という英文としてのカタチを整えるための記号として使われている）点に注意してください。

中でも特に、「**（時間が）かかる**」を意味する **It takes ...** は頻繁に使う／出てくる（しかも日本人はよく間違える）表現なので、1 セットで丸暗記しておくことをお勧めします。

天気、曜日、日付を表す表現については、「じっくり基礎編」でも詳しく解説していますので、参考までに。

身代わり（？）の it

To play tennis is fun.（テニスをすることは楽しい。）

という英文がp.49で登場していたのを覚えていますか？
このように「**to 不定詞のカタチは英文の主語にもなれる！**」ということを思い出してもらったところで、問題です。

> **It is fun to play tennis.**
> という英語の文を日本語にすると、どうなるでしょう？

「う〜ん……、見慣れた単語ばっかりだけど、どういうつながりになっているのかよくわかんないから、全体的な意味もさっぱり」

という人も中にはいると思いますが、実はこの英文、**最初に挙げた例文と意味はまったく同じ**。「テニスをすることは楽しい」という意味になるのです。

「えー何でー？」
というみなさんのための解説に入る前に、ぜひ知っておいてほしい英語特有の感覚がひとつ。
英語では、頭でっかちは嫌われる！
人間だって小顔の方がイケてますよね？（あくまで一般論ですが）　同じことが英語にも言えるわけですよ。

で、ここで思い出してほしいのは、
「**元動詞である to 不定詞には、動詞だった頃の性質が残っていて、その後ろにはもともと動詞だったときに続けることができたカタチをそのまま続けられる**」
というところ。

カタチだけ主語 **STEP 8**

例えば、**play** みたいに「後ろに名詞をひとつ続けることができる動詞」なら、to不定詞になっても、**to play tennis** のように名詞をひとつ続けられます。あるいは、give のような「後ろに前置詞ナシで名詞を2つ続けることができる動詞」なら、**to give you a chance**（あなたにチャンスをあげること）みたいに、to不定詞のカタチにしても、やっぱり前置詞ナシで名詞を2つ続けることができるわけです。

でも、こういうto不定詞の1セットをそのまま主語にすると……、

To give you a chance is difficult.（キミにチャンスをあげるのは**難しい**。）

みたいに主語が長ーくなってしまいします。
「頭でっかちでカッコワルイ！」
こういう英文を見ると、何とか**小顔のモデル体型**にしたくなるのが、スタイリッシュな（?）英語人の感覚。

そんなときどうするか？

「そう言えば、**特別な意味はないけど、カタチの上では主語**／単に〈主語＋動詞（＋その他）〉という英文としてのカタチを整えるためだけの記号っていうベンリなヤツがあったよな。あの『**カタチだけ主語**』の **it** をとりあえず主語として英文の頭に置いて、**長ったらしい to 不定詞の１セットは後ろに回しちゃえ！**」

みたいなことを行うわけです。こうして、

To play tennis is fun.（テニスをすることは**楽しい**。）
　→ **It is fun** to play tennis.
To give you a chance is difficult.（キミにチャンスをあげるのは**難しい**。）
　→ **It is difficult** to give you a chance.

という言い換えのカタチが出来上がりました。

小顔で（主語が短くて）足が長ーい（後ろが長い）英語人好みのモデル体型になったわけです。めでたしめでたし。

なお、ここでの it の役割は、
「**本来の主語である to 不定詞の1セットを後ろに回しましたよ**」
という「目印！」と考えてもよいと思います。いずれにせよ、

> **to 不定詞の1セットが主語になる場合、**
> **it を主語の位置に入れて、to 不定詞の1セットを後ろに回す！**

ということです。
こうした**仮の主語としての役割を果たす** it のことを専門用語で「形式主語！」と呼びます。
……ちなみに「カタチだけ主語」という意味では、「天候、時刻、日時」を表す it も役割に似たところがありますが、こちらは専門用語では「非人称の it」と呼ばれます。ややこしいですが、この辺の専門用語は別に無理して覚えなくても OK。何よりも大切なのは、

「英文の主語の位置に it が入る場合、『天気や時間の話をしますよ』という目印としての it もあれば、『本来の主語である to 不定詞の1セットを後ろに回しましたよ』という目印としての it もあって、単に『それは』という意味とは限らない！」

ということをしっかり頭に入れておくこと。
そして、英語を読んだり聞いたりするときには、「これはこうだ！」と決めつけずに、**多様な可能性を認め、さまざまなパターンを予測しながらどっしり待つ広い心**が何より大切なんですね。
そうした心の準備があるかないかで、英語との関係は大きく変わってきます。
その辺は人間関係と一緒ですよ！
……なんて偉ぶるボクは友達が少なかったり……⌒▢○

自虐ネタはさておき、ここでまた問題。

> **Q** That we don't have enough money is the problem.
> という英語の文を日本語にすると、どうなるでしょう？

ちょっとわかりにくかったかもしれないけど、こんなふうに「〈that ＋ S ＋ V（＋その他）〉が主語になるカタチ」もアリでしたよね？
「〈That S1 V1 V2〉というカタチの文は、日本語に訳すと、『S1 が V1 ということは V2 だ』という感じ！」
というわけで正解は、「私たちには十分な資金がないというのが問題だ」となります。それでは、次のはどうでしょう？

> **Q** It is the problem that we don't have enough money.
> という英語の文を日本語にすると、どうなるでしょう？

実は、こちらも正解は、
「私たちには十分な資金がないというのが**問題だ**」
というまったく同じ意味になります。
考え方はto不定詞が主語になる場合と同じ。

「〈that ＋ S ＋ V（＋その他）〉が主語になると、（to不定詞が主語になる場合以上に）頭でっかちでカッコワルイので、とりあえず『カタチだけ主語』の it を主語の位置に入れて、〈that ＋ S ＋ V（＋その他）〉は後ろに回しちゃえ！」

という感じです。

p.148で、「〈that S ＋ V（＋その他）〉が主語の位置に入るカタチは非常に

まれ！」と書きましたが、その理由のひとつが実はコレ。

「〈that ＋ S ＋ V（＋その他）〉が主語になりそうな場合、頭でっかちでカッコワルイ文にならないように、英語人は無意識に it を主語の位置に入れて、〈that S ＋ V（＋その他）〉を後ろに回してしまうから、結果的に〈that S ＋ V（＋その他）〉が主語の位置に入るカタチは非常にまれ！」

ってことなんですね。

こんなふうに it は、to 不定詞が主語になる場合だけでなく、〈that ＋ S ＋ V（＋その他）〉が主語になる場合にも、『本来の主語を後ろに回しましたよ』という目印（つまり、『形式主語』）の役割で頻繁に使われます。ぜひ覚えておいてください。

カタチだけ主語　STEP 8

「いる／ある／ない」という話

> **Q** 次の日本語の文を英語にすると、どうなるでしょう？
>
> **1.** 彼女のネコは、今その家にいます。
> **2.** あの本は、ボクの机の上にない。

……どちらも「いる／ある／ない」といった「**存在！**」を表す文ですね。
こうした「存在」について、英語ではどうやって表すかっていうと……

「be 動詞を使う！」

のです（『じっくり基礎編』を読んだ人ならできたはず？）。
もっと詳しく言えば、

「英語では、be 動詞を『場所』を表す〈前置詞＋名詞〉の組み合わせや、副詞と一緒に使えば、『存在！』の意味を表せる！」

のです。そんなわけで上の **1** と **2** を英文に直すと、

1. 彼女のネコは、今その家にいます。
　→ **Her cat is in the house now.**
2. あの本は、ボクの机の上にない。
　→ **That book isn't on my desk.**

となります。
どちらも〈**be 動詞＋（場所を表す）前置詞＋名詞**〉のカタチになっていますよね？　で、**2** のように「ない／いない」と言いたい場合は、「存在」を否定してるんだから、単にこのカタチに not をつけて、否定文のカタチにするだけで OK。
えっ、「簡単すぎ！」ですか？？

そんな声が確かに聞こえた気がしたので、じゃあ、また次の問題をどうぞ。

> **Q** 次の日本語の文を英語にすると、どうなるでしょう？
>
> **3.** （ひとつの）花瓶が、テーブルの上にあった。
> **4.** そこに（数匹の）ネコたちがいる。

「どっちも『ある／いる』って話なんだから、同じように be 動詞と『場所』を表す〈前置詞＋名詞〉または副詞を使って……、

3.（ひとつの）花瓶が、テーブルの上にあった。
　→ **A vase** was on the table.
4. そこに（数匹の）ネコたちがいる。
　→ **Some cats** are there.

でしょ？　楽勝！」

と、思ったあなたは残念賞。

「えっ、違うの？！」
と驚いた人がいるかもしれないけど、「違う」というよりは、「**英語人の感覚だと不自然！**」と言った方が正解です。
英語人たちは、**3** や **4** のような内容を次のように表します。

3.（ひとつの）花瓶が、テーブルの上にあった。
　→ There was **a vase** on the table.
4. そこに（数匹の）ネコたちがいる。
　→ There are **some cats** there.

つまり、「存在」を表すために be 動詞を使うところは同じだけど、**文の最初（主語が入るべき位置）に there という語が入る**ってことですね。

カタチだけ主語　STEP **8**

そして、もうひとつ。意味的には**主語**に当たりそうな「**(存在しているものを表す)名詞**」が **be 動詞**の後ろに入っている点にも注意。**3** だったら **a vase**(花瓶)、**4** だったら **some cats**(ネコたち)がそうですよね。で、そのさらに後ろにその名詞が存在している「**場所**」が続くカタチ。整理すると、

〈**There ＋ be 動詞＋名詞(存在しているもの)＋場所を表す語句.**〉

みたいな感じです。

「カタチもよくわかんないけど、そもそも、**1** や **2** と、**3** や **4** で何が違うわけ？　どっちも『**存在**』を表すのに、何で表し方が違うの？」

と思った人も多いかな？　そんな人はもう１度、日本語と英語の文をそれぞれよ〜く見比べてみてください。ちょっとわかりにくいけど、**1**、**2** と、**3**、**4** の間には、**ちゃんと違いがある**んですよ。
ヒントは……「**存在しているものに注目！**」

1. 彼女のネコは、今その家にいます。
　　→ **Her cat is in the house now.**
2. あの本は、ボクの机の上にない。
　　→ **That book isn't on my desk.**
3. (ひとつの)花瓶が、テーブルの上にあった。
　　→ **There was a vase on the table.**
4. そこに(数匹の)ネコたちがいる。
　　→ **There are some cats there.**

……わかりました？
1、**2** のグループと **3**、**4** のグループの最大の違いは、「**存在しているもの(内容的に主語に当たる名詞)**」が「**特定のもの**」か「**不特定のもの**」というところ。つまり、

> 英語では、「不特定のもの」の「存在」について述べるときには、〈There＋be 動詞＋名詞（存在しているもの）＋場所を表す語句〉というカタチを使う！

ということです。
「特定／不特定」という言い方をもっと簡単にすると、次の通り。

重要

★英語の「特定／不特定」という感覚

●特定のもの
「彼女のネコ（her cat）、あの本（that book）、ボクのおじさん（my uncle）」のように、「だれのものか」「どういう人か」といった**持ち主や所属先・身元などがはっきりしている**もの

●不特定のもの
「（ひとつの）花瓶（a vase）、（数匹の）ネコたち（some cats）」のように、その**持ち主や所属先、身元がはっきりしない何だか怪しい**もの

要は、**a vase** であれば、「花瓶」であることはわかるけど、「だれの花瓶なのか」という細かいところまではわからない。**some cats** であれば、ネコが何匹かいるのはわかるけど、「それがどんなネコなのか」という細かいところまでははっきりしない、そんな場合には「〈There ＋ be 動詞 ...〉というカタチの出番！」ということです。

コレでもまだいまいちピンとこないという人のために、さらにわかりやすく言うと、次の通り。

★ モノはモノでも、my、your のような「だれの」ものかを表す言葉、the、that、those のような「その、あの、それらの」といった言葉が前につく名詞について、「いる／ある／ない」という場合には、
〈名詞（存在しているもの）＋ be 動詞＋場所を表す語句〉
という今まで通りのカタチを使えば OK！

★ モノはモノでも、a(n)、some のような不特定であることを示す語が前につく名詞、あるいはその前に何もつかないタダの複数形や water のような数えられない名詞について、「いる／ある／ない」という場合には、
〈There ＋ be 動詞＋名詞（存在しているもの）＋場所を表す語句〉
という文頭に there を置いたカタチを使えば OK！

ちなみに、her や that のついた**特定の名詞**の「**存在**」を言う場合に、

× **1.** There is her cat in the house now.
× **2.** There isn't that book on my desk.

のような there を使ったカタチにすることは、ごく一部の例外を除いて、まずないし、逆に **a(n)、some** のついた**不特定の名詞**の「**存在**」を言う場合に、

△ **3.** A vase was on the table.
△ **4.** Some cats are there.

のような言い方をすることもほとんどありません（英語人でも小さい子どもなら、たまにうっかりこう言ったりしますが、あまり一般的ではない感じ）。つまり、英語で「いる／ある／ない」という「**存在**」について正しく言おうと思ったら、日本語の場合には気にしなくていい「**特定／不特定**」という感覚にも注意しなければならないということです。気をつけてください。

「いる／ある／ない」を表す there の注意点

I saw him there**.**（そこで彼と会ったよ。）

のような文の there は「場所を表す副詞！」ですが、

There was a vase on the table.（花瓶が、テーブルの上にあった。）

のような〈There ＋ be 動詞＋名詞（存在しているもの）＋場所を表す語句〉というカタチで文頭に入る there は「そこに／で／へ」という意味の「**場所を表す副詞**」ではありません！

このカタチで文頭に入る there は「今からモノがあるとか、ないとかという話をしますよ～」ということを示す**単なる記号・目印**みたいなものなのです。感覚的には「**カタチだけ主語**」の **it** とかに近い感じ。
だから、もし **There is ...** のようなカタチではじまる英文と出合ったら、
「**あ、モノがあるとか、ないとか、そういう話をしたいのね**」
と考えればいいってこと。

また、「そこに**（数匹の）ネコたちがいる**」のように、「いる／ある／ない」という「**存在**」の話の中に「**そこに**」という場所を表す副詞が入るなら、

There are some cats there.

のように、文頭の there とは別に、もうひとつ there が必要になります。
同じ単語だけど、役割はまったく違うってところがポイント。

> **Q** 〈There ＋ be 動詞＋名詞（存在しているもの）＋場所を表す語句〉
> というカタチの主語は何でしょう？

「〈主語＋動詞〉が英文の基本のカタチなんだから、be 動詞の前にある there が主語に決まってるじゃん！」

と思う人も多いかもしれませんが、そういう人はちょっと次の2つの英文を見比べてください。特に be 動詞と、その後ろの名詞に注目！

1. There **is** a **cat** there.（そこに（一匹の）ネコがいる。）
2. There **are** some **cats** there.（そこに（数匹の）ネコたちがいる。）

……気がつきました？
「**内容的に be 動詞の後ろに入る名詞が主語っぽい感じ！**」というだけじゃなくて「**どちらも文の頭は There なのに、なぜか be 動詞のカタチが違う！**」のです。
1 では **be 動詞が単数形**（主語がひとつだけの場合のカタチ）の **is**、**2** では**複数形**（主語が2つ以上の場合のカタチ）の **are** になっていますね？
次に be 動詞の後ろの名詞に注目してみると、**1** ではネコが一匹で、**2** ではネコが数匹……。
動詞のカタチは主語の数によって変化するはず。ということは……、

> 〈**There ＋ be 動詞＋名詞（存在しているもの）＋場所を表す語句**〉
> **というカタチの主語は be 動詞の後ろに入る名詞！**

と言えるわけです。
つまり、このカタチは「**主語は動詞の前！**」という英語の常識を覆す「**オキテ破りの特殊形！**」ってこと。特殊形の割に、英語では非常によく使われる（そして、日本人はたいてい、うまく使えない）のが、このカタチの特徴です。ぜひしっかり覚えておいてください。

さて、最後に「いる／ある／ない」という意味で there を使う英文の、否定や疑問のカタチについて。これは極めて簡単で、

> ⚠️ 〈There + be 動詞 + 名詞（存在しているもの）+ 場所を表す語句〉
> というカタチの疑問文は be 動詞を there の前に出す、
> 否定文は be 動詞に not をつける！

だけで OK。ですから、

There was a vase on the table. （花瓶は、テーブルの上にあった。）
There are some cats there. （そこにネコたちがいる。）

という英文を「**疑問文！**」のカタチにするとそれぞれ、

Was there a vase on the table? （花瓶が机の上にあったの？）
Are there any cats there? （そこにネコたちがいるの？）

となり、「**否定文！**」のカタチにすると、

There wasn't a vase on the table. （花瓶が、テーブルの上になかった。）
There aren't any cats there. / **There are no** cats there.
（そこにネコたちは一匹もいない。）

となります。
注意点としては、疑問文や否定文では some の代わりに any を使うということ。また、not any ...は「まったく…がない」のような意味になり、同じ意味を no ...のように一語で言い換えることも可能です。

カタチだけ主語　STEP 8

「ふくしゅう」酒場……8 杯目

ここでは一見主語みたいだけど、意味らしい意味はない**非人称の it**（天気とかの話をするときに主語として使う it のこと）、主語の位置にあるけど、「**本当の主語は後ろですよ**」という目印としての役割を果たす**形式主語の it**、主語でないのに主語の位置に入って、おまけに意味らしい意味もないというナゾの存在、**there** が登場。この3つは、主語の特殊パターンとして、まとめて覚えておくようにしましょう。

> **Q** 日本語の内容に合う英文を書きましょう。
>
> **1.** 日本では6月にたくさん雨が降る。
> **2.** その郵便局に着くのにどれくらいかかるの？
> **3.** 彼は私とテニスをするのは楽しいと言いました。

今回は「**主語みたいだけど主語じゃない？**」、いわば「**カタチだけ主語**」の it や there について簡単におさらい。ポイントをアタマに叩き込んだ上で、満足のいく英文ができあがったら、p.213の「**解答と解説**」へ。

カタチだけ主語？

そのゼロ（大前提）：英語の基本のカタチは、〈主語＋動詞（＋その他）〉！

その１：英語で「天気、時刻、曜日、日付、所要時間」について話すときには、主語の位置に it を入れる！　この it は、「英語の文には必ず主語が必要！」という決まりを守るために、内容的に主語が必要のない文に入れられる「**ただの記号的存在**」であり、日本語にはうまく訳せない／訳す必要がないことがほとんど。文法用語では、「**非人称の it**」と呼ばれる。

例：It's 10 o'clock **now**.（今、10時ちょうどです。）
It **was** Saturday **yesterday**.（昨日は土曜日でした。）
It's March third **today**.（今日は3月3日です。）
It takes 40 minutes **to go to school**.（学校へ行くのに40分かかります。）

その２：英語の文では、長すぎる主語は嫌われる。そのため、to 不定詞の１セットや〈that S ＋ V（＋その他）〉のカタチが主語になる場合、とりあえず主語の位置には、「本来の主語を後ろに回しましたよ」いう目印として it を入れて、実際の主語は文の後ろに回すことが多い。この it を文法用語では「形式主語の it」と呼ぶ。

例：彼らに英語を教えるのは楽しい。
→ △ **To teach them English is fun.**
→ ○ **It is fun to teach them English.**
彼がよい先生だ**ということ**は本当です。
→ △ **That he is a good teacher is true.**
→ ○ **It is true that he is a good teacher.**

その３：英語では、「不特定のもの」の「存在」について述べるときには、〈There ＋ be 動詞＋名詞（存在しているもの）＋場所を表す語句〉というカタチを使う！　この there は「いる／ある／ない」という「存在」について話すことを示す単なる記号・目印のようなもので、文の主語ではない。実際の主語は、be 動詞の後ろに入る名詞である。

例：**There is a goldfish in a bowl.**（ガラス鉢の中に金魚が1匹いる。）
There are three goldfish(es) in a bowl.
（ガラス鉢の中に金魚が3匹いる。）
⇒ be 動詞のカタチが、be 動詞の後ろに続く名詞の数に合わせて、変化していることに注目。なお、「魚」や「羊」のような群れをつくって暮らす生き物は、後ろに -s をつけずに複数扱いすることが多い。

解答と解説

1. 日本では6月にたくさん雨が降る。
→ It rains a lot in Japan in June.

英語で、**天気や天候の話をする際には、it を主語にしたカタチ**を使うのでしたね？ 「雨が降る」というときには、解答のように **rain** という単語を**動詞として使う**ことが非常に多いです。また、rain a lot のように、動詞の後ろに **a lot** を続けると、「**たくさん…する**」という意味を表せます。ひとつの文に「**場所**」を指す語句と「**時間**」を指す語句が同時に入る場合は、「**場所→時間**」という順番になるという点にも注意。なお、**We have a lot of rain in Japan in June.**（私たちは、日本では6月にたくさんの雨をもちます。） のように、同じ内容を人を主語にしたカタチで言い換えることも可能です。この場合、**rain** が「雨」という**名詞扱い**になる点に注意。

2. その郵便局に着くのにどれくらいかかるの？
→ How long does it take to get to the post office?

何かをするのに「**時間がかかる**」という「**所要時間**」は、**it takes …** という **it を主語にしたカタチ**で表せるのでしたね？ 「**時間がどれくらいかかるか？**」とたずねるときには、**How long does it take …?** というカタチを使います。これはもう決まり文句みたいなものなので、そのまま覚えておいてください。「その郵便局に着くのに」は「その郵便局に着くために」と考えて、**to get to the post office** という to 不定詞を使ったカタチで表します。この to 不定詞は、動作の「**目的**」を表す**副詞**としての使い方でしたよね？（忘れた人は、p.52 をチェック）。この場合の「**郵便局に着く**」は、単に「**郵便局に行く**」と考えて、**get to …** の代わりに **go to …** と表しても OK です。

3. 彼は私とテニスをするのは楽しいと言いました。
→ He said (that) it was fun to play tennis with me.

／ He said (that) playing tennis with me was fun.

文の主語は「彼は（**He**）」で、結論は「**言いました（said）**」。で、その間に「**私とテニスをするのは楽しい（と）**」というもうひとつの主語と結論が入りそうなので、〈**that S ＋ V（＋その他）**〉のカタチの出番ということになります。できれば、「…と言う」ときたら、すぐに〈**say (that) S ＋ V**〉というカタチが思い浮かぶようになってほしいところ。

that の後ろに続く「私とテニスをするのは楽しい」に当たる部分にはいくつかのパターンが考えられますね。「**…すること／…するの**」のような動詞が名詞に変形したようなカタチを英語で表すには、**動名詞を使う方法**と **to 不定詞を使う方法**の２パターン。すなわち、**playing tennis with me** か **to play tennis with me** かってことですね。to 不定詞が主語に当たる場合（文が頭でっかちになる場合）は、たいてい代わりに **it** を主語の位置に置いて、to 不定詞の部分を後ろに回すので、**it was fun to play tennis with me** となります（時制の一致により、**said** に合わせて、that 節中の動詞も過去時制（**was**）にするのを忘れないこと）。ちなみに動名詞が主語になる場合も it を使って、it was fun playing tennis with me と、「**できなくもない**」ですが、なぜかこれはあまりやらないカタチだったりします。また、**Playing tennis with me was fun, he said.** みたいに、**that** の前と後ろがひっくり返ったカタチもアリです。

> **Q** 次の英文の意味を考えましょう。
>
> **1.** There may be some strange animals in the forest.
> **2.** It always makes him crazy to think about going out with the girl.
> **3.** It is not so easy to study abroad if you don't have enough money.

カタチだけ主語 **STEP 8**

解答と解説

1. There may be some strange animals in the forest.
　→ その森には変わった生き物がいるかもしれない。

この文の出だしは、**There may be ...** となっていますね。このように、**there と be 動詞の間に助動詞が割り込むこともある**のです。意味は「**いる＋かもしれない (may)**」のような感じで、〈**There ＋ be 動詞＋名詞（存在しているもの）＋場所を表す語句**〉というカタチが本来表す「**いる／ある／ない**」という意味に、助動詞のニュアンスを加える感じで解釈すればOK。

2. It always makes him crazy to think about going out with the girl.
　→ その女の子とつき合うことを考えると、彼はいつも興奮する。

文の主語の位置には、**it** が入っていますが、これをそのまま「それ」とか解釈すると、文の意味がよくわからなくなってしまうことに注意。「もしや」と思って、後ろを見ると……、やっぱり **to think about going out with the girl** という長いto不定詞の1セットがありますよね。つまり、「**文が頭でっかちになることを嫌って、本当の主語を後ろに回す**（文頭には、とりあえずitを入れておく）」という「**形式主語の it**」を使うパターンです。文頭のitを見た瞬間に、「**この文は、本当の長い主語が後ろにあるかも！**」と予測できるようになってほしいもの。
go out は日本語に直訳すると「出かける・外出する」ですが、「**異性と一緒に出かける→デートする→つき合う！**」という連想ゲームで、英語では「**(異性と)つき合う**」を意味する決まり文句としても使います。ここでは、go out が **going out** という動名詞のカタチになって、前置詞（about）の後ろに入っている点にも注意。**think about going out** で「**つき合うことについて考える**」という感じです。
文全体では、〈**make ＋ O ＋ C**〉という **SVOC** のカタチになっています。意味は「**O を C にする**」みたいな感じ。**make him crazy** なら、「**彼をおかしくする**」が直訳ですが、恋愛関係（いわゆる「**恋バナ**」）でこの表現を使う

場合は、「**夢中にさせる、興奮させる**」のように解釈すると自然です。

3. It is not so easy to study abroad if you don't have enough money.
　→　もし十分なお金をもっていないのなら、留学するのはそんなに簡単ではない。

これも同じく**文頭に形式主語の it を置いて、主語に当たる to study abroad を後ろに回したカタチ**ですね。**study abroad** は直訳すると「**海外で勉強する**」ですが、「**留学する**」のように訳した方が自然です。**so easy** のsoは、形容詞・副詞の前にくっついて「**そんなに**」という「**程度**」を表す特殊な副詞。

なお、この文では後ろに回った主語よりもさらに後ろに、**if you don't have enough money** というもうひとつの主語と動詞を含むカタチが続いています。従属接続詞の **if** ではじまるパートは、「(もし) **S** が **V** なら」のような「**仮の話・条件**」を表すのでしたよね。ですから、このパートは、「**もし十分なお金を持っていないのなら**」のように訳して、もうひとつのパート（主節）と結びつければOK。

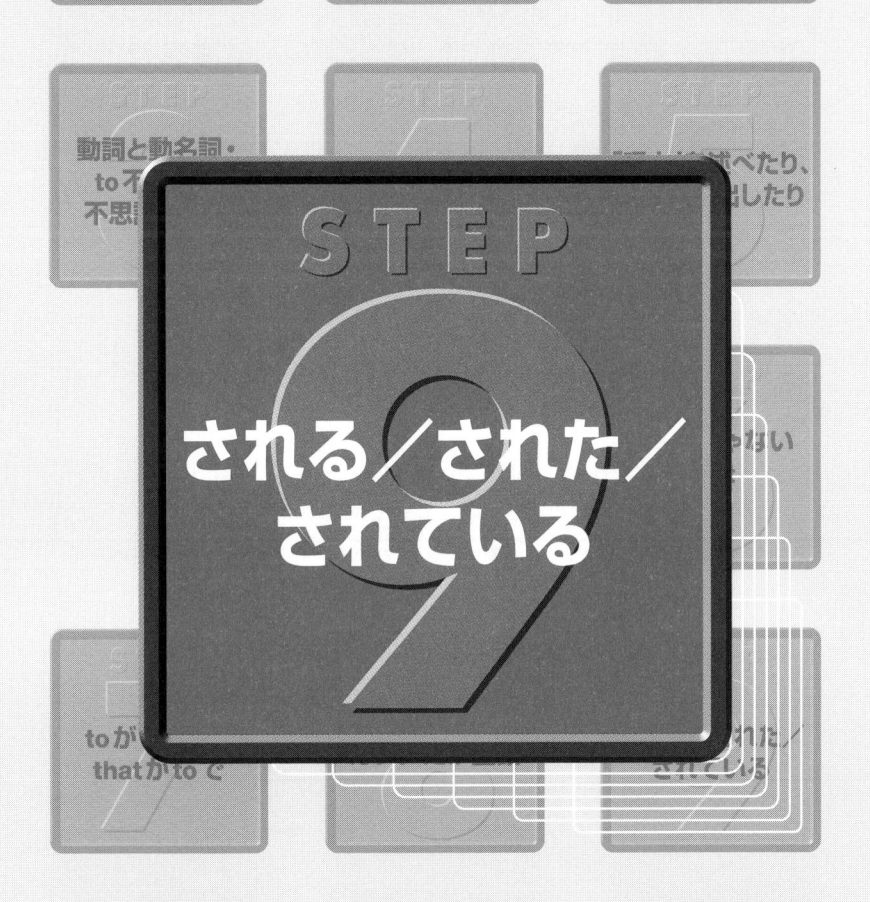

STEP 9
される／された／されている

★「…する」じゃなくて「…される」

> **Q** 「人間はニワトリを食べる」
> を英語で言うとどうなるでしょう？

答えは、

People eat chickens.

これくらい**余裕ですよね？**（と、有無を言わさず）
問題はここから。

> **Q** People eat chickens.
> と同じ内容を people ではなく chickens を中心（主語）にして言うとどうなるでしょう？

「えっと、主語を入れ替えて、**Chickens eat people.**かな？？」

((((;ﾟДﾟ))))ｱﾜﾜ｡｡｡
……って、それじゃ「ニワトリは人間を食べる」ですよ！

日本語では、こういう場合「**ニワトリは、人間に食べられる**」といった感じの言い方をしますよね？
英語でも、同じように「**(主語が)…する**」ではなく、「**(主語が)…される**」というカタチにしないと同じ内容にはなりません。

「……でも『**(主語が)…される**』なんて英語の言い方、習ったっけ？？」

という人もきっと多いはず。
なぜなら、**まだ教えてませんからっ！（爆）**
教えてないんだけど、英語には「…**される**」って意味を表す動詞のカタチがあるんです！！
その名は、**過去分詞（形）**！

「……また、何かメンドクサそうな名前」

と、思う気持ちはよくわかる。でも、ちょっとだけガマンして解説につき合ってください。

コレまでに英語の動詞には「**原形（現在形）**」と「**過去形**」があることを学習しました。
それから、**ちょっと番外編っぽいけど**、動詞の後ろに -ing をくっつけた「**動名詞**」、「**現在分詞**」なんてカタチもありましたよね？　動詞の後ろに -ing がくっつくと、それは「**もう動詞じゃない！**」って目印で、英語での分類は動詞ではなくなるってヤツ。で、**名詞扱いされるのが**「**動名詞**」、形容詞扱いされるのが「**現在分詞**」です（自信のない人は、p.26 参照）。

でも、動詞のカタチってのはそれだけじゃなくて、さらにもうひとつ「…**する**」ではなくて「…**される／されている**」という意味を表す「**過去分詞（形）**」というカタチがあるのです。

「で、それって一体、どんなカタチなのよ？」

と聞かれると、**一言では非常に答えづらかったり**するのです。でも、具体例を挙げると、**eat（食べる）** という動詞の場合、**過去分詞（形）** は **eaten（食べられる）** となります。ってところで、あらためて質問。

> **Q**　「ニワトリは人間に食べられる」
> を英語で言うとどうなるでしょう？

「『食べられる』って意味を表す動詞のカタチは **eaten** でしょ？　なら、
Chickens eaten people.
これでOK？」

と考えてくれたみなさん、**ありがとうございます。**
なーんて言うと予想できるかもしれないけど、これじゃ×（バツ）なんです。
どこがよくないかというと、まず eaten という単語の扱い。
eaten って単語の品詞は何だと思いますか？

……えっ、動詞？　残念！
実は「…される／されている」という意味を表す**動詞の過去分詞（形）**は、
品詞の分類上では、動詞じゃなくて形容詞扱いなのです！

「……なんか同じような話を以前にも聞いたような」
と、そろそろピーンときた人も多いんじゃないかな？

……そうです！
これって動詞の後ろに **-ing** をくっつけた**現在分詞**と同じこと。よく見たら、
過去分詞と**現在分詞**って、ネーミングも似たような感じですよね？
要するに、「分詞」っていうのは、**動詞にアレコレと手を加えて形容詞にしたカタチ**のことなんです。だから、

　× **Chickens eaten people.**

という文は、たとえ意味的によさそうでも、動詞に当たる語が入っていないからダメってワケ。
英語っていうのは、「**文を完結させるためには、タテマエ上、『動詞！』に分類される語がとにかく必要！**」な言語でしたよね？

される／された／されている　STEP 9

「それじゃ、どうするか？」っていうのも、もうピーンときた人が多いはず。

そう、「**be 動詞を補えばいい！**」のです。
つまり、現在分詞を使った「**進行形**」の文と同じ発想。
ということで、正解は、
Chickens are eaten **people.**
で、決まり……、

じゃ、ないんです！(-_-)
だいぶ正解に近づいたけど、これだとまだ少しマズイ。正解は、

◯　**Chickens** are eaten by **people.**

となります。
eaten という過去分詞の後ろに入っている **by** という前置詞に注目。「ニワトリは、人間に（よって）食べられる」という文のように、「…される／されている」という意味の文に、「…に（よって）」という**動作をする人やモノを表す名詞**を入れる場合には、**by** という前置詞を使います。
「**by** ではないにせよ、とにかく過去分詞の後ろには何らかの前置詞が続く！**」
と考えておけば基本的に間違いナシ。理由はまた後ほど、じっくり解説するのでお楽しみに。

> ⚠ **〈主語＋ be 動詞＋過去分詞（＋前置詞＋名詞）〉という文のカタチで、「主語は（名詞に）…される」という意味を表せる！**

「**主語が…される**」という意味を表すこうした新しい文のカタチのことを、「**受動態（じゅどうたい）**」あるいは「**受け身**」の文と呼びます。
それに対して、「**主語が…する**」という意味を表す従来の文は、「**能動態（のうどうたい）**」と呼ばれます。この機会にセットで覚えておきましょう。

「受動態」と「能動態」を比べてみると……？

1. People eat chickens.（人間はニワトリを食べる。）
2. Chickens are eaten by people.（ニワトリは人間に食べられる。）

1 がいわゆる「能動態」、**2** が「受動態（受け身）」ですが、この2つの文の場合、カタチは違っても、表している内容（事実）は同じですよね？ いわば、**「事実はひとつ！」** なのです。
でも、同じ事実であっても、**1** のように「人々」を主体（話題の中心）にして考えれば、

1. People eat chickens.（人間はニワトリを食べる。）

となるし、**2** のように「ニワトリ」を主体にして考えれば、

2. Chickens are eaten by people.（ニワトリは人間に食べられる。）

となるってわけ。こんなふうに「**どちらの立場から見るか**」によって、文のカタチは違ってくるのです。

> ⚠️ 「能動態」と「受動態」という区別の仕方は、同じひとつの事実をどういう視点から見るかという点に注目した分け方！

では問題。

> **Q** Chickens don't eat people.（ニワトリは人間を食べない。）
> と同じ内容を「人間（people）」を主体にして（people が主語の受動態のカタチで）言うとどうなるでしょう？

される／された／されている **STEP 9**

「えーっと……、People are eaten by chickens. かな？？」

((((；゜Д゜)))アワワ。。。
……って、今度は「人間はニワトリに食べられる」になっちゃってますよ！

ここで気づいてもらえたかもしれないけど、**受動態**にも、「肯定文」以外にちゃんと「**否定文**」のカタチがあるんですね。

「でも、受動態の否定文ってどんなカタチ？」

って人も中にはいるはず。それとも、あらためて言うまでもなく何となく見当がついたかな？　答えは次の通り。

People aren't eaten by chickens.（人間はニワトリに食べられない。）

また、受動態の文を「**疑問文**」にする場合は次の通り。

Are people eaten by chickens?
（人間はニワトリに食べられるのですか？）

ちなみに、この問いに対する答えは断じて、**No!** です。
……なんて話はさておき、ここで重要なのは、

> 1. **受動態の否定文は、be 動詞の後ろに not を置いたカタチ**
> 2. **受動態の疑問文は、be 動詞を文頭に出したカタチ**

ってところ。
要するに、受動態の否定文、疑問文は、現在分詞を使ったいわゆる「**進行形！**」の文と同じパターンになるんです。過去分詞というカタチは、形容詞扱い。そして、「**受動態の文の動詞は、あくまでも be 動詞！**」なんだから、

まあ、当然と言えば当然の話。

「うんうん」と深くうなずいてもらった（希望的予測）ところで、また問題。

> **Q** 「何でニワトリは人間に食べられるのですか？」
> を英語で言うとどうなるでしょう？

「何で？」と理由をたずねる疑問詞が入るパターン。答えは、

Why are chickens eaten by people?

となります。つまり、**疑問詞が文頭で、そこから後ろは疑問文のカタチ**ってこと。今までと同じ要領でやればいいわけです。うっかり、

× **Why chickens are eaten by people?**

なんてやってませんよね？（と、念押し）

> **Q** 「ボクのケーキが姉ちゃんに食べられた」
> を英語で言うとどうなるでしょう？

今度は、「…された」と受動態の動詞が過去時制になるパターン。こういう場合は、

My cake was eaten by my sister.（ボクのケーキが姉ちゃんに食べられた。）

のように、be動詞を過去形にすればいいのです。
これも進行形の文と同じノリなので、余裕でしょ？

される／された／されている **STEP 9**

動詞の過去形と過去分詞（形）

> **Q** He loved the girl.
> という英語の文を日本語にすると、どうなるでしょう？

「彼はその女の子を愛していた」
と「即答！」できた人が大半のはず。では、次の問題は？

> **Q** He was loved by the girl.
> という英語の文を日本語にすると、どうなるでしょう？

「be 動詞（was）があるのに……、loved って動詞（love）の過去形も一緒に入ってる！ 接続詞を使わない限り、英語の文に動詞はひとつだけのはずなのに、どういうこと？」

と思った人も中にはいるのでは？
実は、この loved は「愛していた」という過去形ではなくて、「愛される・愛されている」という意味を表す**過去分詞**なんです！
つまり、love という動詞の**過去形と過去分詞は、どちらもまったく同じ loved というカタチ**ってこと。だから、この文は、

「彼はその女の子に愛されていた」

という意味になります。

最初に例として出した、eat という動詞は過去形が **ate**（食べた）、過去分詞が **eaten**（食べられる）のように、過去形と過去分詞がそれぞれ違うカタチでしたよね。でも、**love（愛している）− loved（愛していた）− loved**

(愛される) みたいな感じで、過去形と過去分詞がまったく同じ動詞もあるんです。

「チョーまぎらわしー！！」

と、叫びたくなったところに、さらに追い討ちをかけるような、悲しいお知らせが……。(ToT)

何と、love に限らず英語の動詞って「**過去形と過去分詞が同じカタチの動詞がほとんど！**」なのです！！
例えば、**catch** のように、過去形が不規則なカタチ（**caught**）になる動詞なら、過去分詞も **caught** という感じで、**とにかく過去形と過去分詞が同じカタチ**。逆に動詞全体の中で見れば、**eat**（食べる）− **ate**（食べた）− **eaten**（食べられる）のように、過去形と過去分詞がそれぞれ違ったカタチの方が少数派だったりするのです。

参考までに、過去形と過去分詞（形）が違う動詞の代表格を挙げておくと次の通り。

意味	原形(現在形)	過去形	過去分詞(形)
走る	run	ran	run
落ちる	fall	fell	fallen
行く	go	went	gone
はじめる	begin	began	begun
知っている	know	knew	known
手にする	take	took	taken
壊す、破壊する	break	broke	broken
話す、しゃべる	speak	spoke	spoken
見せる	show	showed	shown

＊run は原形(現在形)と過去分詞(形)が同じカタチ。

こういう少数派を除いた、ほとんどの動詞は「**過去形と過去分詞が同じカタ**

される／された／されている　STEP 9

チ！」というわけです。

「でも、過去形も過去分詞もカタチが同じってなると、文の中で、それぞれをどうやって見分ければいいわけ？」

と、不安に感じる人もいるかもしれませんね。

答えは簡単！　次のように、能動態の文と受動態の文を並べてみると一目瞭然のはず。

能動態→ **He loved the girl.**（彼はその女の子を愛していた。）
受動態→ **He was loved by the girl.**（彼はその女の子に愛されていた。）

どちらも、**loved** という同じカタチの単語を含むけど、**能動態（つまり過去形を使う文）と受動態（つまり過去分詞を使う文）では、loved の前後がまったく違う**ことに注目してください。

「そっか、前に be 動詞があったら過去分詞なんだ！」

と思った人もいるかもしれないけど、それはちょっと早とちり。というのも、**過去分詞は、必ずしも be 動詞の後ろに入るとは限らない**んですね。実は、**過去分詞には受動態以外の使い方もある**んです（この辺はまた後ほど、詳しく解説するのでお楽しみに）。
大切なのは、「前に be 動詞があるから過去分詞」なんじゃなくて、「**過去分詞は形容詞扱いだから（つまり、動詞じゃないから）、英語の文には動詞がひとつ必要というルールを守るために、be 動詞が入っている**」という根っこの部分。ここのところが後々で重要になってくるんです。

それから、「**過去形と過去分詞では後ろに続くカタチが違う**」というポイントにも注意してください。
実は、過去分詞というのは、その動詞の後ろに本来、続くはずの名詞をあえて続けない（多くの場合、前に出す）ことで、「…される／されてい

る」という受け身の意味を表す特別なカタチなのです。

これって過去分詞と、その他の動詞ご一行との最大の違いですよ！

いわゆる動詞（現在形、過去形などすべての時制のカタチを含む）や、動名詞や現在分詞、to 不定詞といったそのお仲間が続けられるカタチを過去分詞だけは続けられないんです。

love という動詞だったら、本来なら後ろに前置詞ナシで名詞（目的語）が続くはず。to love みたいな to 不定詞のカタチにしても、loving みたいな動名詞あるいは現在分詞のカタチにしてもそれは同じ。もちろん、loved という過去形だってそう！

でも、loved が過去分詞だったらそうはいかない！
本来なら後ろに続けられるはずの名詞を続けちゃダメ。文の中にさらに名詞を入れようと思ったら、**loved by the girl**（その女の子に愛された）のように、〈前置詞＋名詞〉のカタチにしなければならないし、とにかく何か続くにしても本来なら続くはずの名詞ではない別の品詞。あるいは、そのまま文を終わらせちゃったってOK。

この後ろに続くカタチが違うって部分も、過去分詞を使いこなす上で後々、すごく重要になってくるんでぜひ覚えておいてくださいね！

される／された／されている **STEP 9**

受動態のカタチ　その１

ここで、過去分詞を使う受動態の文のカタチについて、深く考えてみましょう。

受動態（過去分詞を使う文）とは、本来なら能動態の目的語に当たる名詞を中心にして（主語に置き換えて）表したカタチです。とか言うと、

「何か文法用語ばっかでよくわからん……＿￤○」

って人も出てきそうなので、具体例を出すと……。

Ichiro wrote this book in the room.
（イチローは、この本をその部屋で書いた。）

という文があるとします。この文が**能動態**だってのは OK ですよね。で、この文の場合、wrote っていう動詞の後ろの **this book** が**目的語**。こういうふうに（一般）動詞の後ろに前置詞ナシで入る名詞が目的語でしたよね。
受動態ってのは、この目的語を話の中心、つまり主語の位置に置き換えた文のカタチです。そして動詞は「**…される**」って意味を表す**過去分詞**のカタチになります。で、過去分詞ってのは元は動詞だけど形容詞扱いだから、**be 動詞を追加してやらないとダメ**。つまり、

This book was written　　　　　in the room.

ってカタチですね。でも、これをみて、
「……あれっ、**written** の後ろの変なスペースは何？」
と思った人もいるのでは？　元の文を受動態にするときに、this book という wrote の目的語を主語の位置に置き換えちゃいましたよね。つまり、本来なら動詞の後ろにあるはずの名詞が移動しちゃったってこと。それをみなさんにも実感してもらうために、能動態の頃に this book が入っていた場所をスペースとして残しておいたんです。

でも、ムダなスペースを空けておくのもバカバカしい。ってことで、当然のように過去分詞から後ろのスペースは「**ギュッ！**」と詰めてしまいましょう。

This book was written in the room.（この本はその部屋で書かれた。）

これで「受動態」という文のカタチは出来上がり。
ここであらためて、written という過去分詞とその後ろに続くカタチに注目してみると……、〈**過去分詞＋前置詞＋名詞**〉ってカタチですよね。write って動詞は本来なら後ろに名詞をひとつ続けられるはずだけど、受動態という文のカタチでは、write の後ろに続くはずだった名詞が主語の位置に移動してしまう。で、結果的に written って過去分詞のカタチの後ろには〈前置詞＋名詞〉が続くことになる。そんな感じ。

「過去分詞の後ろには、その動詞の後ろに本来、続くはずの名詞が続かない」

という先ほどの説明を別の角度から確認できたのでは？

「あれっ、でも元の能動態にあった Ichiro って主語はどこへ消えたの？」

という人もいたりして。
別に入れなくてもいいんです。**受動態**というのは、過去分詞の**動作主（能動態のときの主語）**をムリに入れる必要のない文のカタチなんです。だから、このまま Ichiro って元の能動態の主語を省いてしまっても、特に罪に問われたりしません。ご安心ください。

でも、もし仮に「だれに『…される』のかもぜひ言いたいんだ！」と思ったりしたら、**前置詞が必要**になります。なぜって、もうこの文に余分な名詞を入れられる場所なんてありませんから。こういうときこそ**接着剤代わりの前置詞**の出番です。**動作主を示す前置詞は by**。この **by** って前置詞は、
「オレは、今はこんな位置にいるけど、昔は文頭で主語として輝いていたんだぜ」
という過去の栄光の証みたいなものとも言えるかな？

される／された／されている STEP 9

by ...（…によって）という**動作主**を示す〈前置詞＋名詞〉のセットは文の**終わりに入れるのが普通**です。ただし、その文の終わりに「時」や「場所」などを表す別の〈前置詞＋名詞〉のセットがあるのなら、その前に割り込ませても OK。
This book was written in the room.
という文の場合、文の終わりが in the room（その部屋の中で）という「場所」を表す〈前置詞＋名詞〉なので、

This book was written by Ichiro in the room.

とすれば OK。「**能動態の文と同じ内容を受動態にして表せ**」とかいう問題と出合ったら、こういう感じで元の能動態の主語を受動態に入れるようにしましょう。

なお、「**受動態**というのは、過去分詞の動作主（能動態のときの主語）をムリに入れる必要のない文のカタチ」と先ほど言いましたが、次のような場合には、特に**動作主がよく省略**されます。

● **動作主が漠然としている場合**（普通の文のカタチで言うと、we とか they とかが主語になるような場合）
● **あえて動作主を言わなくても、相手に伝わりそうな場合**

要するに、**動作主に大して重みがない**場合には、
「**わざわざ by を入れて、動作主を明らかにするまでもないでしょ？**」
ってノリで、**by ...（…によって）という部分をまるまる省略してしまうのが普通**ってことです（by だけを省略したりはできませんよ、念のため）。

で、こういう動作主があってもなくてもかまわないって受動態の文の特徴を逆手にとって、

「**主語（動作主）がはっきりしない**」
「**主語（動作主）をはっきり言いたくない**」

ってときには、「**あえて普通の文のカタチは避けて、受動態を使う**」英語人が大半だったりします。要は、

「**受動態とは、英語人が動作主をはっきり言いたくないときに使うカタチ**」

って側面もあるってわけですね。そのせいか実際、**受動態の文の大半は、by ... という動作主を表す部分が省略されたカタチ**だったり……。

受動態のカタチ　その2

> **Q** 「ボクらは、このスポーツを野球と呼んでいる」
> を英語で言うとどうなるでしょう？

「このスポーツ＝野球」という「**O=C**」の関係が成り立つ **SVOC** の文であることに注意。でも、それ以前に **call** という動詞が、〈**call O C**〉というカタチで「**O**（のこと）を **C** と呼ぶ」という意味を表すことができるって基本を押さえていれば「**余裕！**」かな？　したがって、正解は、

We call this sport _Yakyu_.（ボクらはこのスポーツを野球と呼んでいる。）

という感じ。それでは……

> **Q** 「このスポーツは野球と呼ばれている」
> を英語で言うとどうなるでしょう？

さっきの問題と内容は同じだけど、主語が「**ボクたち**」から「**このスポーツ**」へと変わって、動詞が「**呼ばれている**」という受け身の意味になっていますね。早い話、

We call this sport _Yakyu_.

という能動態の文のカタチを、**this sport** という目的語を話の中心（主語）にして、受動態に直せばOK。要は、

This sport is called _Yakyu_ (by us).

ってカタチですね。p.231 でも書いたような理由で、**by us** はない方が自然です。

でも、
This sport is called *Yakyu*.
という文のカタチを見て、何かに気づきませんか？

「……過去分詞（called）の後ろに前置詞ナシで、*Yakyu* って名詞が続いてる！」
と、気づいた人は大正解。

「『過去分詞の後ろには、その動詞の後ろに本来、続くはずの名詞が続かない』とか言ってたじゃん！　ウソツキー！！」

と、このトリセツを廃棄処分したくなった人もいるかもしれないけど、まぁまぁ、落ち着いて。もう一度、よ〜く能動態から受動態への変化の過程を見てみましょうよ。

We call this sport *Yakyu*.
　→（this sport を主語にして受動態に）
　　This sport is called　　　　*Yakyu*.
　→（スペースをなくす）
　　This sport is called *Yakyu*.

ねっ、**本来なら call という動詞の後ろに続くはずだった this sport** という名詞は、called という過去分詞の後ろには続いていないでしょ？

ただ、call という動詞は、〈**call O C**〉というカタチで「後ろに前置詞ナシで名詞を2つ続けられる特殊な（**SVOC**）タイプの動詞」なので、本来ならOの位置に入るはずだった名詞（this sport）がなくなっても、その後ろのCの位置に入る名詞（*Yakyu*）はそのまま残って、結果的に**過去分詞の後ろに名詞が続く変則的なカタチ**になるってわけ。

「なーんかうまくだまされてるような……」

される／された／されている **STEP 9**

という人もいたりして。でも、受動態に限って言えば、過去分詞の前のbe動詞が過去形か過去分詞を見分けるわかりやすい目印になるので、過去分詞の後ろに続くカタチをそんなに気にする必要はないはず。**この部分がもっと深刻な問題になるのはもっと先の話ですよ！**
……なんて、不吉なことを言いつつ、ここでもう1問。

> **Q**
> My father gave my sister the house.
> （パパが姉さんにその家を与えた。）
>
> という英文と同じ内容を my sister を主語にして表すとどうなるでしょう？

今度は、「O1 に O2 を与えた」という感じで、**gave** という動詞の後ろに目的語が2つ（**my sister** と **the house**）続いていることに注意。俗に言う「**SVOO の文型**」ってヤツ。この問題の場合、

My father gave my sister the house.
　→（my sister を主語にして受動態に）
　My sister was given　　　 the house by my father.
　→（スペースをなくす）
　My sister was given the house by my father.

とすれば、「姉さんは、パパからその家を与えられた[もらった]」という受動態の文が出来上がり。
〈give O1 O2〉のようなカタチも「**後ろに前置詞ナシで名詞が2つ続く特殊なパターン**」なので、受動態にすると、本来ならO1の位置に入るはずだった名詞（my sister）がなくなるけど、その後ろのO2の位置に入る名詞（the house）はそのまま残るので、やっぱり結果的に**過去分詞の後ろに名詞が続く変則的なカタチ**になるってわけ。

なお、SVOOの文の場合、2番目の目的語（the house）を中心に考えて（主

語として考えて)、

The house was given (to) my sister by my father.
(その家は、パパから姉さんに与えられた。)

という受動態のカタチにすることも可能です。前置詞の to が入るか入らないかは、

My father gave my sister the house.
　/ My father gave the house to my sister.

という2パターンの文のどちらをベースに考えるかによります（SVOOの基本を忘れてしまった人はp.17へ）。

この過去分詞にご用心！

> **Q** Everyone in my school knows this book.
> （ボクの学校のだれもが、この本を知っています。）
>
> という英文と同じ内容を this book を主語にして表すとどうなるでしょう？

「同じ内容を目的語が主語になるカタチ、つまり、受動態で表せばいいわけだから……、

This book is known by everyone in my school.
ってすればOKでしょ？」

と「やってしまった」人も多いはず。
残念ながら、この場合、自然な英語の言い方は、次の通り。

This book is known to everyone in my school.

「えっ、能動態のときの主語（動作主）を、受動態の文に入れようと思ったら、前置詞の **by** をつけて表すんじゃないの？」
と驚いた人がいるかもしれないけど、**必ずしも by という前置詞を使うわけではない**のです。

受動態のときに動作主につける **by** は、文字通り「動作の主」にふさわしい前置詞です。あまり「動作」という感じがしない動詞、特に「知っている」のような「**状態**」を表す動詞や、あるいは能動態のときに、積極的（意図的）に「何かをしてやろう」という意思が感じられない主語、特に人ではない主語（**無生物主語**）なんかには、**by** という前置詞はあまりふさわしくないんですね。

じゃあ、どういう前置詞がふさわしいのかと言えば、はっきり言って、**ケース・バイ・ケース**。次のような感じです。

> **重要**
>
> ### ★ by 以外の前置詞と一緒に使う過去分詞一覧
>
> - **be caught in ...**（…にとらわれる→…に遭う）
>   * 主に渋滞や天候不良などに「遭う」場合に使う。caught は catch の過去分詞形。
> - **be covered with ...**（…で覆われている、…でいっぱいである）
> - **be made of ...**（…でつくられている、…でできている）
>   * 素材の性質がそのまま。見た感じで、もとが何かわかる場合。
> - **be made from ...**（…でつくられている、…でできている）
>   * 素材の性質が変わってしまっている。見た感じで、もとが何かわからない場合。

be caught in ... の場合は「渋滞や天気」、**be covered with ...** の場合は「布」や「雪」といった「覆うもの」、**be made of / from ...** の場合は「素材」といった具合に、前置詞の後ろに続く名詞が人ではない（無生物主語である）可能性が高いという点に注目。と、ここでまた問題。

> **Q**　「私はそのニュースに驚いた」
> を英語で言うとどうなるでしょう？

「えーっと、確か『驚く』って動詞は、**surprise** って感じだから、
I surprised the news.
ってすればいいのかな？」

される／された／されている **STEP 9**

と「やってしまった」人も中にはいるかな？
残念ながら、これじゃダメ。もう完全にダメ(+_+)。正しくは次の通り。

I was surprised at the news.

「えーっ、何で元になる日本語の文は普通の文のカタチ（能動態）なのに、英文は受け身のカタチ（受動態）になるの？」

って、文字通り、「びっくりさせられた」人もいるかもしれないけど、実は英語の surprise は、「（主語が…を）驚かせる」という意味であって、「（主語が…に）驚く」という意味では使えないのです！！ つまり、日本語では、「自分が何かに驚く」というのが自然な発想だけど、英語では、「何かが自分を驚かせる」と考える方がごく自然だったりするんですね、これが。

だから、「私はそのニュースに驚いた」のような内容を表そうと思ったら、英語では、the news を主語にして、

The news surprised me.（そのニュースは私を驚かせた。）

と、表すことになります。
で、これと同じ内容をあえて「私」を主語にして表そうと思ったら、**動詞を過去分詞にして、be 動詞を補った文のカタチ**、つまり受動態にしなきゃダメ。というわけで、

I was surprised at the news

というさっきのカタチの出来上がり〜♪
ちなみに、この英文を直訳すると、「私はそのニュースに驚かされた」ってなるんだけど、これはあくまでも英語的な発想を直訳しただけなので、例えば英文和訳の問題なんかでは、一工夫加えて、「私はそのニュースに驚いた」という日本語として自然な表現に直すと◎（二重マル）。でも、**英語人の発想に慣れるためには、逆に直訳で覚えておく**方がオススメです。

さて、ここで **surprised** という過去分詞の後ろの **at** という前置詞にあらためて注目。元の文は、**the news** という**無生物が主語**になる文でしたよね。だから、**by 以外の前置詞（at）**が使われているってわけ。surprise という動詞は、「何かが人を驚かす」という感じで無生物を主語にして使うカタチが基本形のせいか、たとえ内容的に「人」が主語になるような場合にも、

He was surprised at **his wife.**
（彼は自分の妻に驚いた。）

のように、その受動態には前置詞に at を使うことが多かったりします。

surprise と同タイプの動詞、つまり**日本語では「主語が…する」って言い方をするけど、英語では「主語が…させる」って言い方をする方が普通な動詞**は意外にたくさんあります。このタイプの動詞は、次の２点に特に注意してください。

① 日本語の言い方と主語を同じにするのなら、必ず「…させられる」という**過去分詞**を使うカタチにする。

② 「何かが…させる」というカタチ（無生物が主語になるカタチ）が基本形なので、受動態には **by** 以外の前置詞で動作主を入れることが多い。

例を出すと次の通り。

される／された／されている **STEP 9**

> ★英語ではなぜか「(主語が)…さ(せら)れる」
> と表す表現一覧
>
> ● be disappointed at / in / with ... (…に失望させられる→…に失望する)
> ● be interested in ... (…に興味をもたされている→…に興味がある)
> ● be satisfied with ... (…に満足させられる→…に満足している)
> ● be scared of ... (…に恐怖させられる→…におびえる、…を怖がる)
> ● be tired from ... (…で疲れさせられる→…に疲れている)
> ● be tired of ... (…に飽き飽きさせられている→…に飽き飽きしている)

主に「感情」を表す表現が、このカタチになると考えればいいかな？　できれば、後ろにくっつく前置詞と一緒に丸暗記しておいてください。

「ふくしゅう」酒場……❾杯目

「事実はひとつ、でも表し方は2つ」って感じで、今まで通りの普通の文のカタチ（**能動態**）のほかに、「**受動態**」という新しい文のカタチでも同じ内容を表せたりします。で、この「受動態」って文のカタチをつくる上で欠かせないのが、「**…される**」という意味を表す「**過去分詞**」って新しい動詞のカタチ。新しい知識が多いところですが、しっかり乗り切ってくださいね。

> **Q** 以下の英文を、「…される」という意味の受動態の文に書き換えましょう。
>
> **1.** Edison invented a lot of useful things.
> 　（エジソンはたくさんの便利なものを発明した。）
> **2.** Our project will satisfy you.
> 　（私たちの計画はあなたを満足させるでしょう。）
> **3.** They may hold Susumu's farewell party in a few days.
> 　（彼らは数日後にススムのさよならパーティーを開くかもしれません。）

今回は「**受動態**」の基礎知識について、みっちりおさらい。ポイントをアタマに叩き込んだ上で、満足のいく英文ができあがったら、p.245の「**解答と解説**」へ。

「…される／されている」というカタチ

その❶：「主語は（名詞に）…される」という意味は、〈主語＋be動詞＋過去分詞（＋前置詞＋名詞）〉という文のカタチで表せる。このような文のカタチを「**受動態**」と呼び、それに対して「主語が…する」という従来の普通の文のカタチを「**能動態**」と呼ぶ。受動態とは、本来なら

される／された／されている **STEP 9**

動詞の後ろに入るべき名詞を話の中心（主語）に置き換えたカタチであり、「能動態」と「受動態」という区別は、同じひとつの事実をどういう視点から見るかという点に注目した分け方とも言える。

● 能動態⇔受動態の書き換えの例：
  People eat cherries.（人間はサクランボを食べる。）
  ⇔ **Cherries** are eaten by **people**.（サクランボは人間に食べられる。）

その 2：過去分詞は形容詞扱いの元動詞なので、文の中には必ずそれとは別に動詞が必要。受動態の場合、過去分詞とともに be 動詞が文に入る。したがって、受動態の否定文は、be 動詞の後ろに not を置いたカタチ、疑問文は be 動詞を文頭に出したカタチとなる。過去の話の場合には、be 動詞を過去時制にすればよい。

● 受動態の否定文の例：
  People aren't eaten by **cherries**.（人間はサクランボに食べられない。）
● 受動態の疑問文の例：
  Are **cherries** eaten by **people**?（サクランボは人間に食べられるのですか？）

その 3：過去分詞は、その動詞が本来なら後ろに続けられるはずの名詞をあえて続けない（受動態の場合、主語として前に出す）ことで「…される／されている」という受け身の意味を表す特別なカタチであり、後ろには前置詞ナシで名詞が続かないのが普通。ただし、**SVOO**、**SVOC** タイプの動詞に限っては、その例外となる。

● SVO の受動態への書き換えの例：
  <u>**He**</u> <u>ate</u> <u>cherries.</u>（彼はサクランボを食べた。）
  S **V** **O**
  ⇔ **Cherries** were eaten by **him**.（サクランボは彼に食べられた。）
⇒ ほとんどの動詞は過去分詞にすると、このように後ろに前置詞ナシでは名詞を続けられなくなる。

● SVOO の受動態への書き換えの例：
He gave me this book.（彼はボクにこの本をくれた。）
Ⓢ　Ⓥ　Ⓞ1　Ⓞ2
　⇔ **I was given this book by him.**（ボクは彼にこの本をもらった。）
　⇔ **This book was given (to) me by him.**
　　（この本は彼によってボクに与えられた。）
⇒ SVOO、SVOCタイプの動詞の場合、そもそも後ろに前置詞ナシで名詞を2つ続けることも可能なため、本来なら後ろに続くはずの名詞がひとつ前に出たとしても、もう一方がそのまま後ろに残り、結果的に過去分詞の後ろに名詞が続く例外的なカタチも発生し得る。

その4：受動態の文に動作主（能動態のときの主語）を入れるときには、前置詞の by を使うことが多い。ただし、一部の過去分詞には by 以外の前置詞を使うものもある。

重要

★ by 以外の前置詞を使う過去分詞一覧

● **be caught in ...**（…にとらわれる→…に遭う）
　＊ 主に渋滞や天候不良などに「遭う」場合に使う。caught は catch の過去分詞形。
● **be covered with ...**（…で覆われている、…でいっぱいである）
● **be interested in ...**（…に興味をもたされている→…に興味がある）
● **be known to ...**（…に知られている）
● **be made of / from ...**（…でつくられている、…でできている）
　＊ of は見た感じで、もとが何かわかる場合、from は見た感じで、もとが何かわからない場合。
● **be satisfied with ...**（…に満足させられる→…に満足している）
● **be surprised at ...**（…に驚かされる→…に驚く）

その5：中には、日本語では「(主語が)…する」と表すのに、なぜか英語では「(主語が)…させる」と表す方が普通という動詞もある。こうした動詞を日本語の言い方と同じ主語で使おうと思ったら、「…させられる」という意味の過去分詞を使うカタチにしなければならない。このタイプの過去分詞表現のほとんどは、後ろに by 以外の前置詞が続く。

　　　例：I was surprised at the sudden earthquake.
　　　　（突然の地震には驚かされた。→突然の地震には驚いた。）
⇒ 日本語では「驚く」のように言うが、英語の surprise はそもそも「…を驚かせる」という意味の動詞（「驚く」という意味では使えない）。したがって、日本語と同じように「驚いた人」を主語にする場合には、過去分詞を使った受動態のカタチにしなければならない。

解答と解説

1. Edison invented a lot of useful things.
　　（エジソンはたくさんの便利なものを発明した。）
　　→ A lot of useful things were invented by Edison.

受動態にするのだから、「たくさんの便利なもの」という元の文の目的語を主語にすればOK。日本語で言うと、「たくさんの便利なものが、エジソンによって発明された」という感じ。invent（発明する）の過去分詞形は invented、つまり過去形と同じカタチです。「過去分詞は形容詞扱い」なのだから、be 動詞（ココでは were）を補うのを忘れないこと。元の文の主語（動作主）は、by という前置詞と一緒に文の終わりに入れればOKでしたよね。

2. Our project will satisfy you.
　　（私たちの計画はあなたを満足させるでしょう。）

→ You will be satisfied with our project.

「あなた（you）」を主語にして書き換えればOK。日本語では「**満足する**」という言い方をしますが、英語の **satisfy** という動詞は「**満足させる**」という意味を表すのが普通。だから、日本語と同じように「満足する人」を主語にして表す場合は、過去分詞を使って受動態で表さないとダメ。直訳すると「**あなたは私たちの計画に満足させられるでしょう**」となり、日本語としては少々「ビミョー」な感じですが、「**これが英語の感覚なんだ！**」と意識して、早く慣れてください。

willという「未来」を表す助動詞は、もちろん受動態の文にも入ります。「**助動詞が入る文には、必ず動詞も一緒に必要（形容詞扱いの過去分詞だけでは不十分）**」なので、受動態の文では、**will の後ろに be 動詞の原形を補う**のを忘れないこと。このように、**受動態の文に助動詞を入れる場合、〈主語＋助動詞＋ be ＋過去分詞〉というカタチ**になります。satisfied という過去分詞と一緒に使う前置詞は、byではなくwithであることにも注意。

3. They may hold Susumu's farewell party in a few days.
（彼らは数日後にススムのさよならパーティーを開くかもしれません。）
→ Susumu's farewell party may be held by them in a few days.

今度は「**ススムのさよならパーティー（Susumu's farewell party）**」が主語になるカタチですね。元の文では **may** という助動詞が使われているので、この文も〈**主語＋助動詞＋ be ＋過去分詞**〉というカタチになります。「パーティーを開く」は、**hold the party** が決まり文句。**hold は過去形も過去分詞形も held** というカタチになる動詞です。元の文の主語（動作主）は、byとセットにして文の終わりに……といきたいところですが、この文の場合、文の終わりに **in a few days（数日後）** という「時」を表す〈前置詞＋名詞〉のセットがあるので、その前に割り込ませても OK。前置詞のinには、**in a few days（数日経ったら）** のように「**時の経過**」を表す使い方もある点に注意。

される／された／されている　**STEP 9**

> **Q** 次の日本語の文の内容と、それに対する英語の文について、英文が正しければ○をつけ、間違っていれば正しい文に訂正しましょう。
>
> **1.** この城はいつ建てられたの？
>   When did this castle build?
> **2.** リエは紙が木でできていることを知らなかった。
>   Rie didn't know that paper made of tree.
> **3.** 私は突然、バーにいるすべての人たちに見られたのです。
>   Suddenly I was looked at by all the people at the bar.
> **4.** もしモダンアートに興味があるなら、ニューヨークを訪れるといいよ。
>   If you're interesting in modern art, you should visit for New York.

解答と解説

1. この城はいつ建てられたの？
　× When did this castle build?
→ ○ When was this castle built?

「**建てられたの？**」という受動態の疑問文であることに注意。つまり、動詞を形容詞扱いの過去分詞にして、be 動詞を入れるカタチ。受動態の疑問文は、be 動詞を主語の前に出せばOK。**build**（建てる）の過去分詞形は **built**、つまり過去形と同じカタチです。元の英文のように、**did this castle build?** と言った場合、「**この城が建てましたか？**」という、おかしな意味になります。build の後ろに目的語がないのも変ですよね。

2. リエは紙が木でできていることを知らなかった。
　× Rie didn't know that paper made of tree.

→ ◯ Rie didn't know (that) paper is made from trees.

この文の主語は「リエ（Rie）」で、結論は「知らなかった（didn't know）」。何を「知らなかった」のかというと、「紙が木でできている（こと）」。つまり、**従属接続詞の** that（that 節）を使って、**know (that) S＋V（S が V だと知っている）**というカタチで、もうひとつの主語と動詞を含むカタチを文の中に入れればOK。

問題は「紙が木でできている」という部分。「できている」は「つくられている」ということ。つまり、**過去分詞**を使う**受け身表現**。さらに、**be made（つくられている）**は、「何でつくられている（できている）か」によって後ろに続く前置詞が変わる特殊な表現でしたよね。「見た感じで、もとが何かわかる」場合は be made of ...、「見た感じで、もとが何かわからない」場合は be made from ...。「紙」の場合は、原料である「木」とかけ離れているので、もちろん be made from です。「紙が木でできている（こと）」はいわゆる「**不変の真理**」なので、ここでは「**時制の一致**」の必要はありません（p.154 も参照）。

3. 私は突然、バーにいるすべての人たちに見られたのです。
◯ Suddenly I was looked at by all the people at the bar.

この文はこれで正解。**look at ...（…を見る）**のように、後ろに名詞を続ける際に、前置詞が必要な動詞（つまり、〈動詞＋前置詞＋名詞〉というカタチ）を、**受動態（過去分詞**を使ったカタチ）で表すこともできるのです。この場合、

Suddenly all the people at the bar looked at me.
→ **Suddenly I was looked at　　by all the people at the bar.**

という感じで、「本来なら look at という〈動詞＋前置詞〉の後ろに続くはずの名詞（me）が主語として前に出る」カタチになります。つまり、「動詞の後ろに続くはずの名詞が続かない」のではなく、「〈動詞＋前置詞〉の後ろに続くはずの名詞が続かない」という変則パターンですね。look at ... のように「〈動詞＋前置詞〉がひとつの他動詞のような感覚で使われる」表現で、こ

される／された／されている **STEP 9**

の変則パターンはよく見られます。ここではその結果、**at by** のように、前置詞が2つ並ぶ「**何だか気持ち悪い**」カタチになっている点に注意。こういう場合、**過去分詞の後ろの前置詞（ここでは at）は省略できません。**「前置詞の後ろに本来なら続くはずの名詞が続かない（続かないはずの前置詞が続く）」気持ち悪いカタチに「あえて」することで、「…される／されている」という受け身のニュアンスをわかりやすく伝えるねらいがあるわけです。この変則パターンは、〈前置詞＋名詞〉というお約束のカタチが崩れる例外中の例外表現なので、気をつけてください。

4. もしモダンアートに興味があるなら、ニューヨークを訪れるといいよ。
　　× If you're interesting in modern art, you should visit for New York.
　→ ○ If you're interested in modern art, you should visit New York.

「(もし)…なら」のような「**仮の話、条件**」は、従属接続詞の **if** を使って表すのでしたよね。文を「**もし…なら**」という「**条件**」のパートと、そうでないパート（主節）に分けて、「**条件」を表すパートの頭に if を入れればOK。**ここでは「もしモダンアートに興味があるのなら」というifではじまるパート中の「…に興味がある」という表現に注意。日本語では「**(人が)…に興味がある**」という発想をしますが、英語の **interest** は「**…が(人に)興味をもたせる**」という意味の動詞です。だから、日本語と同じように「興味をもっている人」を主語にした場合には、**be interested in ...（…に興味をもたされる）**っていう過去分詞を使う文のカタチ（受動態）にしなくちゃダメ。ちなみに日本語の「**面白い**」は、英語では **interesting** となるのですが、実はこれも「**興味をもたせるような→面白い**」という感じで、元はinterestって動詞の後ろに -ingをくっつけてつくった即席形容詞だったり。この辺については、次の「**STEP 10**」でも詳しくご紹介するのでお楽しみに。なお、「**訪れる**」を意味する **visit** は、後ろに前置詞ナシで直接名詞を続けることができる動詞。したがって、元の文のように for を入れる必要はありません。

STEP 10

形容詞と分詞
進行形、受動態と
いうけれど

形容詞のおさらい──形容詞にできること

突然ですが、ここで「形容詞のおさらい！」です。「形容詞」とは、

big（大きい、大きな）、cute（かわいい）、nice（ステキな）、

のような「ものがどんな感じ・状態なのかを表す言葉」のことです。
簡単に言えば「名詞を説明する言葉」のことで、英語の形容詞には大きく分けて2種類の使い方がありましたね？　ひとつは、

The girl is cute.（その女の子はかわいい。）

のように、〈主語＋be動詞＋形容詞〉というカタチで、「(be)動詞の後ろの形容詞が、主語の様子を説明する」使い方。日本語にすると、
「その女の子（主語）は　かわいい（形容詞）」
のように、形容詞の部分が文の結論に当たる感じになるのが特徴です。
逆に言えば、「その女の子（主語）は　かわいい（形容詞）」のように、「日本語の文の結論に当たる言葉が形容詞だったら、英語では〈主語＋be動詞＋形容詞〉というカタチを使う」ということ。

で、もうひとつは

a cute girl（かわいい女の子）

みたいに、〈(aやthe＋)形容詞＋名詞〉というカタチで、「形容詞がその後ろの名詞を説明する」使い方。
日本語で「かわいい（形容詞）＋女の子（名詞）」という感じなら、英語ではこの〈(aやthe＋)形容詞＋名詞〉というカタチを使います。このカタチは、英語も日本語も発想が同じでなじみやすいはず。
ただし、この〈(aやthe＋)形容詞＋名詞〉というカタチでは、「話の重点はあくまで後ろの名詞の方にある」ので、「文の中では1セットで名詞1個分として扱う」という点に注意。つまり、

形容詞と分詞……進行形、受動態というけれど **STEP 10**

big dogs（大きな犬たち）、a nice country（ステキな国）、the cute girl（そのかわいい女の子）

のような〈(a や the ＋) 形容詞＋名詞〉のカタチが、「1 セットで文の中の名詞が入りそうな位置にスッポリと収まる」ということです。例えば、

- 主語の位置
  The cute girl is Miyu.（そのかわいい女の子がミユだ。）
- 目的語の位置（一般動詞の後ろ）
  Ichiro loves the cute girl.（イチローはそのかわいい女の子を愛している。）
- 補語の位置（be 動詞の後ろ）
  Miyu is the cute girl.（ミユはそのかわいい女の子だ。）
- 前置詞の後ろの位置
  We looked at the cute girl.（ボクたちはそのかわいい女の子を見た。）

という具合。
以上で「**形容詞のおさらいは終わり！**」なんですが……、もちろん話はこれだけじゃないんです。このおさらいは、実は単なるプロローグにすぎないんですよ！

動詞 ing（現在分詞）にできること

次の2つの文をよーく見比べてみてください。

1. The girl is cute.（その女の子はかわいい。）
2. The girl is singing.（その女の子は歌っている。）

1 の文は、先ほど復習したばかりの〈主語＋ be 動詞＋形容詞〉というカタチで、「be 動詞の後ろの形容詞が主語の様子を説明する」使い方。
日本語で「その女の子（主語）は　かわいい（形容詞）」のように形容詞の部分が文の結論に当たる感じなら、英語では〈主語＋ be 動詞＋形容詞〉というカタチを使うのでしたよね。

一方、**2** の文のような〈主語＋ be 動詞＋...ing〉というカタチを、一般に「進行形」と呼ぶのでしたよね。「…しているところ」というニュアンスを表そうと思ったら、この singing のように動詞の後ろに -ing をくっつけるカタチにしないとダメ。ってことで、

> **Q** The girl is singing.（その女の子は歌っている。）
> という英文の singing という単語の品詞は何でしょう？

「『歌っている』という動作しているニュアンスを表すのだから……、動詞？」

とこの後に及んでボケてしまった人は、問答無用に p.22 まで強制送還。
動詞の後ろにくっつく -ing は、
「オレは元は動詞だったけど、もう分類上は動詞じゃないよ。別の品詞だよ」
という目印でしたよね。

形容詞と分詞……進行形、受動態というけれど **STEP 10**

「動詞の後ろに -ing をくっつけると、『動作をしているところ』ってニュアンスを表せるけど、動詞扱いされなくなる！」

というのがちょっとややこしいところ。「じっくり基礎編」も含めて、ここまでに何度か、説明してきましたが、
「進行形で使う動詞の後ろに -ing をくっつけたカタチは、『現在分詞』と呼ばれ、品詞の分類上は（動詞じゃなくて）形容詞扱い！」
なんです。

ちなみに、「動詞 ing」というまったく同じカタチで、「…すること」という意味の名詞（動名詞）として使うこともできるんだけど、それについて、
「そんなのあったっけ？」「○」
という人は、やっぱり p.22 に強制送還。

さて、「進行形で使われる『動詞 ing』のカタチ（現在分詞）は形容詞扱い」とあらためて認識したところで、もう一度、さっきの2つの文をドウゾ。

1. The girl is cute.（その女の子はかわいい。）
2. The girl is singing.（その女の子は歌っている。）

気づきました？ 上の2つの文って、「どちらも、〈主語＋ be 動詞＋形容詞〉**というカタチ**」ということになりますよね。対応する日本語を比べてみても、

1. その女の子（主語）は　かわいい（形容詞）。
2. その女の子（主語）は　歌っている（動詞 ing ＝形容詞）。

というふうに、どちらも形容詞の部分が文の結論に当たる感じになります。つまり、**まったく同じ構造！** あまり、意識したことがないかもしれないけど、いわゆる**「進行形」の文は、すべて「…している」という部分が結論に当たる文**だったりするのです。

それぞれの文に、**be** 動詞が必要な理由も同じです。

日本語は、文の結論に当たる部分に動詞があってもなくてもいい言語！
でも、英語は、文の結論を示すには、動詞がゼッタイ必要な言語！

だから、**The girl cute.** や **The girl singing.** という言い方は、日本人の感覚では「意味が通るからOK」っぽいけど、英語人の感覚では「**動詞がないからダメ！**」。英語ではこういう場合、「別に意味はないけど、品詞上の分類は動詞」っていう不思議な存在＝**be動詞**を文に補うのでしたよね。

結局、何が言いたいかというと、「**別に『進行形』という特別なカタチがあるわけではない**」ってことなんです。

「**…している**」という意味を表すために、動詞の後ろに **-ing** をくっつけたカタチ（現在分詞）は形容詞扱い。
形容詞が文の結論に当たる場合、英語ではbe動詞を補って〈主語＋be動詞＋形容詞〉というカタチ。
だから、「**主語は　…している**」のように、「**…している**」という部分が、文の結論に当たるなら、英語ではbe動詞を補って〈主語＋be動詞＋動詞ing〉というカタチにしないとダメ！　ただそれだけなんです。

で、ココで思い出して欲しいことがもうひとつ。形容詞には、
the cute girl（そのかわいい女の子）
みたいに〈(aやthe＋)形容詞＋名詞〉というカタチで、**その後ろの名詞を説明する**使い方というのもあるんでしたよね？
日本語で「かわいい（形容詞）　女の子（名詞）」という言い方なら、英語ではこの〈(aやthe＋)形容詞＋名詞〉というカタチを使う感じです。
現在分詞も形容詞扱いということは……。

> **Q**　「その歌っている女の子」
> を英語で言うとどうなるでしょう？

形容詞と分詞……進行形、受動態というけれど **STEP 10**

……すぐにわかったかな？　答えは、

the singing **girl**

となります。「**現在分詞は形容詞扱い**」ってことは、「歌っている（動詞 ing）女の子（名詞）」の場合も、普通の形容詞の場合と同じように、〈(**a** や **the** ＋)動詞 ing ＋名詞〉ってカタチで表せば OK ってこと。

そしてまた、この **the** singing **girl** のような〈(**a** や **the** ＋)動詞 ing ＋名詞〉というカタチは、「**文の中では 1 セットで名詞 1 個分として扱う**」ってところも、**the** cute **girl** のような、普通の形容詞を使ったカタチと同じ。だから、

- 主語の位置
  The singing **girl is Miyu.**（その歌っている女の子がミユだ。）
- 目的語の位置（一般動詞の後ろ）
  Ichiro loves the singing **girl.**（イチローはその歌っている女の子を愛している。）
- 補語の位置（be 動詞の後ろ）
  Miyu is the singing **girl.**（ミユはその歌っている女の子だ。）
- 前置詞の後ろの位置
  We looked at the singing **girl.**（ボクたちはその歌っている女の子を見た。）

という具合に、1 セットで文の中の名詞が入る位置にスッポリと収めてしまって OK。

「**現在分詞は形容詞扱い**」という考え方は非常に重要です。逆に、「進行形」という特別なカタチが存在すると考えても、**何も得することはありません！**それについて詳しくはまた後ほど。

過去分詞にできること

次の2つの文をよーく見比べてみてください。

1. The car was neat.（その車はイケてた。）
2. The car was stolen.（その車は盗まれた。）

1 の文は〈主語＋ be 動詞＋形容詞〉というカタチで、形容詞が主語の様子を説明するパターンですね。
日本語で「その車(主語)は　イケてる(形容詞)」のように形容詞の部分が文の結論に当たる感じなら、英語ではこの〈主語＋ be 動詞＋形容詞〉というカタチを使うのでしたね。ここでは「イケてた」と過去の話なので be 動詞は過去形の was になっています。

一方、**2** の文で使われている stolen は steal（盗む）って動詞の**過去分詞形**（ちなみに「盗んだ」って意味の過去形は **stole**）。つまり、**2** の文は〈**主語＋ be 動詞＋過去分詞**〉というカタチ。このようなカタチの文を、一般に「**受動態**」と呼ぶのでしたよね。英語では、「**…される／されている**」という「**動作を受ける**」ニュアンスを表そうと思ったら、stolen のような**過去分詞**のカタチにしないとダメ。ってことで、

> **Q** The car was stolen.（その車は盗まれた。）
> という英文の stolen という単語の品詞は何でしょう？

答えは、形容詞。ここまでに何度か、説明した通り、
「『**…される／されている**』という意味を表す動詞の過去分詞形は**形容詞扱い！**」
なんです。ということは……。

形容詞と分詞……進行形、受動態というけれど **STEP 10**

1. The car was neat.（その車はイケてた。）
2. The car was stolen.（その車は盗まれた。）

……気づきました？
この2つの文って、「どちらも、〈主語＋be動詞＋形容詞〉というカタチ」ということになりますよね。対応する日本語を比べてみても、

1. その車（主語）は　イケてた（形容詞）。
2. その車（主語）は　盗まれた（「…される」という過去分詞＝形容詞）。

というふうに、どちらも形容詞の部分が文の結論に当たる感じになります。つまり、**まったく同じ構造！**　あまり、意識したことがないかもしれないけど、いわゆる**「受動態」の文は、すべて「…される／されている」という部分が結論に当たる文**だったりするのです。

それぞれの文に、**be**動詞が必要な理由も同じです。

**日本語は、文の結論に当たる部分に動詞があってもなくてもいい言語！
でも、英語は、文の結論を示すには、動詞がゼッタイ必要な言語！**

だから、**The car neat.** や **The car stolen.** という言い方は、日本人の感覚では「意味が通るからOK」っぽいけど、英語人の感覚では「**動詞がないからダメ！**」。
英語ではこういう場合、「別に意味はないけど、品詞上の分類は動詞」っていう不思議な存在＝**be**動詞を文に補ってやる必要アリ。さらに、この場合、「**過去の話だよ**」ってことを相手に示すためにも**be**動詞が必要。だって、英語の形容詞には過去時制への変化はないんですから。

で、結局、何が言いたいかというとですね、「**別に『受動態』という特別なカタチがあるわけではない**」ってことなんです。

「…される／されている」という意味を表す過去分詞は形容詞扱い。だか

ら、「**主語は　…される／されている**」のように、「**…される／されている**」という部分が文の結論に当たる内容を英語で表そうと思ったら、普通の形容詞が文の結論に当たる場合と同じように、be動詞を補って〈**主語＋be動詞＋過去分詞**〉というカタチにしないとダメ。ただそれだけなんです。

「なーんか、さっきも同じような話があったような……(-_-;)」

という人も多かったりして。まぁまぁ、ココでちょっと考えてみましょう。
過去分詞も形容詞扱いということは……。

> **Q**　「盗難車」
> を英語で言うとどうなるでしょう？

「『盗難車』って……、そんな難しそうな単語シラネ」
って、尻尾を巻きたくなった人のために**ヒント**！

「盗難車」を別の言い方で表してみましょう。
例えば……、「盗まれた車」とかね。

……もうわかりましたねっ？（と、強引に）答えは、

a / the stolen car

みたいな感じ。

「過去分詞は形容詞扱い」ってことは、「盗まれた（『…される』という意味の過去分詞）　車（名詞）」の場合も、普通の形容詞の場合と同じように、〈(aやthe＋) 過去分詞＋名詞〉ってカタチで表せばOKってこと。

ただし、ひとつ注意点。このように、**過去分詞が後ろの名詞を説明してあ**

STEP 10 形容詞と分詞……進行形、受動態というけれど

げる場合、ただ単に「…される／されている」というよりも、「…された」という「過去」のニュアンスが強くなることが多いのです。「過去分詞」ってヤツは、「…される」という「動作を受ける」ニュアンスと「動作が終わった」という「完了」の両方のニュアンスを含んでいるのが大きな特徴なんですね。

ちなみに、この **a / the stolen car** のような〈(a や the ＋)過去分詞＋名詞〉というカタチは、**a / the neat car**（イケてる車）のような〈(a や the ＋)形容詞＋名詞〉というカタチと同じように、**文の中では1セットで名詞1個分として扱われます**。だから……、

- 主語の位置
  The stolen car is mine.（その盗まれた車はボクのです。）
- 目的語の位置（一般動詞の後ろ）
  Ichiro found the stolen car.（イチローはその盗まれた車を発見した。）
- 補語の位置（be動詞の後ろ）
  That is a stolen car.（あれは盗まれた車だ。）
- 前置詞の後ろの位置
  We looked for the stolen car.（ボクたちはその盗まれた車を捜した。）

って具合に、1セットで文の中の名詞が入る位置にスッポリと収めてしまってOK。

とにかく「**過去分詞は形容詞扱い**」ってこと。逆に、「受動態」という特別なカタチが存在すると考えても、**何も得することはありません！** それについて詳しくはまた後ほど……

……なーんて調子で解説していると、

「いい加減にしろ、同じような話を延々としやがって！(#゜Д゜)」

って怒られちゃったりして。

でも、**本当にそうなんです！！**
「**進行形！**」とか「**受動態！**」とか言うと、何だか特別なカタチが存在するかのように思われるかもしれませんが、そんなことはまったくないんです。**根底にある精神みたいなものは全部一緒！** だから、延々と同じような説明を繰り返すことで、「**進行形！**」とか「**受動態！**」とかいう分け方には何ら意味がないし、あるいは、もっとはっきり言ってしまえば、「**有害**」だって見方もできるってことを、みなさんにも実感してもらいたかったってわけ。

次ページからの解説で、「**今度こそ**」みなさんにそのことをはっきりわかってもらえるかな？

形容詞と分詞……進行形、受動態というけれど **STEP 10**

「進行形」「受動態」という分け方が脱落者を生む？

> **Q** 次の英語の文を日本語にすると、どうなるでしょう？
>
> 1. My friends are singing.
> 2. My friends are singing girls.
> 3. They were stolen.
> 4. They were stolen cars.

正解はそれぞれ、

1. 私の友人たちは歌っている。
2. 私の友人たちは歌っている女の子たちだ。
3. それらは盗まれた。
4. それらは盗まれた車だった。

となります。
ここまでの説明を読んでくれた人には「**余裕！**」だったのでは？

でも、「**進行形**」とか「**受動態**」とか、そういう従来の教科書の考え方（分類の仕方）を受け入れている人の多くが、この問題の **1** と **2**、**3** と **4** の分詞の使い分けのところで**つまずいたり**、そして、多くの場合、**そのまま脱落してしまったり**するのです。

なぜ、多くの人がつまずくのか？

みなさんの中には、

「**My friends are** singing. のような文は『進行形』で、**My friends are singing girls.** のような文は、『現在分詞の形容詞的用法』である（『進行形』ではない）！」

「**They were stolen.** のような文は『**受動態**』で、**They were stolen cars.** のような文は『**過去分詞の形容詞的用法**』である（『**受動態**』ではない）！」

なんて感じの説明を聞いた覚えがある人もいるのではないでしょうか？
はっきり言って、こんなふうに「**説明されてしまう**」ことが、「**脱落者がザクザク量産されてしまう**」第一の原因。それから、こうした知識をあたかもまったく関係がないかのような順番で取り上げる、**学校の授業や一般の文法書などにも問題アリ**。

こういう説明を受けた犠牲者はどうなるか？　例えば、
1. My friends are singing.
2. My friends are singing girls.
という 2 つの文だったら、

「『**進行形**』って〈**主語＋ be 動詞＋動詞 ing**〉ってカタチで、「**…している**」みたいな意味の文でしょ？　この **1** と **2** って、どっちも〈**主語＋ be 動詞＋動詞 ing**〉って『**進行形**』のカタチじゃん。それなのに、**1** は進行形だけど、**2** は進行形じゃなくて、『**現在分詞の形容詞的用法**』ってどういうこと？」

3. They were stolen.
4. They were stolen cars.
という 2 つの文だったら、

「『**受動態**』って〈**主語＋ be 動詞＋過去分詞**〉ってカタチで、「**…される**」って意味の文って言ってたくせに！　**3** も **4** もどっちもそうなってるのに、**3** は受動態だけど、**4** は受動態じゃなくて『**過去分詞の形容詞的用法**』ってどういうこと？」

で、その結果、
「一体、何が違うわけ？　ワケワカラン！！　もう、やーめた」
と、なってしまうってわけ。

形容詞と分詞……進行形、受動態というけれど　STEP 10

要は、「進行形」や「受動態」という言葉のせいでムダに頭を悩まされて、混乱してしまっているのです。

はっきり言いますが、

1. **My friends are** singing.（私の友人たちは歌っている。）
2. **My friends are** singing girls.
   （私の友人たちは歌っている女の子たちだ。）
3. **They were** stolen.（それらは盗まれた。）
4. **They were** stolen cars.（それらは盗まれた車だった。）

という4つの文は、どれも「分詞は形容詞扱い」というところまでは同じなんです。だから、

My friends are singing girls.（私の友人たちは歌っている女の子たちだ。）
They were stolen cars.（それらは盗まれた車だった。）

といった文の、singing girls や、stolen cars のようなカタチを「分詞の形容詞的用法（簡単に言えば、「『分詞』を形容詞のように使う使い方」）」と呼ぶのであれば、

My friends are singing.（私の友人たちは歌っている。）
They were stolen.（それらは盗まれた。）

といった文だって、「進行形」や「受動態」ではなく、同じように「分詞の形容詞的用法」と呼ぶべきなのです。なぜなら、ここまで繰り返し言っているように、進行形や受動態の文で使われる現在分詞や過去分詞だって、突き詰めて考えれば「形容詞」であり、be動詞が入る理由だって、「『分詞』が形容詞扱いだから」に尽きるんですから。

違いがあるとすれば、「では、形容詞扱いの分詞をどのように使っているか」というところ。普通の形容詞に、

A. They are stupid.（あいつらは愚かだ。）
B. They are stupid politicians.（あいつらは愚かな政治家だ。）

という2通りの使い方があるのと同じように、「形容詞扱い」である「現在分詞」や「過去分詞」といった「分詞」にも、大きく分けると2通りの使い方があるのです。ひとつは、

My friends are singing.（私の友人たちは歌っている。）
They were stolen.（それらは盗まれた。）

のように、〈主語＋be動詞＋現在分詞／過去分詞〉というカタチで「主語の様子を説明する使い方」（上の形容詞の例で言うと、**A**パターン）。この場合、日本語にすると、現在分詞なら「主語が…している」、過去分詞なら「主語が…される／されている」のように「分詞」が文の結論に当たる感じ。

もうひとつは、

singing girls（歌っている女の子たち）
stolen cars（盗まれた車）

みたいに〈(aやthe＋)現在分詞／過去分詞＋名詞〉というカタチで、「分詞がその後ろの名詞を説明する使い方」（先の形容詞の例で言うと、**B**パターン）。この場合、日本語にすると、現在分詞なら「…している＋名詞」、過去分詞なら「…される／されている／された＋名詞」という感じ。

なお、「分詞がその後ろの名詞を説明する使い方」の場合、〈(aやthe＋)現在分詞／過去分詞＋名詞〉という1セットが「文の中では1セットで名詞1個分」という扱いになり、普通の〈(aやthe＋)形容詞＋名詞〉というカタチと同様、「主語の位置」、「目的語の位置（一般動詞の後ろ）」、「補語の位置（be動詞の後ろ）」、「前置詞の後ろの位置」といった文の中の名詞が入る位置にスッポリ収まります。

形容詞と分詞……進行形、受動態というけれど **STEP 10**

中でも、「補語の位置（be 動詞の後ろ）」に入る場合には、

My friends are singing girls.（私の友人たちは歌っている女の子たちだ。）
They were stolen cars.（それらは盗まれた車だった。）

という具合に、パッと見が「分詞が主語の様子を説明する使い方（いわゆる進行形、受動態）」と同じ〈主語＋be 動詞＋分詞〉ってカタチになることもあるんだけど、

> **分詞は、普通の形容詞と同じように、次の 2 通りの使い方が可能！**
> **1. be 動詞の後ろで主語を説明する！**
> **2. その後ろの名詞を説明する！**

ということさえ、しっかり頭にあれば、きちんと対応できるはず。
「**進行形**」や「**受動態**」、「**分詞の形容詞的用法**」といった分け方をしても、ムダに頭を悩ませるだけです！

……とはいえ、「**進行形**」や「**受動態**」という呼び方はみなさんに慣れ親しまれているので、場合によっては、この呼び方を使った方が理解してもらいやすいこともあります。そう判断した場合には、ボクも「**進行形**」「**受動態**」という呼び方を使わせていただきますので、ご了承ください。

現在分詞／過去分詞を使うときの注意点

ここまで「現在分詞」であれ「過去分詞」であれ、とにかく「『分詞』と名のつくものは形容詞扱い」と述べてきました。

ただし！「分詞」というのは、確かに「品詞の分類上は形容詞扱い」なんだけど、「動詞を加工してつくった即席形容詞」であるため、**純粋な形容詞とは少し違うところもある**のです。

> **Q** 次の日本語の表現を英語にすると、どうなるでしょう？
>
> 1. 部屋（の中）で歌っている女の子
> 2. その歌を歌っている女の子
> 3. ケンに（よって）書かれた曲
> 4. 昨夜、書かれた曲

上の **1** ～ **4** は、どれも日本語だと「…している／される／されている／された＋名詞」というカタチですよね。だから、今までの感覚で、

a singing girl in the room
a singing the song girl
written songs by Ken
the written song last night

というふうに表せばいいかというと……、何とこれが全部×（バツ）！
正しくは次の通りです。

1. 部屋（の中）で歌っている女の子→ a girl singing in the room
2. その歌を歌っている女の子→ a girl singing the song
3. ケンに（よって）書かれた曲→ songs written by Ken
4. 昨夜、書かれた曲→ the song written last night

形容詞と分詞……進行形、受動態というけれど **STEP 10**

「えーっ、分詞って、その後ろの名詞を説明する [修飾する] んじゃなかったっけ？　何で(説明の対象になる)名詞の後ろに分詞が置かれているの？　これじゃ普通の形容詞とは全然違うじゃん！」

と、思わず文句をたれた人もいるかもしれないけど、これこそが「分詞」と「普通の形容詞」との最大の違い。

普通の形容詞は、

a nice letter（ステキな手紙）

のように、説明したい**名詞の前**に置きます。

でも、それに対して「現在分詞」や「過去分詞」というのは、

a girl singing the song（その歌を歌っている女の子）
songs written by Ken（ケンに（よって）書かれた曲）

のように説明したい**名詞の後ろ**に置くのが普通なんです！
つまり「…している**名詞**」や「…される／されている／された**名詞**」という感じなら〈(a や the ＋)名詞＋現在分詞／過去分詞 ...〉というカタチ。

ただし！　これまでに見てきた **the singing girl** や **the stolen car** というカタチからもわかるように、分詞は（普通の形容詞と同じように）**説明したい名詞の前に置くことも可能**です。つまり、分詞が名詞を説明する場合、入る位置には2通りあるってこと。

「『分詞』を名詞の後ろに置く場合と、前に置く場合で何が違うわけ？
それに何で名詞の後ろに置く方が普通なわけ？」

と思う人もいるかもしれませんが、これはすべて、「**分詞は動詞を加工してつくった即席形容詞**」というややこしい出生の事情ゆえに生じる現象です。

ここまでに何度か登場した **a / the** stolen car みたいな〈(**a** や **the** ＋)過去分詞＋名詞〉というカタチ（つまり、過去分詞が後ろの名詞を説明するカタチ）を見て、
「何か変だ……」
って感じていた「**スルドイ**」人はいませんか？
その違和感の正体はこういうこと。

- **過去分詞**とは、その動詞が本来なら後ろに続けられる名詞をあえて続けないことで『…**される／されている**』という意味を表す特殊なカタチ（ただし、このカタチになると元動詞の形容詞という扱いとなる）！
    → stolen の後ろに名詞が続くはずない！

- 「分詞は元動詞なんだけど、動詞じゃなくて今は形容詞」という立場に立てば、普通の形容詞と同じように過去分詞も後ろの名詞を説明できる！
    → a / the stolen car（盗まれた車）のような〈形容詞＋名詞〉の関係であれば、stolen の後ろに名詞を続けられる！

つまり、「**かつては動詞だった**」という**過去**を重視するか、それとも「**今は形容詞である**」という**現在**を重視するかで、後ろに名詞を続けられなかったり、続けられたりするってこと。

同じようなジレンマは現在分詞の方にもあって、

- 「今は形容詞だけど、かつては動詞だった」から、現在分詞の後ろには動詞だった頃と同じカタチを続けられる！
    → sing songs（歌を歌う）のように〈動詞＋目的語〉の関係で、singing という現在分詞の後ろに名詞を続けられる！

- 「かつては動詞だったけど、今は形容詞」だから、普通の形容詞と同じように現在分詞も後ろの名詞を説明できる！
    → singing girls（歌っている女の子たち）のような〈形容詞＋名詞〉

形容詞と分詞……進行形、受動態というけれど **STEP 10**

の関係で、singing という現在分詞の後ろに名詞を続けられる！

という現象が起こります。要するに、

singing songs（歌を歌っている）→〈動詞＋目的語〉の関係
singing girls（歌っている女の子）→〈形容詞＋名詞〉の関係

のように、使い方は違うのに、どちらも**見た目は〈現在分詞＋名詞〉というまったく同じカタチ**になるわけです。もちろん意味をよく考えれば、違いはすぐわかりますけどね。「**女の子たちを歌う**」はずはないし。でも、やっぱり同じカタチで違う使い方をするのはまぎらわしい。

で、こういうジレンマを解消するために、
「そもそもの動詞だった頃の性質を重視して、分詞という新しいカタチになったときに生じる形容詞としての役目は、名詞の後ろに置くことで表す方がいいのでは？」
と英語人は考えたわけ。文字通り、「**あとづけ**」ってヤツ。で、そうした事情もあって、**形容詞としての役割の分詞は、名詞の後ろに置く方が自然**。

分詞が名詞の前に置かれたり、後ろに置かれたりっていう違いも、根っこは同じ。「**今は形容詞**」という側面が強ければ、その分詞は普通の形容詞と同じように名詞の前に置かれるし、逆に「**かつては動詞**」という側面が強ければ名詞の後ろ。だから、

「あー、何だかこの分詞は形容詞として使うのが当たり前って感じがする！」
「この分詞は日常的に形容詞として使ってる気がする！」

と英語人が自然に思えるものについては、「**『分詞』を卒業して、完全に形容詞扱い**」、つまり「**普通の形容詞と同じように、名詞の前に置く**」のです。

boiling（沸騰している）、**boiled**（ゆであがった）、**exciting**（興奮させる）、**excited**（興奮した）、**interesting**（面白い）

のような、辞書などを引いたときに、**...ing、...ed** というカタチでそのまま形容詞として載っている単語なんかがそう。明確な基準があるわけじゃなくて、**はっきり言って、ただの感覚**。

逆にそうじゃないその他大勢の分詞、つまり、パッと見でいかにも「**お前、昔は動詞だっただろ？**」っていかがわしさがぷんぷんする連中については、「**説明の対象になる名詞の後ろに置く**」ってこと。

ちなみに、分詞というヤツは、「**何かほかの語句とくっつく**」と先祖返りして、動詞らしさが大幅にパワーアップします。

1. 部屋（の中）で歌っている女の子→ a girl singing in the room
2. その歌を歌っている女の子→　a girl singing the song
3. ケンに（よって）書かれた曲→ songs written by Ken
4. 昨夜、書かれた曲→ the song written last night

という最初に問題として出した連中なんかは、すべて分詞がほかの要素とくっつくカタチ（アミがかかっている部分がそう）になって、動詞らしさが大幅アップしているので、説明の対象となる名詞の後ろに置かれてるってわけ。こんなふうに**分詞と１セットになって、名詞を説明するような語句があるときは、ゼッタイに分詞を説明の対象になる名詞の後ろに置かないとダメ**！

最後に**分詞を使いこなせるようになる裏技**(？)を大公開！

1.「分詞」を使えるのはこんなとき！

「歌っている女の子」や「盗まれた車」のように、日本語だと「…している／される／されている／された＋名詞」といった感じになる内容のとき。

2.「分詞」を普通の形容詞と同じように、説明の対象になる名詞の前に置いてもいいのはこんなとき！

形容詞と分詞……進行形、受動態というけれど **STEP 10**

「分詞」が完全に形容詞化していて、**...ing**、**...ed** というカタチで、そのまま辞書などに形容詞として載っている場合。そうでない場合は、たいてい後ろに置いておけばOK。

3. 「分詞」を、ゼッタイに説明の対象となる名詞の後ろに置かなければならないのはこんなとき！

日本語にすると「〜で…している／された名詞」「〜を…している名詞」といった感じなら、**日本語だと最後にくる名詞（「分詞」に説明される名詞）を前に出して、その後ろに「分詞」を置いた〈(a や the ＋)名詞＋現在分詞／過去分詞...〉**というカタチにする。次の通り。

① 「**部屋（の中）でテレビを見ている少年**」と言いたいのなら、まず、一番後ろにある「少年」が前に出る。
   → **a boy ...**
② 次に「見ている」という（現在）分詞で表す部分が続く。
   → **a boy watching ...**
③ あとはいつもの英作文の感覚でフィニッシュ！
   → **a boy watching TV in the room**

「ふくしゅう」酒場……10杯目

「『ふくしゅう』酒場」も、いよいよ10杯目に突入。「もう一滴も飲めねーよ……_○」という酔いどれ天使もそろそろ出てきそうですが、リタイアしたくなったら、一度、原点を振り返ってみるのもおすすめ。特に「**じっくり基礎編**」からはじめた人なんて、最初の頃と今回の英作文の課題を見比べてみれば、知らない単語はさておき、「**オレもう、英語で言えないことなんてないんじゃねーの？**」ってくらいフクザツな内容を表せるようになっていることに気づくはず。人間、自分の進歩を確認できれば、再びやる気になるもの。あとひと踏ん張り、頑張ってください！

> **Q** 日本語の内容に合う英文を書きましょう。
>
> 1. 日本でつくられたゲームは、世界中で（all over the world）人気があります。
> 2. 彼の先生はそのメガネをかけている男の人ですか？
> 3. 彼は父親から与えられたペンで（は）手紙を書かなかった。
> 4. 彼女の夕食はきつね色（brown）に焼かれたアップルパイだった。

今回は「**分詞**」について徹底的におさらい。ポイントをアタマに叩き込んだ上で、満足のいく英文ができあがったら、p.276の「**解答と解説**」へ。

分詞はこう考えればOK！

そのゼロ（大前提）：英語の形容詞の使い方には、①〈主語＋be動詞＋形容詞〉というカタチで、(be)動詞の後ろの形容詞が、主語の様子を説明する使い方、②〈(a / the ＋)形容詞＋名詞〉というカタチで、形容詞がその後ろの名詞を説明する使い方の2パターンがある。

形容詞と分詞……進行形、受動態というけれど **STEP 10**

その1：現在分詞にせよ、過去分詞にせよ、「分詞」と名のつくものは基本的に形容詞扱い！　したがって、普通の形容詞と同様に、①〈主語＋be動詞＋分詞〉というカタチで、(be)動詞の後ろの分詞が、主語の様子を説明する使い方、②〈(a / the ＋)分詞＋名詞〉というカタチで、分詞がその後ろの名詞を説明する使い方の2パターンが可能。

その2：いわゆる「進行形」「受動態」とは、〈主語＋be動詞＋分詞〉というカタチで、(be)動詞の後ろの分詞が、主語の様子を説明する使い方のこと。

- be動詞の後ろの形容詞が、主語の様子を説明する例：
  The car was fast.（その車は速かった。）
- be動詞の後ろの現在分詞が、主語の様子を説明する例（いわゆる進行形）：
  The car was shining brilliantly.（その車はまぶしく輝いていた。）
- be動詞の後ろの過去分詞が、主語の様子を説明する例（いわゆる受動態）：
  The car was stolen.（その車は盗まれた。）

その3：分詞がその後ろの名詞を説明する使い方をする場合、〈(a / the ＋)分詞＋名詞〉が1セットで名詞1個分という扱いになり、「主語の位置」、「目的語の位置（一般動詞の後ろ）」、「補語の位置（be動詞の後ろ）」、「前置詞の後ろの位置」など、文の中の名詞が入る位置にスッポリ収まる。

その4：ただし、「〜で…している／された名詞」「〜を…している名詞」のように、分詞に余分な説明がくっつく場合、〈(a / the ＋)名詞＋現在分詞／過去分詞 ...〉のように、分詞を含む説明部分を説明の対象となる名詞の後ろに置かなければならない。後ろに余分なものがついてなくても、分詞を説明の対象となる名詞の後ろに置いてかまわない。

- 形容詞が名詞を説明する例：
  They played the famous song.（彼らはその有名な曲を演奏した。）
- 現在分詞が名詞を説明する例：
  The woman singing the song is my co-worker.
  （その曲を歌っている女性は私の同僚です。）
- 過去分詞が名詞を説明する例：
  I don't know the song written by him.
  （彼が書いた（彼によって書かれた）曲をボクは知りません。）

その5：分詞の中には完全に形容詞化しているものもある。こうした分詞は、普通の形容詞と同様、名詞の前に置いて使うのが普通。

重要

★形容詞化している分詞一覧

amazing（驚くべき）、ashamed（恥じて）、bored（うんざりした）、boring（うんざりさせる）、charming（魅力的な）、disappointed（がっかりした）、disappointing（がっかりさせる）、excited（興奮した）、exciting（興奮させる）、interesting（興味をもたせる→面白い）、satisfied（満足した）、satisfying（満足させる）、surprising（驚くべき）、tired（疲れた） など

解答と解説

1. 日本でつくられたゲームは、世界中で人気があります。
→ The games made in Japan are popular all over the world.

この **1〜4** の英作文には、**下線が引いてあります**ね。そこが分詞を使った説明部分を含む名詞の1セット。それに気づけば、それほど難しくないはず。

形容詞と分詞……進行形、受動態というけれど **STEP 10**

まず、この問題の場合、「**日本でつくられたゲーム**」という主語にいきなり下線があります。つまり、名詞とそれを説明する分詞の組み合わせが、1セットで主語の位置に入るパターン。下線部は、終わりにある「**ゲーム**」という名詞を「**つくられた**」という（過去）分詞が説明するカタチになります。「つくる（make）」の過去分詞形は、過去形と同じ **made** ってカタチ。で、下線の中にはもうひとつ、「**日本で**」という余計な要素があることに注目。「**〜で…している／された名詞**」という感じで、分詞に余分な説明がくっつく場合は、**説明の対象となる名詞を前に出して、〈分詞＋その他〉の説明部分をあとまわし**。というわけで、**The games made in Japan** とすれば、下線部の出来上がり。全体では、「**人気がある（popular）**」という形容詞が文の結論に当たるパターンなので、be動詞を補うのを忘れないこと。「**世界中で**」を意味する **all over the world** は副詞扱いの表現なので、前置詞ナシで文に入れてしまってOKです。

2. 彼の先生はそのメガネをかけている男の人ですか？
　　→ Is his teacher <u>the man wearing the glasses</u>?

今度は下線部が文の結論に当たるパターン。下線部の終わりにある「**男の人（man）**」という名詞を「**かけている**」という（現在）分詞が説明するカタチ。でも、「『**かける**』って英語で何て言うの？」と困ってしまった人も多いのでは？　ズバリ、「**メガネをかける**」は、**wear the glasses**。「服」に限らず、「**何かを身につけている状態**」は基本的に **wear** と表せばOK。「そのメガネをかけている男の人」のように、「**〜を…している名詞**」という感じになる場合も、**説明の対象となる名詞を前に出して、〈分詞＋その他〉の説明部分をあとまわし**でしたよね。よって下線部は、**the man wearing the glasses** となります。なお、この文は疑問文なので、be動詞を文頭に出すことを忘れないこと。

3. 彼は父親から与えられたペンで（は）手紙を書かなかった。
　　→ He didn't write a letter with <u>the pen given by his father</u>.

今度は「**父親から与えられたペン**」という下線部が、「**彼は　　　で手紙を書かなかった**」のように、全体では「手段」を表すということに気づいたでしょうか？　「何か道具を使って」というニュアンスで、「…で」という「手段」を表す場合には、前置詞の **with** を使います。名詞とそれを説明する分詞の組み合わせは１セットで大きな名詞の扱いになるので、もちろんこのような前置詞の後ろに入れるのもアリ。

下線部は、終わりにある「**ペン（pen）**」という名詞を「**与えられた（given）**」という（過去）分詞が説明するカタチ。ここでは「**父親から**」という余計な要素も入っていますよね。「…から」という日本語表現を見ると、自動的に from という前置詞を入れたくなる人もいるかもしれませんが、ここでの「父親」と「与えられる」という分詞の関係は「**父親が→与える**」という動作主と動作の関係に当たることに注意。**過去分詞の動作主を文に入れるときには前置詞の by** を使うので、下線部は the pen given by his father となります。

4. 彼女の夕食はきつね色に焼かれたアップルパイだった。
　　→ Her dinner was an apple pie baked brown.

「**きつね色に焼かれたアップルパイ**」という下線部が、全体では文の結論に当たるパターン。下線部の終わりにある「**アップルパイ（apple pie）**」という名詞を「**焼かれた（baked）**」という bake（焼く）の過去分詞（形）が説明するカタチになります。bake は、〈**bake O + C**〉というカタチで「**O をC の状態に焼く**」という意味を表す動詞です。ただし、過去分詞の後ろには、本来なら続くはずの名詞が続かないので、後ろの目的語がなくなって、〈**baked C**〉（**C の状態に焼かれた**）というカタチ。つまり、「きつね色に焼かれた」だったら、**baked brown** となります。分詞に余計な要素がくっついたので、これを名詞の後ろに回して、an apple pie baked brown とすれば下線部の出来上がり。**bake an apple pie brown**（アップルパイをきつね色に焼く）を受動態にすると、**An apple pie is baked brown.**（アップルパイがきつね色に焼かれる。）というカタチになると連想すれば、わかりやすいかな？

形容詞と分詞……進行形、受動態というけれど **STEP 10**

> **Q** 日本語の内容に合う英文を書きましょう。
>
> **1.** ドラムを叩いてる女の人はあんたのお姉さんかい？
> **2.** その村人（villager）はよく、財宝（treasure）を探しているよそ者から話しかけられる。
> **3.** ケータイは写真を撮るために使われる道具（devices）と言える。

1. ドラムを叩いてる女の人はあんたのお姉さんかい？
→ Is the woman playing the drums your sister?

さっきと似たような英作文だけど、今度は下線部ナシ。でも、やっぱり分詞を使った表現が隠れているので、それをまず見つけ出すのがポイント。
この問題では、「**ドラムを叩いている女の人**」という文の主語が分詞を使った1セットのカタチとなります。「『叩く』って英語で何？」と思った人もいるかもしれないけど、「楽器の演奏」はすべて〈**play the 楽器**〉と表せばOK。よって、主語全体では、**the woman playing the drums** というカタチ。

2. その村人はよく、財宝を探しているよそ者から話しかけられる。
→ The villager is often spoken to by strangers searching for (the) treasure.

文の結論である「**話しかけられる**」は過去分詞で表します。文の結論が形容詞扱いの（過去）分詞なので、英語の文では、be動詞を補う必要アリ。要するに、be動詞の後ろの過去分詞が主語の様子を説明する、いわゆる「受動態」のカタチ。「…に話しかける」は、**speak to ...** なので、「…は話しかけられる」だったら、**... be spoken to** となります。「**to の後ろにはもう名詞が続かない＋でも、前置詞の to はそのまま残る**」という特殊なカタチになることに注意。前置詞を忘れたら×（バツ）ですよ。「よそ者から」って表現を

STEP 10 | 279

見て、前置詞の from を使いたくなった人もいるかもしれないけど、「**よそ者**」**は話しかける動作主**なので、使う前置詞は **by** となります。
ここでは「**財宝を**探している**よそ者**」という by の後ろに続く部分も「**名詞とそれを**説明する**分詞**」のカタチになることにも注意。「よそ者＝その土地のことをよく知らない人」ということで、**stranger** という名詞を使います。「探す」という表現で戸惑った人がいるかもしれないけど、この場合、**search for ...** か **look for ...** のどっちでも OK です。したがって、ここは、**strangers searching / looking for (the) treasure** という感じですね。

3. ケータイは写真を撮るために使われる道具と言える。
　→ You can say (that) cell phones are devices used to take pictures.

ここでは「**写真を撮るために**使われる**道具**」という表現が「**名詞とそれを説明する分詞（＋その他）**」のカタチになります。まず「**撮るために**」という「**動作の目的**」は、**to** 不定詞で表します。「写真を撮る」は **take a picture** なので、**to take a picture**。で、この to 不定詞を使った表現が結びつくのが、「**使われる（used）**」という過去分詞。**used to take a picture** で、「**写真を撮るために使われる**」という意味になります。過去分詞に余分な説明がくっついたので、これを「**道具（devices）**」という名詞の後ろに続けて、**devices used to take pictures** とすれば、ここは OK です。
「ケータイ（携帯電話）」は、英語では **cell phone** となります。ここではさらに、文の終わりにある「…**と言える**」という表現に注意。日本語の文からは主語が見えないけど、英語では、このように「**一般的なこと**」について話をする場合、**you** を主語にしたカタチにします。「言える」は、**can say**。「あれっ、何か主語と動詞が2つある文になりそうな……」と気づいた人は鋭い人。従属接続詞の that（that 節）を使って、**You can say (that) ...**（…と言える）という出だしで文をはじめます。

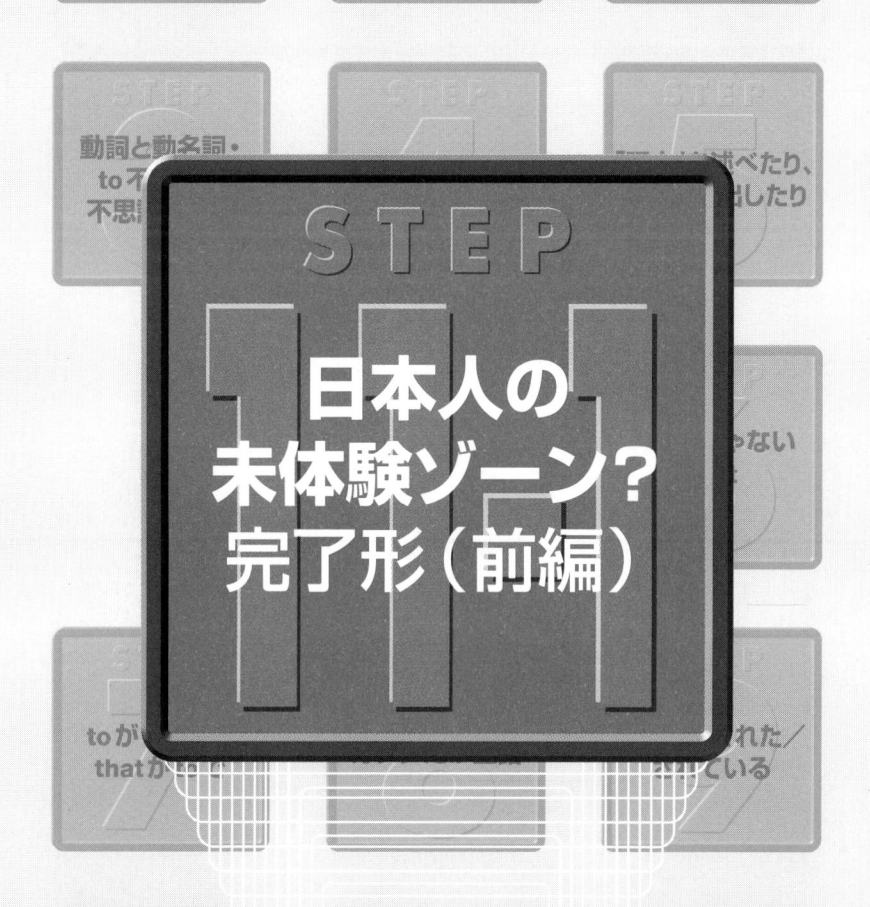

STEP 11
日本人の未体験ゾーン？ 完了形（前編）

「ずっと…している」というカタチ

> **Q** 「ボクの姉さんとそのダンナは福岡に住んでいる」
> を英語で言うとどうなるでしょう？

「『今、住んでいる』ってことだから、進行形を使って、
My sister and her husband are living in Fukuoka.
ってすればいいのかな？」

と「やってしまった」人もいたりして。
live は「**住んでいる**」という「**状態**」を表す動詞ですよ。だから、わざわざ進行形のカタチにしなくても、

○ **My sister and her husband live in Fukuoka.**

のように、現在形を使って表せばそれで十分。基本的に「**状態**」を表す動詞は進行形にはしません。ただし、「**期間限定で、一時的に**」というニュアンスを表すために、

My sister and her husband are living in Fukuoka.
（今、一時的に福岡に住んでいる。）

という感じで、あえて「状態」を表す動詞を進行形にすることはあります。
……なーんて、別にこのステップではそういう話をしたいわけではないんです。本題はここから。

> **Q** 「ボクの姉さんとそのダンナは福岡にずっと住んでいる」
> を英語で言うとどうなるでしょう？

日本人の未体験ゾーン？──完了形（前編） **STEP 11-1**

「『ずっと』って……、英語では何て単語で表すんだ？？……＿冂○」

と、頭を悩ませた人もひょっとしたらいるのでは？
ズバリ！　日本語では、「**何かが続いている状態**」を元の文にただ「ずっと」
という言葉を補うだけで表せますよね。でも、**英語は違うんです！**　どうすればいいかというと……

My sister and her husband have lived in Fukuoka.
（ボクの姉さんとそのダンナはずっと福岡に住んでいる。）

みたいな感じ。つまり、「ずっと」に当たる言葉を補うんじゃなくて、動詞が
live → have lived というカタチになるってこと。でも、これを見て、

「動詞が２つもある！　お約束破りだ!!　(#ﾟДﾟ)ﾑｯｷｰ」

と思った人も中にはいたりして？
一般には、この have lived というカタチは〈助動詞の have ＋過去分詞〉というふうに説明されています。
でも、この説明をそのまま受け取ると**少し困ったことになる**のです。
まず、いわゆる「**助動詞**」には、

① 後ろに動詞の原形が続く
② 主語に合わせて変化しない

という共通の特徴がありましたよね。例えば、

He can play tennis.（彼はテニスができる。）

という感じで、助動詞の can の後ろには play という動詞の原形が続くし、たとえ主語が he でも助動詞の can に -s がついたりはしません。
それに対して〈**have ＋過去分詞**〉の have はどうかというと、

STEP 11 | 283

He has wanted a car.（彼は車をずっと欲しがっている。）

のように、後ろに動詞の原形ではなく過去分詞形が続くし、主語の数やカタチに合わせて **have** が **has** に変わるし、はっきり言って助動詞と言い切るにはムリがあるところだらけ。

一方で、〈**have** ＋過去分詞〉の have には確かに「**助動詞らしい一面**」もあって、例えば疑問文にするときには**主語の前に have を出す**し、否定文にするときには **have** に **not** をつけます（疑問文、否定文については、あとでまた詳しく説明するのでお楽しみに）。要は一般動詞のように **do / does / did** を使わないわけです。
「何モノだよ、オマエ？」
って感じですよね。

そして、〈**have** ＋過去分詞〉の「過去分詞」と呼ばれる部分についても、いろいろと不思議な点がたくさんあります。
まず、いわゆる「**過去分詞**」には、

① その動詞が本来なら続けられるはずの名詞を後ろに続けられない
② 「…される／されている」という意味を表す
③ 形容詞扱いされる（だから、文の中には、ちゃんとした動詞が別に必要）

という共通の特徴がありましたよね。例えば、

That fact is known to everybody.（その事実は全員に知られている。）

という具合。それに対して〈**have** ＋過去分詞〉の過去分詞はといえば、

Everybody has known that fact.
（全員がその事実をずっと知っている。）

のように、後ろにその動詞が本来、続けられる名詞をそのまま続けられるし、「…される／されている」というニュアンスは一切表さないし、形容詞扱いと考えると文の中に動詞がないことになる（have は助動詞と考えた場合）し、はっきり言って過去分詞と言い切るにはムリがあるところだらけ。

一方で、確かに〈have ＋過去分詞〉の過去分詞は、「**カタチの上ではれっきとした過去分詞**」であり、「**ずっと…している**」という意味を表そうと思ったら、「動詞 ing」でも、to 不定詞でも、ましてや動詞の原形でも過去形でもなく、**必ず過去分詞のカタチを have の後ろに続けなければならない**のです。

「もう何を信じてよいのやら……」〇」

という人もいるかもしれませんね。
ここから、この〈have ＋過去分詞〉というカタチについて、仮定も含めた、ちょっとオリジナルの説明をしますので、参考程度にご覧ください。

まずみなさん、「**動詞 ing**」**のカタチ**には、文字通り名詞扱いの「**動名詞**」と、形容詞扱いの「**現在分詞**」の二通りの使い方があるのに、どうしていわゆる「**過去分詞**」**のカタチ**には形容詞扱いの「**過去分詞**」しかないのか不思議に感じないですか？

実は、過去分詞のカタチにも「**過去名詞**」というか「**完了名詞**」というか、要するに「**動詞 ing**」のカタチの「**動名詞**」に当たる使い方はあったんです。仮に「**過去名詞**」としておきましょう。意味は「…したこと」みたいな感じ。つまり、動名詞（「現在名詞」と呼ぶべき？）としての「**動詞 ing**」が「…すること」、過去名詞としての過去分詞形が「…したこと」です。

この過去名詞は、カタチこそ過去分詞と一緒ですが、「**…される**」という受け身の意味は一切表しません。あくまでも役割は「…すること」を意味する**動名詞の過去版**。だから、動名詞と同じように、**後ろにはもともとの動詞だった頃と同じカタチを続けられる**のです。過去分詞のように「『…され

る』という意味と引き換えに、本来なら続けられるはずの名詞を後ろに続けられない」という制約はありません。

英語人は、この過去名詞を**一般動詞の have** と一緒に使うことを思いつきました。つまり、〈一般動詞の have ＋過去名詞〉というカタチ。意味は「（過去に）…したことを（今）もっている」という感じですね。

「これは過去と現在のつながりを一言で表せる画期的な表現だ！」
英語人はそう思いました。この〈一般動詞の have ＋過去名詞〉が表す意味のバリエーションのひとつが、「**過去にはじまった状態を今ももっている→ずっと…している／である**」だったりします。

でも、いつの間にかこの「過去名詞」という存在はすたれてしまったのです。だって、過去名詞（過去分詞と同じカタチ）の多くは、動詞の過去形とまったく同じカタチだから。動名詞として使う「**動詞 ing**」は後ろに -ing がつくので一目瞭然だけど、**動詞の過去形と同じカタチの過去名詞は、どうにも見分けづらい。**

一方で、英語人たちは〈have ＋過去名詞〉というベンリな表現を好んで使い続けました。あまりによく使うので、そのうち、
「**もういいや、have に直接 not をつけちゃえ。疑問文のときには have を前に出しちゃえ**」
ってノリで、助動詞みたいな使い方をするようになってしまいました。

さらに後ろの過去名詞については、
「**もうなかったことにしちゃえ。どうせ過去分詞と同じカタチだし。have の後ろは過去分詞。それで OK**」
ということにされてしまいました。

そして今では〈助動詞の have ＋過去分詞〉というカタチが残るのみ。
めでたしめでたし……

……じゃ、ないですよね。
こういう過程を飛ばして、〈助動詞の have ＋過去分詞〉というカタチだけを英語人ではないボクたちに見せられても、
「何でこれが助動詞？　何でここに過去分詞？？」
と、ワケがわかんないことだらけ。

だから、ここまでの「元を正せば、「…したことを＋もっている」という〈一般動詞の have ＋過去名詞〉」という何とも「？」な説を信じるかどうかは別にしても、この〈have ＋過去分詞〉って新しいカタチに関しては、**助動詞とか過去分詞とかそういう理屈はすべて抜きにして、**

> **「（昔から現在に至るまで）ずっと…している／…である」という意味は、〈have ＋過去分詞〉という特別なカタチで表す！**

って具合に、とりあえずカタチそのものを「**丸暗記！**」してしまうのがおすすめ。

ちなみに、この〈have ＋過去分詞〉というカタチは、文法用語では「**現在完了（形）**」と呼ばれます。さらに、「過去と現在のつながり」という時間感覚を表すカタチってことで、ときには「**現在完了時制**」とも呼ばれたり。つまり、「現在完了は時制のひとつとしても扱われる」ってことですね。

「えっ、『時制』って時間感覚を表す動詞のカタチじゃないの？　それなのに何で〈have ＋過去分詞〉って感じで2つの単語に分かれてるの？」

と、不思議に思う人がいるかもしれないけど、それは〈have ＋過去分詞〉というカタチ（**現在完了**）が「過去と現在」という2つの時制をひとつの表現で表せる特別なカタチ、言ってみれば「**過去＋現在形**」的な「**二重時制**」だから。つまり、「時制」と言ってもいわゆる「現在形」とか「過去形」とは、**意味もカタチも異なる特別タイプ**ってこと。

ボクたち日本人にしてみれば、意味もカタチも、
「それってホントに時制なんか？」
って感じもしますが、はっきり言って英語人は現在形や過去形などと同じくらい、この〈have ＋過去分詞〉というカタチ（現在完了）をよく使います！　だから、できるだけ早くこの新しいカタチに慣れてくださいね！

STEP 11-1 日本人の未体験ゾーン？──完了形（前編）

英語と日本語の時間感覚の違い

> **Q** 「ボクの姉さんとそのダンナは去年から福岡に住んでいる」
> を英語で言うとどうなるでしょう？

「えーっと、確か『ボクの姉さんとそのダンナは福岡に住んでいる』という文は、現在形を使って、
My sister and her husband live in Fukuoka.
と表すんだよね。それに『去年から』って表現を加えて、
My sister and her husband live in Fukuoka from last year.
ってすればOK？」

……ではありません。正しくは、次の通り。

ボクの姉さんとそのダンナは去年から福岡に住んでいる。
　→ **My sister and her husband have lived in Fukuoka since last year.**

つまり、時制は現在形ではなくて、〈**have**＋過去分詞〉のカタチ、要するに**現在完了（形）**。で、「去年から」は from last year じゃなくて、**since last year**。
……なんていうと、また、

「何で?? 『住んでいる』って状態は、live って現在形で表すって言ってたじゃない！ それに since って何？」

って、迫ってくる人がいそうだけど、まぁ、落ち着いて。
ちゃんと順を追って説明しますから。

まず、「ボクの姉さんとそのダンナは去年から福岡に住んでいる」という

日本語の文が表す内容についてよく考えてみましょう。

この文って、はっきりと示されてはないけど、「**去年から（ずっと）住んでいる**」という感じで、「**ずっと**」というニュアンスが隠れているような気がしませんか？　何でかと言うと、「**去年（つまり昔）から（現在も）住んでいる**」というふうに、「**昔から現在まで（＝ずっと）同じ状態が続いている（継続している）**」ニュアンスを、この文は含んでいるため。

p.286でも軽く触れましたが、〈have ＋過去分詞〉というカタチ（現在完了形）は、そもそも「**過去と現在のつながり（時間的な幅）**」を意識した時制なんです。だから、**英語人は、こういう「昔から（現在に至るまでずっと）…している／…である」というニュアンスがあれば、必ず〈have ＋過去分詞〉というカタチ（現在完了形）を使います。**

一方、日本語には、現在形や過去形はあっても、「**過去と現在のつながり（時間的な幅）**」を意識した時制（動詞のカタチ）というものはありません。もちろん、その気になれば「**ずっと**」のような**言葉を補う**ことで、似たようなニュアンスを表すこともできるけど、なければなかったで特に問題ナシ。要は**日本語っていうのは、「過去と現在のつながり（時間的な幅）」の感覚ってのをあまり意識しない言語**なんです。さらに言ってしまうと、日本語には、英語と比べて、時間感覚を表す動詞のカタチ全般について、大雑把なところがあったりして……、具体例を示すと次の通り。

日本語の動詞のカタチ	英語の動詞のカタチ
（現在）…している ＊意識的に動作をする場合	現在進行形（be ＋動詞 ing） ＊動作を表す一般動詞
（現在）…している／…である ＊意識しなくても状態が続く場合	現在形 ＊状態を表す一般動詞、または be 動詞
（いつも）…している／…である	現在形 ＊すべての動詞
（昔から現在に至るまでずっと） …している／…である	現在完了形（have ＋過去分詞） ＊すべての動詞

日本人の未体験ゾーン？——完了形（前編） **STEP 11-1**

このように、日本語ではすべて「…している／…である」だけで済むのに、英語では「動作」なのか「状態」なのか、あるいは「いつ」の話なのかで、細かく時間を表す動詞のカタチ（時制）を使い分けなければならないのです。要するに、日本人が英語を使おうと思ったら、

「**普段、日本語を話すときには考えもしないような細かいポイントに注意しながら、動詞のカタチ（時制）を考えないといけない**」

ってこと。

「メンドクセー……⌐■_■」

という人のために、大まかな基準を表すと、

- 過去・現在・未来のどれにもこだわらない（時間を限定しない）のが、**現在形**
- 現在に一点集中するのが、**現在進行形**
- 「過去から現在」という感じで、時間的な幅を意識（ゆるく時間を限定）するのが、**現在完了形**

って感じかな。あくまでもラフなイメージですけど。

since って謎の表現については、引き続き次ページで。

現在完了の「目印」表現

ここからは、

My sister and her husband have lived **in Fukuoka** since last year.
（ボクの姉さんとそのダンナは去年から福岡に住んでいる。）

という英語の文で使われている **since** って表現について。

現在完了を使うかどうかを判断する上で、ひとつの「目印」となるのが、「去年から」みたいな表現です。〈have＋過去分詞〉というカタチ（現在完了形）は、「過去と現在のつながり（時間的な幅）」を意識した時制でしたよね？　裏を返せば、「過去の一時点から（はじまって現在まで）」みたいな「過去と現在のつながり」を示す表現があれば、英語では現在完了を使うってこと。

……とはいえ、日本語だと「…から」となるような場合でも、英語ではいろいろですから。例えば、「～から…される」という感じで、「受け身の動作主を表す『から』」なら **by** という前置詞、「**A** から **B** へ」という感じで何かの「起点を表す『から』」ならおなじみの **from** という前置詞という具合。そして、「過去と現在のつながりを表す『から』」が、**since** という単語です。

> 「（過去の一時点）から、（過去のあるとき）以来」という意味は、英語では **since** という単語で表す！
> そして、この使い方の **since** があれば、英語では現在完了を使う！

なお、**since** には、前置詞としての使い方と（従属）接続詞としての使い方があります。つまり、**since last year** のように、過去の一時点を表す last

日本人の未体験ゾーン？──完了形（前編） STEP 11-1

year のような名詞を後ろに続けるだけでもいいし、

He has been sick since she died.
（彼女が死んでから、彼はずっと病気だ。）

のように、後ろに〈主語＋動詞〉というカタチを続けてもいいってこと。
いずれの場合でも、since そのものの意味は、「(過去の一時点)から、(過去のあるとき)以来」という感じ。
それから、**be** 動詞の過去分詞は **been** となることにも注意。つまり、

He is sick.（彼は病気だ。）

という現在形を使う文を〈**have**＋過去分詞〉のカタチ（現在完了形）で言い換えれば、

　→ **He has been sick.**（彼はずっと病気だ。）

となるってこと。

と、ここでまた注意点。

× **My sister and her husband live in Fukuoka** since last year.

のように、**since** を動詞の現在形と一緒に使うのは基本的に×（バツ）。
何度も言いますが、「現在形」というのは「現在」ではなく、「**過去・現在、未来のいつでも当てはまるようなことや、習慣として普段やっていることなどに対して使うカタチ**」です（そもそも、「現在形」という呼び方がよくないですよね。ブツブツ）。

それに対して **since** は、「過去のある時点から（現在に至るまで）」という感じで、ちょっと幅はあるけど、結局は「**時間を限定してしまう表現**」です。だから、時間の枠にとらわれない現在形との相性は×（バツ）。

でも、その代わりに**過去と現在とのつながりを表す**時制、つまり、**時間的な幅を表せる現在完了形**との相性はバッチリ！　見事にカップル成立！
というわけで、**現在完了（形）とsinceはぜひセットで！**

……といっても、現在形が相性が悪いのは、あくまでも「**(過去の一時点)から、(過去のあるとき)以来**」という意味のsinceなんですけどね。sinceには、もうひとつ「…なので、だから」という、**becauseと同じような意味の従属接続詞**としての顔もあります。こういう場合は、現在形とsinceを一緒に使っても問題ナシ。

Since you're busy, you're not able to go to the party.
(忙しいんだから、キミはパーティーには行けない。)

みたいな感じ。

それから、**since**と並んで、「現在完了形と相性バッチシ！」な前置詞をもうひとつ。
それは、「**期間**」を表す**for**です。こちらは、**for three days**（3日間）とか**for two weeks**（2週間）とかそういう感じで、後ろに「**期間**」を表す数字表現を入れて使います。ただし、「**時を表す表現**」ということもあって、この**forが省略される**（「**期間**」を表す数字表現が**副詞**として前置詞ナシで使われる）ことも多いんですけどね。でも、「**期間**」を表す表現って、「**時間的な幅**」を表す**現在完了**には、いかにもピッタシな感じがしません？

さて、ここでやっとみなさんお待ちかねの（？）問題です。

Q 日本語の内容に合うのは、AとBのどちらでしょう？

1. ボクの姉さんと旦那は4年間福岡に住んでいる。
　　A. My sister and her husband live in Fukuoka (for) four years.

> **B.** My sister and her husband have lived in Fukuoka (for) four years.
>
> **2.** ボクは 1 日当たり 12 時間寝ています。
>   **A.** I sleep (for) 12 hours a day.
>   **B.** I have slept (for) 12 hours a day.

1 は **B**、**2** は **A** が正解。
1 は問題ないですよね。たった今、説明した通り、現在完了と相性バッチシの **(for) four years**（4 年間）があるので、**have lived** となっている **B** が正解。

「**2** は **(for) 12 hours**（12 時間）って表現があるのに何で？」
と思った人がいるかもしれないけど、ここではその後ろにくっついている **a day** という表現がクセモノ。〈時間／回数など＋ **a / per day**〉みたいな表現は、「1 日当たり…時間／回」という意味です。つまり、この文は結局、「1 日 12 時間睡眠」という「習慣」を述べる文になるってこと。だから、この場合、現在形を使った **A** が正解となります。

なお、**I / You have slept ...** のように言う場合、**I've slept ...**、**You've slept ...** のように**主語と have をくっつけた短縮形**で表すこともできます。同様に、**He / She has slept ...** を短縮して、**He's slept ...**、**She's slept ...** みたいに表すのもアリ。

「あれっ、でも、**he's / she's** みたいな短縮形、どっかほかでも見たような……」

と気づいた人は鋭い人。**he / she has** の短縮形は、**he / she is** の短縮形と見た目はまったく同じなんですね。そのせいで、ちょっとした悲劇が起こることもあるのですが……、それについてはまた後ほど。

現在完了の have は取り扱い注意！

> **Q**「あなたは長い間（(for) a long time）、彼女を愛しているのですか？」を英語で言うとどうなるでしょう？

× Do you love her (for) a long time ?

と「やってしまった」人は、さすがにもう少ないでしょう。
for a long time っていう「期間」を表す語句がありますから。これが**現在完了の「目印」**。内容をよく考えてみても、「普段」とか「いつも」というよりは「ずっと」という時間的な幅が感じられるので、現在形よりも現在完了（**have** ＋過去分詞）の方が、相性がよさそうとわかるはず。でも、

「じゃあ、現在完了を使う疑問文ってことで……、
Do you have loved her (for) a long time?
これで OK ？」

と「やってしまった」人は、結構いたりして。
p.284 でも説明した通り、**現在完了で使う have** は、一般動詞の（主語に合わせてカタチが変わる）**性質**と助動詞の（疑問文や否定文のとき、自分が前に出たり、**not** とくっついたりする）**性質**を兼ね合わせた**不思議ちゃん**でしたよね。
というわけで、現在完了を使う疑問文は、次の通り。

Have you loved her (for) a long time?

現在完了を疑問文のカタチにするときには、一般動詞を使うときのように、**do** や **does** などを使ったりはしません。あくまでも、**have** を文頭に出したカタチ。その点にだけ注意。

> **Q**　「彼は長い間、タカシに会っていない（を見ていない）」
> を英語で言うとどうなるでしょう？

今度は否定文。もう問題ないですよね？

「えーっと、**現在完了を否定のカタチにするときには、一般動詞を否定のカタチにするときのように、**
× He doesn't have seen Takashi (for) a long time.
って**やっちゃダメ**なんだよね？」

その通り！

「do や does じゃなくて、助動詞を否定のカタチにするときと同じように、have に not を直接つければいいんだから、
He haven't seen Takashi (for) a long time.
これで OK ？」

と「やってしまった」人、残念！！
何度も言いますが、**現在完了で使う have は、助動詞の性質と一般動詞の性質を両方もっている**んですよ。主語が he や she のときには、一般動詞と同じように、has ってカタチにしなきゃダメ！　この場合も主語が **He**（彼は）だから、正解は次の通り。

He hasn't seen Takashi (for) a long time.

ついでに、現在完了で使う have と普通の助動詞との違いをもう一点。
can や will のような、いわゆる助動詞には、「**ひとつの英文に助動詞を2つ同時に使うことはできない！**」という決まりがありましたよね？
だから、「**彼は英語を話すことができるようになるだろう**」のような、助動詞が2つ入りそうな内容を表そうと思ったら、

He will be able to speak English.

というふうに、一方を助動詞ではないカタチで言い換えてやる必要アリ。
でも、**現在完了の have は、ほかの助動詞と一緒に使っても OK ！**

He will have lived here for five years by this December.
（彼は今年の 12 月でここに 5 年間住んでいることになる。）

みたいにね。ここでさらに問題。

> **Q** 次の日本語の文を英語にすると、どうなるでしょう？
>
> **1.** あなたはどれくらい埼玉に住んでいるのですか？
> **2.** ボクはいつも勉強をしなければならなかった。
> **3.** アヤは日曜には働かなくてもいい。

順に答えを見ていくと……、

1. あなたはどれくらい埼玉に住んでいるのですか？
　→ **How long have you lived in Saitama?**

「現在に至るまでの期間」、つまり「過去と現在のつながり・時間的な幅」について「**どれくらい？**」と聞いている文なので、**現在完了**を使う必要アリ。疑問文だからもちろん、have は主語の前。

2. ボクはいつも勉強をしなければならなかった。
　→ **I always had to study.**

現在完了じゃないけど、**have** つながりということで。
「…しなければならない」という意味は、**must ...** という助動詞、または

日本人の未体験ゾーン？──完了形（前編） **STEP 11-1**

have to ... というカタチで表せるけど、「…しなければならなかった」という過去の意味は、〈had to ＋動詞の原形〉というカタチでしか表せないんでしたよね。

3. アヤは日曜には働かなくてもいい。
　→ **Aya doesn't have to work on Sundays.**

「また have to かい！」
と思った人もいるかもしれないけど、ここであらためて have to ... の否定のカタチに注意。doesn't have to ... となっていますよね。「…する必要がある・…しなければならない」という意味を表す〈have to ＋動詞の原形〉というカタチの have は、一般動詞扱いです。だから、疑問文や否定文は **do / does / did** などを使ったカタチ。

ところがこれが「**アヤは 1 週間ずっと働いていない**」のように現在完了形を使う文だったら、
Aya hasn't worked for a week.
というカタチになってしまいます。

そんなワケで、どうも現在完了を習う辺りから、
「**一般動詞の have と、〈have ＋過去分詞〉のカタチで使う have**」
の 2 つが頭の中でごちゃ混ぜになって、うっかり、
× **Aya hasn't to work ...**
と間違ってしまう人が急増したりして……。

現在完了で使う have は、**血液型で言うと AB 型的**というか、助動詞かと思ったら一般動詞だったり、一般動詞かと思ったら助動詞だったり、何ともデリケートな不思議ちゃん。**扱いはくれぐれも慎重に！**

「ふくしゅう」酒場……ラストオーダー

「『ふくしゅう』酒場」も、ついにラストオーダー（まだ「閉店」じゃないですよ！）。ここに至って登場するのは、日本人が苦手とする英語の時制表現の中でも、ラスボスとも言える最難関、現在完了です。その意味といいカタチといい、日本人には特に「??」なところが多い現在完了ですが、まずは「こういう時間の感覚のとらえ方もあるのか……」「こういう動詞のカタチもアリなのか……」と英語人の時間感覚を認識し、慣れていくところからスタートしましょう。

> **Q** 日本語の内容に合う英文を書きましょう。
>
> **1.** ボクらは２週間ずっと彼を待っています。
>
> **2.** あなたは何でずっとこの町にいるのですか？
>
> **3.** ヒデキは子どもの頃から医者になりたいと思っているの？

ここでは「現在完了」という時制の「時間感覚」と「カタチ」の基本をざっとおさらい。ポイントをアタマに叩き込んだ上で、満足のいく英文ができあがったら、p.302の「解答と解説」へ。

これが完了形だ！（その１）

その１：英語では、〈have ＋過去分詞〉というカタチで、「ずっと…している／…である」という時間感覚を表すことができる。この時間感覚を表す動詞のカタチ（つまり「時制」）を文法用語では、現在完了（形）と呼ぶ。

例：**I have been sleepy lately.**（最近、ずっと眠い。）
⇒ be 動詞の過去分詞形は **been** となる。

その 2：日本語では、「現在」を含む時間感覚をすべて「…している／…である」という表現で表すことができる。しかし、英語では、どういう意味での「現在」なのかを、動詞の意味や自分が意図する内容に合わせて、いろいろな動詞のカタチ（時制）を使い分けることで表さなければならない。

重要

★英語の「現在」の感覚
- 意識的な動作について「(現在) …している (最中)」と日本語で言う場合、英語では現在に一転集中する意味で現在進行形（〈be ＋動詞 ing〉のカタチ）を使う。
- 状態を表す動詞（「もっている／知っている」など）について「(現在) …している／…である」と日本語で言う場合、英語では過去・現在・未来のすべてをフォローする現在形を使う。
- 「(いつも、普段) …している／…である」のような「習慣」は、英語では過去・現在・未来のすべてをフォローする現在形を使う。
- 「昔から現在に至るまでずっと…している／…である」のような「過去と現在との時間的なつながり[時間的な幅]」を意図する場合、英語では過去と現在をフォローする現在完了形（〈have ＋過去分詞〉のカタチ）を使う。

その 3：現在完了（つまり〈have ＋過去分詞〉というカタチ）で使われる have は助動詞と一般動詞を合わせたような特別な性質をもつ。助動詞のように、否定文、疑問文では、自分の後ろに not がついたり、自分が主語の前に出たりする一方で、一般動詞のように、主語の数・カタチに合わせて、have になったり、has になったりする。後ろに過去分

詞が続くのも、ほかの助動詞との大きな違い。

- 現在完了の否定文の例：
  I haven't been sleepy lately.（最近、ずっと眠くない。）
- 現在完了の疑問文の例：
  Have you lived here for a long time?
  （ここに長い間、ずっと住んでいるのですか？）
- 現在完了の have が主語に合わせて変化する例：
  How long has he lived there?
  （どれくらい長い間、彼はそこに住んでいるのですか？）
  ⇒ have が主語（he）に合わせて一般動詞のように has になり、かつ疑問文なので助動詞のように主語の前に出るという合わせ技。

その４：現在完了を使う上でひとつの目印となるのが、「（過去の一時点）から、（過去のあるとき）以来」という意味を表す since と、「…の間」という「期間」を表す前置詞 for である。since は前置詞としても、従属接続詞としても使える。また、for は省略可能である。

- 現在完了と since を一緒に使う例：
  He has been happy since her birth / since she was born.
  （彼女が生まれてから彼はずっと幸せだ。）
- 現在完了と for を一緒に使う例：
  I have been sleepy for a few days.（ここ数日、ずっと眠いんだ。）

解答と解説

1. ボクらは２週間ずっと彼を待っています。
　　→ We have waited for him (for) two weeks.

「ずっと…している」という過去と現在の時間的なつながりを表すときには「現在完了」、つまり〈have ＋過去分詞〉というカタチを使うのでしたね？

「2週間」という「期間」を表す**現在完了の目印表現**があることにも注目。このような「期間」は**for**という前置詞を使って、**for two weeks**（2週間）と表せばOK。ただし、これは時を表す表現だけに、forは省いて（副詞として使って）もかまいません。「**…を待つ**」というときには、**wait for …** のように、waitの後ろにforを入れるのが普通です。

2. あなたは何でずっとこの町にいるのですか？
　→ Why have you been in this town?

これも「ずっと」という感じなので「**現在完了形（〈have＋過去分詞〉のカタチ）**」を使います。「あなた」のような「**特定のだれか**」が「**…にいる**」という場合、〈**be動詞＋前置詞＋場所を表す名詞**〉のカタチで表せるのでしたよね？（p.203も参照）　現在完了の文なので、be動詞を have been というカタチにして、**have been in this town** とすれば「ずっとこの町にいる」という英語表現の出来上がり。ただし、「何で？」と理由をたずねる文なので、疑問詞（**why**）を文頭に入れて、**その後ろを疑問文のカタチにする**のをお忘れなく。現在完了の疑問文は、**have** が助動詞のように**主語の前に出たカタチ**になります。

3. ヒデキは子どもの頃から医者になりたいと思っているの？
　→ Has Hideki wanted to be a doctor since he was a child / since his childhood?

「子どもの頃から」という表現に注意。「**(過去の一時点)から、(過去のあるとき)以来**」という意味は現在完了の目印表現のひとつ、**since** で表すのでしたよね。つまり、これも現在完了を使う疑問文。**since** は**前置詞としても、接続詞としても使える**表現です。前置詞として使う場合は、後ろに名詞を、接続詞として使う場合は、後ろに主語と動詞を含むカタチを続ければOK。よって、

- **since が前置詞→　since his childhood（(彼の)子ども時代から）**
- **since が接続詞→　since he was a child（彼が子どもだったときから）**

という2通りで表せます。この場合、「**子どもの頃から**」を「**子ども時代から**」と読み換えるのがちょっと大変なのと、childhood という単語が少し難しいので、since を接続詞として使う方が簡単かな？　この辺から、同じ内容を名詞でも〈主語＋動詞〉のカタチでも表せるというパターンが増えてきます。場合によっては、難しい名詞を新たに覚えるよりも、**接続詞を使って〈主語＋動詞〉のカタチで表した方がラク**なこともあるので、とりあえず、どちらのカタチでも発想できるように頭を柔軟にしておくこと。

「…することを望んでいる→…したい」は **want to ...** と表します。「…になりたい」であれば、**want to be ...** という具合。覚えていない人は p.91 で復習を。また、**主語が人の名前なので、have が一般動詞のように has に変わる**ということもお忘れなく。

Q 次の日本語の文の内容と、それに対する英語の文について、英文が正しければ○をつけ、間違っていれば正しい文に訂正しましょう。

1. 山の頂上に古い神社がある。
There has been an old shrine at the top of the mountain.

2. 私の庭はこの11月からずっと雪に覆われている。
My garden has been covered with snow since this November.

3. もしその仕事に飽き飽きしているというのでなければ、仕事を変える必要はありません。
You haven't to change your job if you haven't tired of it.

解答と解説

1. 山の頂上に古い神社がある。
　〇 There has been an old shrine at the top of the mountain.

「……え?」と思った人もいるかもしれないけど、この問題は、これで正解。
●英語では、『不特定のもの』の『存在』について述べるときには、〈**There ＋ be 動詞＋名詞（存在しているもの）＋場所を表す語句**〉というカタチ（p.203 も参照）
●英語では、『**（昔から今まで）ずっと…している／…である**』という意味は、**現在完了形**（〈**have ＋過去分詞**〉のカタチ）
という2つのポイントの合わせ技で、このように〈**There ＋ be 動詞 ...**〉というカタチの be 動詞の部分を現在完了形にしてしまうのもアリ。
日本語の文には、特に「ずっと」という言葉は入っていませんが、「**日本語は『ずっと』という部分を入れても入れなくてもいい言葉**」なので、裏を返せば、**この日本語を見ただけでは、There is ... なのか、There has been ... なのかは判断しきれない**ってことで、とりあえず〇（マル）。ちなみに、**There is ...** だったとしても〇（マル）です。
また、〈**There ＋ be 動詞＋名詞（存在しているもの）＋場所を表す語句**〉というカタチでは be 動詞の後ろの名詞に合わせて、be 動詞のカタチを使い分けるってことにも注意。be 動詞が現在完了形であれば、後ろの名詞に合わせて、have にしたり、has にしたり使い分けなければならないってこと。例えば「神社が（2つ以上）ある」なら、**There have been shrines ...** となります。

2. 私の庭はこの11月からずっと雪に覆われている。
　〇 My garden has been covered with snow since this November.

この文もこのままで正解です（まさかの2問連続正解！）。
注目してほしいのは、**現在完了と過去分詞を使ったカタチ（受動態）が一緒になっているところ**！

- 英語では、「主語は…される」という意味は、〈主語＋be動詞＋過去分詞〉という文のカタチ（受動態）
- 英語では、『（昔から今まで）ずっと…している／…である』という意味は、現在完了形（〈have＋過去分詞〉のカタチ）

という2つのポイントの合わせ技で、「ずっと…されている」のように「…される」と「ずっと」というニュアンスが一緒になるときは、**〈主語＋have been＋過去分詞〉というカタチを使うのです**。been は be 動詞の過去分詞形でしたよね。その後ろも過去分詞ということで、**過去分詞が連続する特殊なカタチ**。ちょっとややこしく感じるかもしれないけど、このカタチについては、次の「**STEP 11-2**」でも詳しく取り上げるので、お楽しみに。「…に［で］覆われる」を意味する **covered with ...** という過去分詞表現は、できれば丸暗記しておいてください。

3. もしその仕事に飽き飽きしているというのでなければ、仕事を変える必要はありません。

　　× You haven't to change your job if you haven't tired of it.
　　→ ○ You **don't have to** change your job if you **are not** tired of it.

「…しなければならない、…する必要がある」を意味する〈have to ＋動詞の原形〉の have は一般動詞扱いでしたよね？　だから、否定のカタチにすると、〈don't / doesn't have to ＋動詞の原形〉で、意味は「…する必要はない」という感じ。tire ...（…を疲れさせる）は、be tired of ... という受け身のカタチで「…に飽き飽きしている」という意味を表す特殊な表現でしたよね（p.241 も参照）。**you haven't been tired of it** のように〈have been ＋過去分詞〉のカタチで表せなくもないのですが（理由は、先の2問の解説も参照）、**特にそうする必要もないので、どちらのカタチで表しても OK**（とはいえ、普通はまず現在形）。従属接続詞の if の使い方に自信のない人は、p.132 で再確認してください。

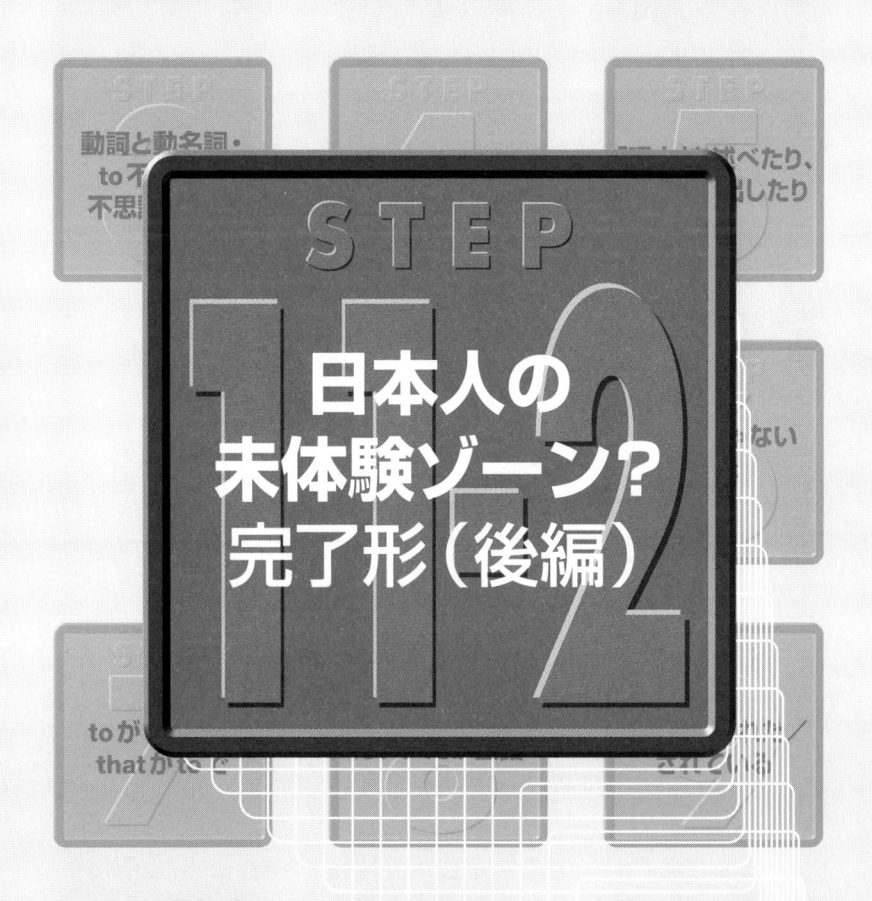

STEP 112

日本人の未体験ゾーン？
完了形（後編）

現在完了——同じカタチのくせに、実はいろいろ？

> **Q** 次の日本語の文を英語にすると、どうなるでしょう？
>
> **1.** 私は宿題を終わらせたところだ。
> **2.** ボクたちは（ちょうど）昼ご飯を食べたところだ。

「えーっと、内容的にはどちらも結局『…した』って過去の話になるのかな？ だとしたら、動詞は過去形にして……、

1. I finished my homework.
2. We (just) ate lunch.

これでOK？」

と、思った人が多いかな？
どちらも**悪くはない**んです。でも、**英語人だったら、このような内容は、次のように言うのが普通**だったりします。

1. I have finished my homework.
2. We have (just) eaten lunch.

つまり、STEP 11-1で登場した「現在完了（〈have ＋過去分詞〉）」を使うカタチ！　とか言うと、

「あれっ、**現在完了**って、「過去と現在との時間的なつながり（時間的な幅）」を表す時制で、日本語で表すと『**ずっと…している／…である**』みたいな意味になるんじゃなかったっけ？」

と、不思議に思う人が出てくるかもしれないけど、まぁそれはさておき、

日本人の未体験ゾーン？──完了形（後編） STEP **11**-2

> ⚠ 〈have ＋過去分詞〉というカタチ（現在完了形）は、
> 「（ちょうど）…し終わったところだ」のように、
> 動作の「完了」を表す使い方もできる！

ってことです。

ここまでに、「過去分詞は『動作が終わった』という『完了』のニュアンスを含んでいる」という話をしたことがありましたよね（p.261 を参照）。これはその「完了」のニュアンスが特にモロに出た使い方。

> **Q** 次の日本語の文を英語にすると、どうなるでしょう？
>
> **1.** 私たちは以前にその動物を見たことがあります。
> **2.** 彼女たちは1度トルコを訪れたことがある。

何とこれも、

1. We have seen the animal before.
2. They have visited Turkey once.

という「現在完了（〈have ＋過去分詞〉）」を使うカタチ！　とか言うと、
「あれっ、**現在完了**って……」
と、さっきと同じように不思議に思う人が出てくるかもしれないけど、まぁそれはさておき、

> ⚠ 〈have ＋過去分詞〉というカタチ（現在完了形）は、
> 「…したことがある」のように、「経験」を表す使い方もできる！

ってことです。

ここまでの内容をまとめると次の通り。

重要

> ★現在完了形（〈have ＋過去分詞〉というカタチ）
> が表せる意味
>
> ① 「ずっと…している／…である」
> 　（文法用語では、「現在完了の継続用法」）
> ② 「…し終わった（ところだ）」
> 　（文法用語では、「現在完了の完了用法」）
> ③ 「…したことがある」
> 　（文法用語では、「現在完了の経験用法」）

つまり、〈have ＋過去分詞〉というカタチひとつで、3通りもの意味を表すことができるのです！

たったひとつのカタチで、いろいろできて、ステキッ＼(^o^)／！

……なーんて思う人はあまりいないでしょう。だって、

「同じカタチをしてるんなら、読んだり聞いたりするときに一体どうやってこの3つの意味の違いを判断するんだよ?!」

ということになりますもんね。実際、
「〈have ＋過去分詞〉というカタチが、たったひとつで、日本語にすると3通りもの内容を表現する！」
ところも、日本人が「現在完了が苦手」な原因のひとつだったりします。
でも、「現在完了が表す3つの意味を見分ける」のは、実は意外と簡単！
ポイントになるのはズバリ、動詞のタイプと一緒に使われる語句です！

現在完了——3つの意味を見分けるポイント　その1

> 次の英語の文を日本語にすると、どうなるでしょう？
>
> **1.** I have known him since I was a child.
> **2.** Have you loved her (for) a long time?

答えはそれぞれ、次の通り。

1. ボクは子どもの頃から彼のことを知っています。
2. アナタは彼女のことを長い間、愛しているのですか？

つまり、どちらも「昔から現在に至るまでずっと…している／…である」という最初に出てきた現在完了の使い方。文法用語で言う「**現在完了の継続用法**」ってヤツです。

現在完了には、「**継続**」「**完了**」「**経験**」という3通りの意味があると述べましたが、「ずっと…している／…である」という「継続」の意味を見分けるのは、実は「**すごく簡単！**」です。なぜなら、

> ⚠️ 〈have ＋過去分詞〉の過去分詞が「状態動詞」の過去分詞形なら、普通「ずっと…している／…である」という「継続」の意味！

って、決まってるから。でも、とか言うと、

「そもそも、その『状態』を表す動詞なのか、『動作』を表す動詞なのかってのがよくわからん……」

という人が出てきそうですね。「『状態』を表す動詞か、そうでないか」と

いうポイントは英語の時制を考える上で、大きな目安となるので、ちょっと具体例を挙げておきましょう。

> **重要**
>
> ### ★「状態」を表す動詞一覧
>
> be 動詞、believe（信じている）、depend（依存している）、hate（ひどく嫌っている）、have（もっている）、hear（聞こえている）、know（知っている）、like（好きである）、love（愛している）、remember（覚えている）、resemble（似ている）、see（見えている）、stay（滞在している）、think（思っている）、understand（理解している）、wait（待っている）、want（欲している）**など**

要は「…である」、あるいは進行形にしなくても「…している」という意味を表す動詞が「**状態**」を表す動詞だってこと。こういう動詞が**現在完了**のカタチで使われていたら、「**継続**」のニュアンスだと考えて間違いナシ！

それでもまだ「『動作』とか『状態』とか……」と思う人は、**一緒に使われている語句に注目！**
「（過去の一時点）から、（過去のあるとき）以来」という意味を表す since、あるいは「…の間」という「期間」を表す前置詞 for が一緒に使われている場合、**ほぼ確実に現在完了が「継続」のニュアンスを表します**。次の通り。

Since they met first, she has thought they are good friends.
（初めて出会ったときから、彼女は彼女たちがよい友達と思っている。）
We have waited for him for two weeks.
（私たちは2週間ずっと彼を待っています。）

使われている動詞は「状態」を表す動詞で、一緒に使われている語句は **since ... / for ...**、そして英文の意味は「ずっと…している」という「継続」のニュアンスになっていますよね。

現在完了──3つの意味を見分けるポイント　その2

> **Q.** 次の英語の文を日本語にすると、どうなるでしょう？
>
> **1.** He has read the book.
> **2.** He has already read the book.
> **3.** He has read the book many times.

答えはそれぞれ、次の通り。

1. 彼はその本を読んでしまった。／彼はその本を読んだことがある。
　　⇒ どちらの意味にも解釈可能。
2. 彼はその本をすでに読んでしまった。
3. 彼はその本を何回も読んだことがある。

でも、答えを見ただけでは「**ふーん。……それで？**」という人がほとんどでしょう。まず、注目してほしいのは、「**動詞！**」です。ここではいずれも **read**（読む）という動詞が使われていますよね。「読む」というのは、「状態」ではなく「動作」です。

「〈have ＋過去分詞〉の過去分詞が、『状態動詞』の過去分詞形の場合には、普通『ずっと…している／…である』という『継続』の意味！」

でしたよね。これって裏を返せば、

「〈have ＋過去分詞〉の過去分詞が、『動作動詞』の過去分詞形の場合には、『ずっと…している／…である』という『継続』の意味にならないのが普通！」

ということだったりします。

……と、ここで先ほどの日本語訳を現在完了が表すニュアンスに注目しながらもう一度見てみると……、

1. 彼はその本を読んでしまった。　　　　　→現在完了の完了用法
　／彼はその本を読んだことがある。　　　→現在完了の経験用法
2. 彼はその本をすでに読んでしまった。　　→現在完了の完了用法
3. 彼はその本を何回も読んだことがある。　→現在完了の経験用法

やはり、どれも「継続」の意味ではありませんよね。要は、

> ⚠ 〈have +過去分詞〉の過去分詞が「動作動詞」の過去分詞形の場合には、普通「…してしまった」という「完了」か「…したことがある」という「経験」の意味！（「継続」の意味にはならない）

ということです。ただし、

1. **He has read the book.**
　→　彼はその本を読んでしまった。／彼はその本を読んだことがある。

という2通りの解釈が可能になることからもわかる通り、単に「動作」を表す動詞が現在完了形で使われているというだけでは、「それが『完了』の意味か、それとも『経験』の意味か」というところまではわからないんですね。ここで決め手になるのは、またしても「一緒に使われる語句」。

2の文には、
2. **He has already read the book.**
のように、already という単語が入っていますよね。already は「すでに」という意味の副詞です。この単語が使われていれば自動的に、
「彼はその本をすでに読んでしまった」
のような「完了」の意味だと決まります。

日本人の未体験ゾーン？——完了形（後編） STEP 11-2

こんなふうに「この語句が使われると現在完了が『完了』の意味を表す！（逆に言うと、『完了』のニュアンスだからこういう語句が入る）」という連中は次の通り。

重要

★この語句が一緒に使われていたら「完了」のニュアンス！

- already（すでに）　＊位置は have と過去分詞の間。
- just（ちょうど）　＊位置は have と過去分詞の間。
- yet（主に否定文・疑問文で「もう、すでに、まだ」）
  ＊位置は主に文末だが、have と過去分詞の間に入ることもある。

一方、3 の文には、

3. He has read the book many times.

のように many times という表現がありますよね。many times は「何回も」という意味。一見、名詞っぽく思えるかもしれないけど、これは**副詞**です。「回数」なので厳密な意味ではちょっと違うかもしれないけど、「**時を表す表現は大概、副詞としても使える**」のバリエーションのひとつと考えれば、イメージをつかみやすいかな？　とにかく many times のような表現が使われていれば、それだけで、

「**彼はその本を何回も読んだことがある**」

のような「**経験**」の意味を表すとわかるってこと。

「**この語句が使われると現在完了が『経験』の意味を表す！（逆に言うと、『経験』のニュアンスだからこういう語句が入る）**」という連中は、次の通り。

> ★この語句が一緒に使われていたら「経験」の
> ニュアンス！
>
> ● ... times（…回）など、「回数」を表す語句（副詞）
>   ＊位置は普通、文末。
> ● never（まったく…ない、一度も…ない）
>   ＊ not よりも強い否定の表現。位置は普通、have と過去分詞の間。
> ● ever（今までに…？）
>   ＊「今までに…したことがある？」のような「経験」を問う疑問文で使うのが普通。位置は過去分詞の前。
> ● before（以前に）　＊位置は普通、文末。

このように、〈have ＋過去分詞〉のカタチの過去分詞が「動作動詞か、それとも状態動詞か？」、そして「どんな語句が一緒に使われているか？」という点に注目すれば、「現在完了が3つの意味のどれを表すか？」は自ずと見えてくるのです。

ただし！　finish（終わらせる）、complete（仕上げる）といった、そもそも「終わらせる→完了させる」というニュアンスを含む動詞が現在完了のカタチになっている場合、一緒に使われている語句に関係なく、「完了」の意味を表すのが普通です。次の通り。

I have finished my homework.（私は宿題を終わらせてしまった。）
Have you completed the job?（もうその仕事を終わらせたの？）

見分けがつかない（？）現在完了

> **Q** I have studied Turkish.
> という英語の文を日本語にすると、どうなるでしょう？

……と、問題を出しておいて何ですが、これだけでは「**継続**」なのか「**完了**」なのか、それとも「**経験**」の意味なのか、何とも言えなかったりします。

本来なら、まずは「**状態を表す動詞**」なのか、「**動作を表す動詞**」なのかを判断して、とりあえず「**継続**」の意味なのか、「**完了**」あるいは「**経験**」の意味なのかだけでも知りたいところですが、実は study は「勉強する」という動作と「勉強している」という状態の両方を表せる動詞だったりするのです。だから単に、

I have studied Turkish.

とだけ言った場合、

① 私は（ずっと）トルコ語を勉強している。→「**継続**」のニュアンス
② 私は（もう）トルコ語を勉強してしまった。→「**完了**」のニュアンス
③ 私は（以前に）トルコ語を勉強したことがある。→「**経験**」のニュアンス

という3通りの解釈のすべての可能性があるってこと。こんなふうに、そもそも「**動作動詞**」なのか「**状態動詞**」なのか判断が難しい動詞もあるんです。こういう動詞を現在完了のカタチにする場合、

① **I have studied Turkish (for) five years.**
  （トルコ語を5年間勉強している。）
② **I have just studied Turkish.**

（ちょうどトルコ語の勉強を終えたところだ。）
③ I have studied Turkish before.
　　（以前にトルコ語を勉強したことがある。）

という具合に、プラスアルファで加わる語句によって、3種類どの意味かを判断するしかありません。

もし仮に for や just や before のようなプラスアルファの語句（現在完了の3種類の意味を区別する上での目印表現）が一切なかったら、どうすればいいか？

その場合、前後の話の流れから3つのうちのどれかを推測するしかない。あまり想像したくない話ですが、そういう可能性も決してゼロではありません。言うまでもなく、そういう場合はスッゴク面倒。

なお、study 以外で、「動作動詞」と「状態動詞」の両方の使い方ができる（両者の中間のイメージに当たる）イヤ〜な動詞は次の通り。

重要

> ★「動作動詞」と「状態動詞」の2つの顔をもつ動詞
>
> learn（…を身につける／身につけつつある状態だ）、live（…に住む／住んでいる状態だ）、rain（雨が降る／降っている状態だ）、sleep（眠る／眠っている状態だ）、wait（待つ、じっとしている状態だ）、work（働く、務めている状態だ）など

こういう動詞と出合ったら、一緒に使われている語句、または前後の話の流れに要注意です。

現在完了の「根っこ」

「そもそもどうして〈have ＋過去分詞〉という同じカタチが『継続』とか『完了』とか『経験』とか3種類もの違う意味を表したりするの？　そんなの理不尽だっ！」

とぼやいている人もいたりして。

実はこれって日本語と英語の、というか日本人と英語人の感覚の大きな溝とも言える部分。日本語では「継続」「完了」「経験」の3つを、

① 継続→（ずっと）…している
② 完了→（もう）…してしまった
③ 経験→（以前に）…したことがある

のように一緒に使う語句も、動詞そのもののカタチも変えて表します。

「そんなの当たり前じゃん。だって全然、違う話なんだもん」
と思うかもしれないけど、**英語人の感覚では決してそうでもないのです**。つまり、英語人の感覚では、この3つは「**どれも似たようなモノ**」なんですね。

「どこが？？」
とびっくりするかもしれないけど、まず**英語人にとっての現在完了、つまり〈have ＋過去分詞〉というカタチが表すイメージ**をつかんでもらった方がわかりやすいかな？　次のような感じです。

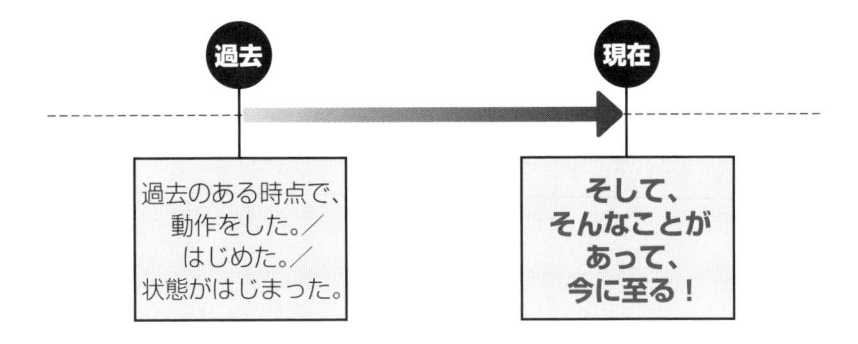

```
  過去                    現在
   ●─────────────────────►●
   │                      │
┌──┴──────────┐    ┌──────┴──────┐
│過去のある時点で、│    │そして、      │
│動作をした。／  │    │そんなことが   │
│はじめた。／   │    │あって、      │
│状態がはじまった。│    │今に至る！    │
└─────────────┘    └─────────────┘
```

p.286 でも説明しましたが、結局のところ、〈have ＋過去分詞〉というカタチが示す通り、現在完了とは、

「『…した（過去分詞）』という過去の出来事を、今『もっている（have）』」

というたったひとつのニュアンスを表すカタチなのです。でも、このたったひとつのニュアンスをきちんとした日本語に訳そうと思ったら、

① 過去に何か状態がはじまったのなら、当然、現在に至るまでその状態はずっと続いていたはずだし、現在だって続いている（その状態をもっている）はず
（「状態」は意識しなくても勝手に続いていくものだから）
→「（ずっと）…している／である」という「継続」の意味！

② 過去に動作をした／はじめたのなら、その動作は現在では終わっている（その動作が終了したという事実をもっている）はず
（「動作」は意識してするもの、言い換えれば「しよう」という意識がなくなると自然に終わるものだから）
→「（もう）…してしまった」という「完了」の意味！

③ 「完了」している＝「その動作をした経験をもっている」ということ
→「（以前に）…したことがある」という「経験」の意味！

というように、「状態動詞か？ それとも動作動詞か？」というポイントに合わせて、**日本語では「継続か？ それとも完了・経験か？」という訳の使い分けが必要になる**んです。

完了と経験は、同じ事実を見方を変えて表しただけ。同じ事実でも、「終わった」ことを強調したいなら「完了」、「…した（ことがある）」ことを強調したいなら「経験」というように、どういう側面を強調したいかによって、**日本語では表し方を細かく変える必要がある**ってこと。

……と、これと同じような話をどこかで聞いたことがありませんか？

● 意識的な動作について「(現在)…している」と日本語で言う場合、英語では現在進行形（〈be ＋動詞 ing〉のカタチ）
● 状態を表す動詞について「(現在)…している／…である」と日本語で言う場合、英語では現在形
● 「(いつも、普段)…している／…である」のような「習慣」は、英語では現在形
● 「(昔から現在に至るまでずっと)…している／…である」は、英語では現在完了形（〈have ＋過去分詞〉のカタチ）

でしたよね。つまり、

「**日本語では全部『…している／である』だけど、英語では全然、別の表し方！**」
「**英語では全部〈have ＋過去分詞〉のカタチ（現在完了形）だけど、日本語では全然、別の表し方！**」

という具合に、**英語と日本語では表現へのコダワリのポイントがまったく違う**ってこと。こんなふうに、英語と日本語ってのは、決して1対1で割り切れる平等な関係ではないわけです。きっと英語人は、

「何で全然、別の時制を『…している』の一言で済ませるクセに、

〈have ＋過去分詞〉のカタチを **3 通りの言い方で表したりするんだ？日本語ってワケワカンネー！」**

って文句言ってますよ。間違いない。

まずは、こうした違いを認め、「**英語人も日本人と同じく英語と日本語の不平等な関係で苦しんでいる（そういう意味では平等）**」と考えるところからスタートしましょう。

それだけでは全然、具体的な解決にはなんてならないし、現在完了そのものが突然、易しくなるわけでもないけど、そう思うことで**現在完了、ひいては英語そのものに対して、少し優しくなれます**。そうすれば、メンタルの部分で少し余裕をもって現在完了に接することができるようになる。
その上で**現在完了の根本的なニュアンスとか、具体的な違いとかをしっかりと覚えて、できるだけ多くの英文に触れる**ようにしましょう。

英語人と同じ感覚で現在完了を使いこなすというのは、一朝一夕でできることじゃないけど、とりあえず慣れさえすれば、現在完了が使われている英文を理解する面では問題がなくなるはず。
現在完了の感覚が自分の中でなじんでくれば、いつの間にか自然に現在完了を使うこともできるようになりますよ。

過去形、過去分詞、そして現在完了形の見分け方

Q 次の英語の文を日本語にすると、どうなるでしょう？

1. His son has brought comic books to the class before.
2. Those comic books were brought to the class by his son.
3. Those comic books brought fame and fortune to his son.
4. Those comic books brought to the class were boring.

どの文にも **brought** という単語が使われていますが、すべて役割が違います。

1 の **brought** は〈have ＋過去分詞〉のカタチ、つまりいわゆる「現在完了で使われる過去分詞」。before（以前に）という表現が後ろにあるので、「(以前に)…したことがある」という「経験」の意味。

2 の **brought** は〈主語＋ be 動詞＋過去分詞〉という文のカタチ、つまりいわゆる「受動態で使われる過去分詞」。意味は「主語が…される／されている」という感じで、この過去分詞は品詞で言うと形容詞扱い。

3 の **brought** はいわゆる「過去形」で、単に「…した」という意味。ちなみに **fame** は「名声」、**fortune** は「富、財産」という意味の名詞。

4 の **brought** も **2** と同じ「形容詞としての過去分詞」だけど、こちらは「…される／されている／された＋名詞」という感じ。

したがって、正解は次の通り。

1. His son has brought comic books to the class before.
   → 彼の息子は以前、教室にマンガをもってきたことがある。

2. Those comic books were brought to the class by his son.
　→ そのマンガは彼の息子によって教室にもち込まれた［もってこられた］。
3. Those comic books brought fame and fortune to his son.
　→ そのマンガは彼の息子に富と名声をもたらした。
4. Those comic books brought to the class were boring.
　→ 教室にもち込まれた（もってこられた）そのマンガはつまらなかった。

このように、**過去形と過去分詞が同じカタチとなる動詞を含む英語の文を聞いたり、読んだりする場合、**
「これって過去形？　それとも過去分詞？」
「過去分詞だとしたら、どういう使い方？」
というふうに、「見た目は同じだけど、意味や使い方はバラバラ」であるため、何かと大変だったりします。

「見た目が同じだったら、そんなのどうやって見分ければいいわけ？
……って、何か前にもまったく同じ話を聞いたような」

という人も間違いなくたくさんいるはず。だって、「**過去分詞！**」と呼ばれるものがはじめて登場した「受動態」のところ（p.227 辺り）で確かに同じような話をしましたから。でも、いわゆる「受動態」以外のいろいろな過去分詞の使い方を知ってもらった、**今だからこそ、「過去分詞と過去形の見分け方」**について、「**完全版！**」とも言える説明ができるんです。

まず、次の2つの文を見比べてください。

3. Those comic books brought fame and fortune to his son.
　（そのマンガは彼の息子に富と名声をもたらした。）
4. Those comic books brought to the class were boring.
　（教室にもち込まれたそのマンガはつまらなかった。）

どちらも **Those comic books brought** という出だしの部分はまったく同じ。でも、**3** は〈主語＋動詞の過去形〉、**4** は〈名詞＋過去分詞〉です。

give のように過去形（gave）と過去分詞（given）が違うカタチになる動詞であれば、パッと見ですぐ見分けられるので話はカンタン。
でも、bring のように過去形と過去分詞が同じカタチ（brought）になる動詞の場合、〈名詞＋過去分詞（＋その他）〉というカタチで「…された名詞」という意味を表す使い方（つまり、**過去分詞が前にある名詞を形容詞のように説明する使い方**）と、「主語が…した」という意味の〈主語＋動詞の過去形〉が、見た目はまったく同じカタチになってしまいます。

見分ける上で「決め手」になるのは、「分詞は形容詞扱い」というところ。つまり、「（「…される」という意味の）**過去分詞は動詞じゃない！**」んですね。だから、「英語の文には動詞が必ず必要」というお約束上、**過去分詞が使われている文には、ゼッタイほかにも動詞らしきものがある**。その証拠に「形容詞としての過去分詞」が使われている **4** には、

4. Those comic books brought to the class were boring.

という感じで、後ろに **were** という動詞が使われていますよね。

同じように、「主語は…される／されている」という感じで、形容詞扱いの過去分詞が文の結論の位置に入る文（つまり、いわゆる受動態）の場合、

2. Those comic books were brought to the class by his son.
（そのマンガは彼の息子によって教室にもち込まれた。）

のように、「英語の文には動詞が必ず必要」というお約束上、過去分詞の前にbe 動詞が入る。つまり、〈主語＋ be 動詞＋過去分詞〉というカタチになる。

同じ過去分詞でも、〈**have** ＋過去分詞〉という**現在完了形**で使われる過去分詞だけは、本来の「形容詞扱いの過去分詞」とはちょっと事情が異なるけ

ど、それでもこの場合は、**have** という「**動詞モドキ**」が必ずセットで用いられるので見分けるのに苦労はないはず。

「でも、英語を読む場合はともかく聞く場合に、もうひとつの動詞を根気強く待ったり、探したりするのはムリっぽい……」○」

という人もきっと多いと思います。
実は常日頃、英語でものを考え、英語でコミュニケーションしている英語人だって、過去形なのか、過去分詞なのかあやふやなままで、もうひとつの動詞が登場するのを待つのは、やっぱり「まどろっこしい」のです。じゃあ、彼らはどうしているのかというと、**ズバリ！**
「**その後ろに続くカタチに注目**」しています。

英語の動詞は、時制が変化するだけでは後ろに続くカタチは変わりません。だから、**現在形**であれ、**過去形**であれ、**進行形**であれ、あるいは**現在完了形**であっても、後ろに続くカタチは同じ。
たとえ**過去形**と**過去分詞形**が同じカタチになる動詞であっても、それが**過去形**だったら、その動詞が本来、**後ろに続けられるカタチ**が続くのです。ほとんどの動詞は、**後ろに名詞（目的語）がひとつ前置詞ナシで続く他動詞タイプ**。言い換えれば、**後ろに名詞が続いていたら過去形**。

3. Those comic books brought fame and fortune to his son.
（そのマンガは彼の息子に富と名声をもたらした。）

という文でも、**brought** の後ろには、やっぱり **fame and fortune**（名声と財産）という名詞が続いていますよね。だから、この brought は**過去形**。

〈**have** ＋過去分詞〉というカタチにしても、過去分詞のカタチが使われているとはいえ、**現在完了**時制ですから、

1. His son has brought comic books to the class before.
（彼の息子は以前、教室にマンガをもってきたことがある。）

日本人の未体験ゾーン？──完了形（後編）　**STEP 11**-2

のように、**後ろにはその動詞が本来、続けられるカタチ**、つまり、ほとんどの場合、名詞（この場合、**comic books**）が続きます。

それに対して、「…される／されている」という意味の（普通の）過去分詞は、その動詞の後ろに本来なら続くはずの名詞をあえて続けないことで、「受け身」の意味を表す特別なカタチでしたよね。裏を返せば、**過去分詞とは、基本的に後ろに名詞が続かない語**だってこと。実際、先の問題でも、

2. Those comic books were brought to the class by his son.
　　（そのマンガは彼の息子によって教室にもち込まれた。）
4. Those comic books brought to the class were boring.
　　（教室にもち込まれたそのマンガはつまらなかった。）

のように、**形容詞扱い**される純粋な意味での**過去分詞の後ろには名詞ではなく、〈前置詞＋名詞〉が続いている**のがわかるはず。

要するに、**後ろに名詞が続いていたら過去形または現在完了、後ろに〈前置詞＋名詞〉が続いていたら、「…される／されている」という受け身の意味を表す形容詞扱いの過去分詞**だって考えるのが、最も簡単な見分け方なのです。

> **Q** His son brought to the office looked bored.
> という英語の文を日本語にすると、どうなるでしょう？

brought、looked、bored という3つもの「**過去形 or 過去分詞？**」の判断に迷う表現があることに注意。

「英語の文には動詞がひとつのはずなのに、3つもそれらしきものがあるってことは、その中のひとつだけが過去形で、残り2つは過去分詞！」

ということですよね。この中の brought については、

「後ろに続いているのが、本来なら続くはずの名詞ではなく、前置詞だから、この brought は過去分詞！」

とすぐに気づいてほしいところ。
looked は、〈**look ＋形容詞**〉のカタチで、「**…に見える**」という意味を表す動詞。bore は「**…を退屈させる**」という他動詞としての使い方もあるんだけど、この bored の後ろには**本来なら続くはずの名詞が続いていません**よね。だから、やっぱり**過去形ではなく過去分詞**。ちなみに、この **bored** は受け身のカタチで、「**退屈させられている→退屈した、うんざりした**」という意味を表す、ほとんど形容詞化している分詞ってヤツ（p.276 も参照）。したがって、正解は次のような感じ。

His son brought to the office looked bored.
　→ 仕事場につれてこられた彼の息子は退屈そうだった［退屈そうに見えた］。

とはいえ、「**後ろに名詞が続いていたら過去形、〈前置詞＋名詞〉が続いていたら過去分詞**」というのは、あくまでも単なる**基本的な傾向**です。この辺で「**後ろに続くカタチ**」とか「**ほかに使われている動詞**」という基本ポイントだけでは区別しづらい、とても「**イヤな例**」にいってみましょうか。

> **Q** 次の英語の文を日本語にすると、どうなるでしょう？
>
> **1.** The clerk called John.
> **2.** The clerk called John seemed to be popular.
> **3.** He's called John by his friends but his mother doesn't know it.
> **4.** He's called John many times but he's not been able to catch him yet.

1 と **2** は **The clerk called John**、**3** と **4** は **He's called John** という出だしの部分がそれぞれまったく同じですよね。

ポイントは **call** が 〈**call O**〉（**O に電話する**）という後ろに前置詞ナシで名詞をひとつ続けるカタチと、〈**call O C**〉（**O を C と呼ぶ**）という後ろに前置詞ナシで名詞を２つ続けるカタチのどちらも可能な動詞だってこと。

1 の **called** はほかに動詞が見当たらないので素直に**過去形**と解釈すべき。したがって、正解は次の通り。

1. The clerk called John. →その店員はジョンに電話をした。

2 の **called** は後ろに **John** という名詞が続いているので、過去形っぽいんだけど、**その先に seemed to be popular という動詞らしき表現**あります。つまり、「**called は動詞（過去形）ではない→形容詞扱いの過去分詞**」ってこと。それなのに後ろに名詞が続いているということは、〈**call O C**〉（**O を C と呼ぶ**）というカタチで、**前置詞ナシで後ろに名詞が２つ続く SVOC** のパターン。SVOO、SVOC のパターンであれば、本来なら後ろに続くはずの名詞がひとつなくなっても、もう一方の名詞が後ろに残るので、結果的に「**過去分詞の後ろに名詞が続く**」特別なカタチになるのでしたよね（p.233 も参照）。よって、

2. The clerk called John seemed to be popular.
　　→ ジョンと呼ばれるその店員は人気者のようだった。

と解釈するのが自然。

3 と **4** は **He's called John** という共通部分の「**'s**」の解釈がポイント。**3** は後ろに続く **by** が**過去分詞の動作主を表す前置詞**であることを決め手に、**He is called John** の短縮形だと推測できます。過去分詞の後ろには名詞が続かないはずなのに、John という名詞が続いているということは、〈**call O C**〉（**O を C と呼ぶ**）というパターン。したがって、意味は、

3. He's called John by his friends but his mother doesn't know it.
→ 彼は友人からジョンと呼ばれているが、彼の母親はそれを知らない。

という感じ。**4** は many times と、but という等位接続詞の後ろに続く he's not been ... が決め手。many times（何回も）のような「回数」を表す表現は、「経験」の意味を表す現在完了の目印、さらに he's not been able to catch him yet は「まだ彼を捕まえられていない」という「完了」の意味の現在完了。ということは、**4** の He's called John も He has called John many times という現在完了の短縮形と解釈するのが自然。現在完了は普通の動詞と同じカタチを後ろに続けられて、後ろに John という名詞がひとつ続いているということは……、こっちは〈call O〉（O に電話する）のパターンですね。よって意味は、

4. He's called John many times but he's not been able to catch him yet. → 彼は何度もジョンに電話しているが、まだ彼（ジョン）を捕まえられていない。

という感じ。

「スゲー、メンドクサイ……」

と思う人も多いかもしれないけど、そもそも call みたいに SVOO、SVOC という特別なパターンが可能で、かつ過去形も過去分詞も同じカタチの動詞は非常に数が少ないです。だから、きちんと意味と使い方を覚えた上で、

「この動詞が使われていたら、過去形・過去分詞の区別に要注意！」

って意識するようにすれば、何とか対応できるはず！

STEP **11**-2

現在完了と進行形

Q 「ボクは8時間ずっとプレステ2で遊んでいる」
を英語で言うとどうなるでしょう？

「『プレステ2で遊ぶ』は play on one's PlayStation 2 [PS2] ですよ〜」
とか言うと、

「じゃあ、I have played on my PS2 for eight hours. かな？」

と、見事に**引っかかってくれる**人も出てくるかもしれないけど、**残念ながらハズレ！**

「『ずっと…している』って『継続』の意味は現在完了で表すんじゃないのかよ〜っ！」

と納得のいかない人は、
「**状態を表す動詞**を現在完了形にすると、『(ずっと)…している／である』
という『継続』の意味だけど、**動作を表す動詞**を現在完了形にすると、
『(もう)…してしまった』という『完了』、または『(以前に)…したことがある』という『経験』の意味」
という p.313 の内容を思い出してください。

つまり、「(ゲームを)する、(ゲームで)遊ぶ」を意味する **play** みたいな**動作を表す動詞**を **have played** という現在完了形で使ったら「継続」ではなく「**完了、経験**」のニュアンスになるってこと。したがって、このカタチを「継続」の意味の目印表現である「**期間**」を表す **for ...**(…の間)という表現と一緒に使うのも少しムリアリ。

「現在完了がムリなら、

I am playing on my PS2 for eight hours.
みたいな現在進行形だったらどうよ？」

と、思った人もいるかもしれないけど、**これまた惜しくもハズレ！**
いわゆる進行形というカタチは、「**その時点で動作を続けている最中だ**」という一点集中型の時制です。だから、時を表す語句と一緒に使うとしても、**then**（そのとき）や、**this morning**（今朝）みたいに（ちょっと乱暴だけど）「その時点」と言い換えられるような語句と一緒に使うのが普通。**for eight hours**（8時間）のような、「時間的な幅」を表す語句と一緒に使うことはできません。

えっ、「じゃあ、どうしろってのよ？」って？
「こうしろ（↓）」って感じです。

ボクは8時間ずっとプレステ2で遊んでいる。
　　→ **I have been playing** on my PS2 for eight hours.

「‥‥‥‥‥_￣○」

と、タメ息が出てきそうなくらいステキな（？）カタチですね。

「（現在）分詞は形容詞扱いだから（つまり動詞じゃないから）、文の結論にしようと思ったら be 動詞を入れなきゃダメ」、それが〈be 動詞＋...ing〉、いわゆる「**現在進行形**」の正体でしたよね。その be 動詞の時制をちゃちゃっと現在完了、つまり **have been** という〈have ＋過去完了〉のカタチにしてしまえば、それだけで、
「ずっと…な状態である (have been ...) ＋…している (... ing) ＝ずっと…している状態だ (have been ...ing)」
という意味を表せるんです。

このようなカタチは、一般的に「**現在完了進行形**」と呼ばれ、次のような場合に使われます。

① 動作を表す動詞を使って、「動作をしている」と言いたい！
② でも、ただ「動作をしている最中」ではなく、「ずっと動作をしている」というニュアンスにしたい！

この二大条件が揃えば、「現在完了進行形（have been ...ing）」の出番！ちなみに、ただ「動作をしている最中」というだけなら、「進行形で十分」ですよ。

> **動作を表す動詞**を使って、「ずっと…している」という「継続」のニュアンスを表そうと思ったら、
> 〈have been ...ing〉という「現在完了進行形」にしないといけない！

と覚えておきましょう。

なお、learn、live、rain、sleep、study、wait、work のような「状態」と「動作」の中間みたいな動詞を「継続」のニュアンスで使いたい場合は、「現在完了」と「現在完了進行形」のどちらでも **OK** です。

また、**動作動詞**を使う場合でも、「かなりの長期にわたって、ずっとしている」という場合は、「現在完了進行形」にしなくても（「現在完了」のまま）、**継続のニュアンスを表せます**。

My father has played **golf** for twenty years.
（うちの親父は 20 年間ずっとゴルフをしちょる。）

みたいな感じですね。

現在完了と受動態

> Q 「そのカレーは今朝からずっと煮込まれている」
> を英語で言うとどうなるでしょう？

「『(とろ火で)煮る』は stew って動詞で表すんですよ～」
とか言うと、

「じゃあ、The curry has stewed since this morning. かな？」

と、見事に引っかかってくれる人も、そろそろ少ないんじゃないかと……。今度は「カレーが煮込まれる＋その状態が今朝からずっと続く」ということで、「…される」という受け身の意味を表す過去分詞と、「継続」の意味を表す現在完了形とが一緒になるカタチ。つまり、

The curry has been stewed since this morning.

って感じ。でも、このカタチを見て、

「えーと、受け身の意味を表す過去分詞と過去分詞が２つくっついていて……ワケワカンネ……」「○」

みたいに、あまり難しく考えないでくださいね。先ほどの現在完了進行形も含めて、分詞を使う文に現在完了の感覚を加えるときには、基本的に次のように考えればよいのです。

have been は be 動詞の現在完了形！ つまり、have been は単なる be 動詞のバリエーションのひとつ。was とか were とか同じ。
だから、〈主語＋ be 動詞＋現在分詞（動詞 ing のカタチ）／過去分詞〉というカタチになる文に「過去と現在のつながり」の感覚をつけ加えよう

思ったら、**be 動詞**を **have been** にして、〈主語＋ **have been** ＋現在分詞／過去分詞〉というカタチにすればいい！

……って、それだけの話。

〈主語＋ **have** ＋ **been** ＋現在分詞／過去分詞〉のようにバラバラに考えるのではなく、〈主語＋ have been ＋現在分詞／過去分詞〉のように、**have been** を 1 セットの感覚でとらえるのがポイントです。

読んだり聞いたりするときにも、**have been** ときたら、まずこれをしっかり 1 セットの感覚で受け止めることが重要。その上で、後ろに動作を表す現在分詞が続けば「**ずっと…している**」という意味になるし、過去分詞が続けば「**ずっと…されている（継続）／…された（完了）／…されたことがある（経験）**」のような「**受け身**」の意味になるのです。
ちなみに、「**been の後ろに入る過去形っぽいカタチは必ず過去分詞**」と決めつけてしまっても OK。つまり、have been の後ろに過去形っぽい動詞がきたら、**必ず受け身の意味になる**ってことですね。

> **Q** My favorite tune has been played by such a dull band!
> という英語の文を日本語にすると、どうなるでしょう？

tune は「**曲**」、**such a(n) ...** は「**あんな（に）…**」、**dull** は「**つまらない、退屈な**」という意味。
has been の後ろに **played** という過去形らしき動詞があるので、**受け身の意味の現在完了**、この場合の play は「**(曲を)演奏する**」という動作動詞なので、現在完了は「**完了**」または「**経験**」のニュアンス。というわけで、

「オレのお気に入りの曲が、あんなつまんねーバンドに演奏されたなんて！」

みたいな感じですね。「**完了**」のニュアンスを強く出すなら、「**されてしまった**」、「**経験**」のニュアンスを強く出すなら「**されたことがある**」という訳になるけど、この辺はそれぞれの解釈にお任せってところ。

なお、その気になれば、次の例文のような「**とんでもなくフクザツ！**」なカタチもつくれてしまったりします。

The curry will have been being stewed **for 24 hours by tomorrow morning.**

つまり、〈未来形＋現在完了＋現在分詞＋過去分詞〉のミックスで、意味は、
「**そのカレーは明日の朝で 24 時間、ずっと煮込まれ続けていることになるだろう**」
みたいな感じ。

「‥‥‥‥‥‥‥‥‥‥‥‥‥‥‥‥‥┌┐○」

という人も多いかもしれないけど、このカタチはあくまでも「**その気になれば、こんなフクザツな言い方だって理論上は、できなくもないですよ**」という例を示すためにムリヤリつくったもの。

ここでの **being** は「まさに…されつつある、…の真っ最中」のように「**動作が進行中（途中）**」であることを強調する役割ですが、別になくてもそんなに意味は変わらないし、はっきり言って、**ない方がよっぽど自然**。実際にこんなイヤ〜な言い方をする英語人はまずいないので、**ご心配なく！**

……と、最後にヨユーかましてみる。

「ふくしゅう」酒場……閉店

「『ふくしゅう』酒場」も、ついにフィナーレ。無事、閉店時間を迎えました。ここでは「3つの顔をもつ時制のラスボス」こと**現在完了**とキッチリ決着をつけてもらいます。**現在完了**と、現在形・進行形といった**その他の時制との相違点**、〈have＋過去分詞〉といわゆる**普通の過去分詞の違い**なども併せて完全に理解すれば、「**英語の動詞関連で頭を悩ませることは（ほぼ）なくなる**」はず。最後まで酔い潰れなかったら、もう立派な「酔っ払い勇者」です。

> **Q** 次の日本語の文の内容と、それに対する英語の文について、英文が正しければ○をつけ、間違っていれば正しい文に訂正しましょう。
>
> **1.** ボクはトルコとブルガリア、シリア、ギリシャ、韓国、カナダに行ったことがあるよ。
> I have gone to Turkey, Bulgaria, Syria, Greece, Korea, Canada.
>
> **2.** 彼に描かれたそのマンガは日本人にずっと愛されている。
> The comic written by him has been loved by Japanese.
>
> **3.** ボクのお気に入りの曲が、今ボクのお気に入りバンドに演奏されている。
> My favorite tune is being played by my favorite artist now.
>
> **4.** イチローがアキレス腱を切って（pull one's Achilles' tendon）から1年が経った。
> It has been a year since Ichiro pulled his Achilles' tendon.

ここでは「現在完了」が表す3つの意味と、その根本的な発想、現在分詞や過去分詞と結びつくとどういう意味を表すのかを、徹底的におさらい。ポイントをアタマに叩き込んだ上で、満足のいく英文ができあがったら、p.340 の「解答と解説」へ。

🐾 これが完了形だ！（その２）

その１：英語の現在完了は、そもそも〈have ＋過去分詞〉というカタチ通り、「『…した（過去分詞）』という過去の出来事を、今『もっている（have）』」というたったひとつのニュアンスを表すカタチである。ただし、このカタチを自然な日本語に直す場合、「状態か、それとも動作か」という動詞の種類、あるいは一緒に使われる語句に応じて、3種類の異なる表現に訳し分けないといけない。

その２：〈have ＋過去分詞〉の過去分詞が「状態動詞」の場合、「ずっと…している／…である」という「継続」の意味になるのが普通（「状態動詞」の例は p.312 を参照）。「（過去の一時点）から、（過去のあるとき）以来」という意味を表す since、「…の間」という「期間」を表す前置詞 for が一緒に使われていれば、ほぼ確実に「継続」のニュアンスとなる。

その３：〈have ＋過去分詞〉の過去分詞が「動作動詞」の場合、「…した」という「完了」か、「…したことがある」という「経験」の意味になるのが普通。一緒に使われているのが、already（すでに）、just（ちょうど）、yet（もう、すでに、まだ）であれば「完了」、... times（…回）など、「回数」を表す語句、never（まったく…ない、一度も…ない）、ever（今までに…）、before（以前に）であれば、「経験」のニュアンスとなる。

例１：**He has broken a promise.**
（彼は約束を破ってしまった。／彼は約束を破ったことが

ある。)
⇒ break は動作動詞なので、「完了」「経験」のどちらにも解釈可能。
　　例2：He has already broken a promise.（彼はもう約束を破ってしまった。)
⇒ already があるから「完了」。
　　例3：He has never broken a promise.（彼は約束を一度も破ったことがない。)
⇒ never があるから「経験」。

その4：ほとんどの動詞は後ろに前置詞ナシで名詞が続く。たとえ、その動詞の時制が変わってもそこは同じ。〈have ＋過去分詞〉という現在完了時制にしても、同じように、ほとんどの場合、後ろに名詞を続けることができる。それに対して、「…される／されている」という意味の、いわゆる普通の過去分詞は、本来なら後ろに続くはずの名詞をあえて続けない特別なカタチなので、後ろには名詞ではなく、〈前置詞＋名詞〉が続く場合がほとんどである。ここを見分ける際のひとつのポイントとするとよい。

　　●まぎらわしい過去形、現在完了形、過去分詞の例：
　　He brought his son to the office.
　　（彼は息子を仕事場につれてきた。)
⇒ bring は過去形と過去分詞形が同じだが、この場合、**後ろに名詞が続いて**いるので、**過去形**とすぐわかる。
　　He has brought his son to the office before.
　　（彼は以前、息子を仕事場につれてきたことがある。)
⇒ 上の文の時制が**現在完了**に変わっただけ。
　　His son brought to the office looked bored.
　　（仕事場につれてこられた彼の息子は退屈そうだった。)
⇒ 後ろに〈前置詞＋名詞〉が続いているので、**過去分詞**。

その5：「主語は…しているところだ」という意味を表す〈主語＋ be ＋現在分詞〉のカタチ（いわゆる「進行形」の文）の be 動詞の時制を

現在完了（つまり、〈主語＋ have been ＋現在分詞〉というカタチ）にすれば、「主語はずっと…している」という意味になる。動作動詞を使って、「ずっと…している」という「継続」の意味を表そうと思ったら、この現在完了進行形を使うしかない。

　　例：I have been playing the guitar since I was a kid.
　　　　（オレはガキの頃からずっとギターを弾いてんだぜ。）

　その 6：「主語が…される」という意味を表す〈主語＋ be ＋過去分詞〉のカタチ（いわゆる「受動態」）の be 動詞の時制を現在完了（つまり、〈主語＋ have been ＋過去分詞〉というカタチ）にすれば、「ずっと…されている」という意味になる。

　　例：I have been watched by someone for a week.
　　　　（この１週間、ずっとだれかに見つめられている。）

解答と解説

1. ボクはトルコとブルガリア、シリア、ギリシャ、韓国、カナダに行ったことがあるよ。
　　× I have gone to Turkey, Bulgaria, Syria, Greece, Korea, Canada.
　　　→ ○ I have been to Turkey, Bulgaria, Syria, Greece, Korea, and Canada.

「……あれ？ 何で『…に行ったことがある』が have gone to ... じゃなくて、have been to ... なの？」と不思議に思った人も多いのでは？　have gone to ... は「以前…に行ってしまった（そして、今もここにいない＝行きっ放し）」、have been to ... は「前に…へ行った（でも、今はここにいる）」という意味を表します。ですから、「…に行ったことがある（＝以前、そこへ行ったけど、今は違う）」のなら、have been to ... を使うのです。この表現は現在完了を使った決まり文句として、ぜひ丸暗記しておい

日本人の未体験ゾーン？── 完了形（後編） STEP 11-2

てください。なお、**have been to ...** は、「…に行ったことがある」という「経験」だけでなく、「ちょうど…に行ってきたところだ」という「完了」の意味でも使うことができます。

英文の終わりには国名が並んでいますが、このように、「**同じレベルのものを列挙するときには、コンマ（「,」のこと）でつないでいって、最後に接続詞の and が必要！**」でしたよね？　よって、ここでも、Korea と Canada の間に and を入れること。何かが列挙されていることに気づいたら、「**そのうち接続詞が出てくるかも……**」と、予想しながら待つようにしましょう。

2. 彼に描かれたそのマンガは日本人にずっと愛されている。
　○ The comic written by him has been loved by Japanese.

この文は、これで正解。「**彼に描かれたそのマンガ**」は **the comic written by him** のように、いわゆる形容詞扱いの過去分詞を使ったカタチで表せば OK。「過去分詞＋その他」が後ろから前にある名詞を説明するパターンは、英語では非常によく使われるので、早くなじんでくださいね。この 1 セットが主語。「**主語がずっと…されている**」は、〈主語＋ be ＋過去分詞〉という受動態の be 動詞を現在完了時制にして、〈主語＋ have been ＋過去分詞〉とすれば、それで OK。

3. ボクのお気に入りの曲が、今ボクのお気に入りバンドに演奏されている。
　○ My favorite tune is being played by my favorite artist now.

この文もこのままで正解。p.336 で「**考え得る限り、最もフクザツな時制の組み合わせ**」として、〈will ＋ have been ＋ being ＋過去分詞〉というカタチを紹介しました。意味は「（未来のある時点で）ずっと…されている真っ最中だろう」みたいな感じ。その応用編というか、省略表現として、「**主語は…しているところだ**」という〈主語＋ be ＋現在分詞〉と「**主語は…される**」という〈主語＋ be ＋過去分詞〉を組み合わせた〈主語＋ be ＋ being ＋過去分詞〉というカタチがあります。意味は『**主語は（今まさに）**

…されているところだ」みたいな感じ。要は「**主語は…される**」という受動態の文に「**…している最中**」という現在分詞のニュアンスを加えようと思ったら、be 動詞と過去分詞の間に **being** という be 動詞の現在分詞形を挟み込んだらいいということです。

4. イチローがアキレス腱を切ってから1年がたった。
　　○ It has been a year since Ichiro pulled his Achilles' tendon.

本邦初の正解3連チャン！　〈**It has been ＋時間を表す語句＋ since ...**〉で、「**…以来、（何年、何カ月、何日、何時間）になる**」という意味を表す決まった言い方です。ぜひ、このまま覚えておいてください。なお、**It has been ...** のように現在完了形を使わず、単に **It is ...** と現在形を使っても同じ意味を表せます。いずれにせよ、it と has / is をくっつけて、**It's been / It's two years** のように**短縮形にするのが普通**です。it is や he is などと同じく、it has や he has も、**it's** や **he's** のような短縮形になるのでしたよね。since は**前置詞と従属接続詞の両方の使い方ができる**語で、後ろに名詞だけを続けることも、この文のように、主語と動詞を含むカタチを続けることもできるというのもお忘れなく。

> **Q** 日本語の内容に合う英文を書きましょう。
>
> **1.** 彼女の娘は勉強を続けるか、働きはじめるか、まだ決めていません。
>
> **2.** あなたはそんなに長い間、英語を教えているのだから、英語を教えるのがうまいのでしょうね。

解答と解説

1. 彼女の娘は勉強を続けるか、働きはじめるか、まだ決めていません。
→ Her daughter hasn't decided to keep studying or to start working yet.

「まだ決めてない」とは、「まだ決めるのを完了してない」ということ。つまり、「現在完了の出番！」です。「まだ（…していない）」「もう［すでに］（…したのか？）」という表現は、英語ではyetという「完了」の意味の目印表現で表すので、それもヒントにしたいところ。よって、「彼女の娘は…まだ決めていない」は、Her daughter hasn't desided ... yet. となります。yet は not と decided の間に入れてもいいけど、文末に入れる方が自然です。何を「まだ決めていない」のかと言えば、「勉強を続けるか、働きはじめるか」。decide は、〈decide ＋ to 不定詞〉というカタチで、「…することを決める、…するか決める」という意味なので、この問題の場合、「勉強を続ける」「働きはじめる」という表現を to の後ろに続ければOK。
「勉強を続ける」は「勉強することを続ける」と考えて、keep studying のように keep の後ろに動名詞を続けるカタチで表します。非常によく使う表現なので、できれば「keep ...ing で『…し続ける』という意味！」だと丸暗記しておいてください。「働きはじめる」も同様に「働くことをはじめる」と考えて、start working と表します。「Aか、（あるいは）Bか」は、接続詞の or を使って A or B のように表せばOK です。

2. あなたはそんなに長い間、英語を教えているのだから、英語を教えるのがうまいのでしょうね。
→ I think you are good at teaching English because you have been teaching English (for) such a long time. / You must be good at ...（以下同じ）.

「余計なお世話」と言いたくなるような内容ですが、それはさておき、「AだからB」は、B because A か Because A, B というカタチ。because は、

「理由を表す従属接続詞」ってヤツで、その後ろには必ず主語と動詞を含むカタチが入るのでしたよね。ちなみにbecauseは必ず「理由」を表すパート（この場合は、「そんなに長い間、英語を教えている」）の頭に入るってこともお忘れなく。becauseの代わりにsinceを使うこともできます。
「そんなに長い間」はsuch a long time。「そんな（に）…」はsuch a(n) ...と表すのでしたよね。後ろには名詞だけを続けてもいいし、〈形容詞＋名詞〉を続けてもOKです。「期間」を表す表現は、前置詞のforの後ろに入れてもいいし、副詞としてforナシで使ってもOKでしたよね？　「期間」を表す表現といえば、「継続を表す現在完了」の目印表現。ただし、「**教える**」を意味する**teach**は動作動詞なので、「継続」の意味にしようと思ったら、**have been teaching ...** という「現在完了進行形」にしないとダメ。
「…するのがうまい」は、**be good at ...ing**という決まり文句でしたよね。動名詞とto不定詞は同じような意味を表せるけど、to不定詞は前置詞の後ろには続けられないという点に注意。「…でしょう」は、「自分は…だと思っている」と読み換えて、**I think（that）...** とすると、それっぽいニュアンスになります。あるいは、助動詞のmustを使って、**must be good at teaching ...** としても、「きっと教えるのがお上手なんでしょうね」という話者の「確信」というか「強い推測」というかイヤミっぽい感じを表すことができます。

こうやって、ポイントをズラズラと並べていくと、「**長っ！**」って感じですが、そのほとんどが、この「とことん攻略編」で新しく身につけてもらった知識であることに気づいたでしょうか？
みなさん、ついに**こんなに長くてややこしい内容も英語で言えるようになったんですよ！**
これだけの内容を正しい英語で言える人が「英語負け組」のはずはない！
自信をもってください！！

要注意文法事項の索引

あ行

一般動詞・・・・・・・・・・・・・・・・・・・・・ ***14***
一般動詞（後ろに補語）・・・・・・・・ ***16***
一般動詞（SVOC タイプ）・・・・・・ ***18***
一般動詞（SVOO タイプ）・・・・・・ ***17***
S とか V とか O とか C とか・・・・ ***16***
SVOO・・・・・・・・・・・・・・・・・・・・・・・ ***18***
SVOC・・・・・・・・・・・・・・・・・・・・・・・ ***18***

か行

過去分詞・・・・・・・・・・・・・・・・・・・・ ***219***
過去分詞形と過去形が異なる動詞
・・・・・・・・・・・・・・・・・・・・・・・・・ ***226***
過去分詞形と過去形の見分け方
・・・・・・・・・・・・・・・・・・・・・・・・・ ***323***
過去分詞形の意味に注意すべき動詞
・・・・・・・・・・・・・・・・・・・・・・・・・ ***241***
冠詞・・・・・・・・・・・・・・・・・・・・・・・・・ ***13***
究極時制表現？・・・・・・・・・・・・・・ ***336***
形式主語の it・・・・・・・・・・・・・・・・ ***200***
形容詞・・・・・・・・・・・・・・・・・ ***13***、***252***
形容詞化している分詞・・・・・・・・ ***276***
現在完了・・・・・・・・・・・・・・・・・・・・ ***287***
現在完了（完了）・・・・・・・ ***309***、***313***
現在完了（経験）・・・・・・・ ***309***、***313***
現在完了（継続）・・・・・・・ ***310***、***311***
現在完了進行形・・・・・・・・・・・・・・ ***332***
現在完了を含む受動態・・・・・・・・ ***334***
現在分詞・・・・・・・・・・・・・・・・・・・・・ ***26***

「現在」を含む英語の時制表現の
使い分け・・・・・・・・・・・・・・・・・・ ***290***

さ行

that 節・・・・・・・・・・・・・・・・・・・・・ ***145***
that 節を後ろに続けられる動詞
・・・・・・・・・・・・・・・・・・・・・・・・・ ***157***
時制の一致・・・・・・・・・・・・・・・・・・ ***150***
自動詞・・・・・・・・・・・・・・・・・・・・・・・ ***14***
主節と従属節・・・・・・・・・・・・・・・・ ***127***
受動態・・・・・・・・・・・・・・・・・・・・・・ ***221***
受動態の進行形・・・・・・・・・・・・・・ ***341***
状態動詞・・・・・・・・・・・・・・・・・・・・ ***312***
状態動詞としても動作動詞としても
使える動詞・・・・・・・・・・・・・・・・ ***317***
助動詞・・・・・・・・・・・・・・・・・・・・・・・ ***94***
助動詞の過去形・・・・・・・・・・・・・・ ***103***
（従属）接続詞（原因、時）・・・・・・ ***121***
（従属）接続詞（if）・・・・・・・・・・・・ ***132***
（従属）接続詞（that）・・・・・・・・・ ***143***
（等位）接続詞・・・・・・・・・・・・・・・・ ***118***
前置詞・・・・・・・・・・・・・・・・・・・・・・・ ***13***
存在・・・・・・・・・・・・・・・・・・・・・・・・ ***203***

た行

他動詞・・・・・・・・・・・・・・・・・・・・・・・ ***14***
動作主・・・・・・・・・・・・・・・・・・・・・・ ***230***
動作主を by 以外の前置詞で表す
過去分詞・・・・・・・・・・・・・・・・・・ ***238***
動詞・・・・・・・・・・・・・・・・・・・・・・・・・ ***13***
動詞＋名詞＋ to 不定詞・・・・・・・ ***178***
動名詞・・・・・・・・・・・・・・・・・・・・・・・ ***26***

動名詞／to 不定詞のどちらを続けるかで意味が変わる動詞 ･･････ **74**
動名詞と to 不定詞のニュアンスの違い ･････････････････････ **77**
特定／不特定 ････････････ **206**

な行
能動態 ･･････････････････ **221**

は行
be 動詞 ･･････････････････ **14**
品詞 ･････････････････････ **13**
非人称の it ････････････････ **200**
(to)不定詞 ･･････････････ **49**
(to)不定詞（形容詞的用法） ････ **56**
(to)不定詞（副詞的用法） ･･････ **52**
(to)不定詞と that 節の言い換え
････････････････････････ **174**
不変の真理 ････････････････ **154**
分詞の形容詞的用法 ････････ **265**
文の結論 ･･････････････････ **13**
補語 ･･････････････････････ **15**

ま行
無生物主語 ･･････････ **90**、**237**
名詞 ･････････････････････ **13**
目的語 ･･･････････････････ **14**

要注意英語表現の索引

abc
advise ･･･････････････････ **80**
already ･････････････････ **315**
anything ･････････････････ **66**
as ... ･････････････････････ **170**
be able to ... ････････････････ **83**
be going to ... ･･････････････ **81**
be good / bad at ... ････････････ **44**
be good for ... ･･････････････ **45**
be happy to ... ････････････ **189**
be made from / of ... ･････････ **238**
be ＋形容詞＋ that S ＋ V ･････ **159**
because ････････････････ **121**
before（副詞） ･･････････････ **316**
（動作主を示す）by ･･････････ **230**
can ･････････････････････ **96**
can / be able to ... の違い ････ **97**
consider ･･････････････････ **80**
could ･･･････････････････ **101**

def
ever / never ･････････････ **316**
for（期間） ･･･････････････ **294**

ghi
go out ･･････････････････ **215**
have to ... ･･････････ **84**、**298**
have ＋過去分詞 ･･････････ **283**
have been ...ing ･････････ **332**
have been to ... ･････････ **340**

have been ＋過去分詞 · · · · · · · · ***334***	something · · · · · · · · · · · · · · · · · · · ***66***
if · ***132***	stop ...ing / to ... · · · · · · · · · · · · · ***75***
-ing · ***23***	such a(n) · · · · · · · · · · · · · · · · · · · ***344***
it（非人称）· · · · · · · · · · · ***194***、***200***	that（従属接続詞）· · · · · · · · · · · ***143***
it（形式主語）· · · · · · · · · · · · · · · ***200***	there（存在）· · · · · · · · · · · · · · · ***204***
It has been ＋時間を表す語句＋ since ... · · · · · · · · · · · · · · · · · · · ***342***	... time(s) · · · · · · · · · · · · · · · · · · · ***316***
	to ＋動詞の原形 · · · · · · · · · · · · · · ***49***
it takes 時間 · · · · · · · · · · · · · · · · · ***197***	too ... · ***138***

jkl

just · ***315***

vwxyz

want to ... · ***91***
wear · ***277***
when · ***121***

mno

may · ***97***	will · ***96***
may A but B · · · · · · · · · · · · · · · ***115***	will / be going to ... の違い · · · · ***83***
mean · ***169***	would · ***100***
must · ***98***	would like to ... · · · · · · · · · · · · · · ***101***
must / have to ... の違い · · · · · · ***98***	yet · ***315***
nothing · ***67***	
one's · ***37***	
order that S ＋ V · · · · · · · · · · · ***190***	

pqr

play · · · · · · · · · · · · · · · · · · · ***64***、***279***
recommend · · · · · · · · · · · · · · · · ***184***
remind · ***184***

stu

shall · ***100***
should · ***99***
since · ***292***
so ... · ***216***

あとがき

最後まで読んでいただきありがとうございます。
特に「じっくり基礎編」から、引き続いて読んでくださった方々には、ただただ感謝するばかりです。
この「とことん攻略編」では、扱う内容はだいぶ高度になっているものの、「わかりやすさのレベルは落とさない」ということを強く意識しました。みなさんにも、そう感じていただけたなら、まさに著者冥利に尽きるというものです。

それにしても、2冊で、ページ数にすると実に **600ページ以上を費やしながら、いまだに「比較」も「関係代名詞」も出てきていない**ということにみなさん、お気づきでしょうか？

実は当初の予定では、2冊で中学3年分の英文法を網羅し、「関係代名詞」で有終の美を飾るはずだったのです。でも、「わかりやすさのレベルは落とさない」「練習問題の分量は減らさない」という方針でつくっているうちに、ページ数が膨れ上がる一方となり、今回は中3分の内容の一部について、収録を断念することになってしまいました。

でも、みなさん、考えてもみてください。
ボクも含めて、いわゆる「**英語負け組**」の多くは、中学、高校と6年間、人によってはそれ以上に長い間、英語を勉強してきて、結局、身につけることができなかった人たちです。
それなのに、**1冊、本を読むだけで、あっさり今までできなかった英語がすべて身につくなんて、あまりにムシがよすぎる**と思いませんか？

その点、このシリーズでは、取り上げる内容は絞りつつも、**学習したところは自分でカンペキに取り扱えるくらい、それこそ人に教えられるくらいきちんと理解できる**という「トリセツ（取扱説明書）」の名に恥じない仕事ができたんじゃないかと思っています。

光栄なことに、「じっくり基礎編」を読んでくださったみなさんからは、「**時制の一致（過去完了を含む完全版）**」「**仮定法**」「**分詞構文**」「**倒置**」など、「今後、

本シリーズで扱ってほしい文法項目」のリクエストの声が数多く寄せられています。
今回、掲載を見送った「関係代名詞（及び『関係副詞』の区別と使い分け）」にしても、**特に生徒受けがよく、ボク自身も自信をもっているところ**です。

さらなる続編が出せるかどうかは現時点ではまだわかりませんが、もしチャンスがあれば、ぜひ**そうした内容を盛り込んだ第 3 弾を発表したい**と思っています。みなさんの一層のご声援、ご意見、リクエストなどお待ちしております。

最後になりますが、無名の新人に、いきなり 2 冊も本を出すという信じられないチャンスを与えてくださった株式会社アルクのみなさまの懐の深さに、あらためて心より御礼申し上げます。
ありがとうございます。

・
・
・

SPECIAL THANX

秋山克美、秋山今日子、荒井真実、石井忠行、磯部晋、礒村祥子、亀谷里美、菊地田孝子、衛藤夕夏、酒井茂一、佐々木紳次、渋谷佳世子、白取義之、杉本幸、属奈緒、高橋俊章、高上英輝、月岡賢一、永井薫、中田考、人間椅子、のいじぃ、野坂直也、橋本奈緒子、福岡秀美、藤井勤、三村拓史、武藤亮太、村川優、森田和子、白夢ふぁみりー（色男担当？しばお、陰の色男担当？？たーたまん、ほんとの色男担当？？？そーすい）、実おじさん＆マキちゃん＆カズユキくん、ぐらんま、Mom & Pop、Tamae & Esperant Move、Jeff & Cher Fitchett、Didi Mikhova、Rudolf Plott、Rino
（五十音・アルファベット順、敬称略）

著者：阿川イチロヲ

1976年生まれ。帰国子女でもなければ、これといった海外留学の経験もないが（というより、そもそも大の英語ギライ）、何の因果か大学時代にはじめた家庭教師で、英語ギライの生徒たちの心をつかみ、いつの間にか売れっ子家庭教師→塾講師へとステップアップ。現在は自ら「阿川イチロヲ『英語』スクール」(ichiro-wo.net) を運営。小学生から浪人生・社会人まで幅広く英語を教えている。

英文法のトリセツ
英語負け組を卒業できる取扱説明書——とことん攻略編

発行日：2005年5月27日（初版）
　　　　2015年8月3日（第14刷）

著者：阿川イチロヲ
編集：英語出版編集部
装丁：森敏明（ロコ・モーリス組）
本文デザイン：園辺智代
カバーイラスト：大寺聡
撮影：田村充
英文校正：Christopher Kossowski
DTP：株式会社　創樹
印刷・製本：凸版印刷株式会社
発行者：平本照麿
発行所：株式会社アルク
　　　　〒168-8611　東京都杉並区永福2-54-12
TEL：03-3327-1101
FAX：03-3327-1300
Email：csss@alc.co.jp
Website：http://www.alc.co.jp/

©2005 Ichirowo Agawa / ALC PRESS INC.
Printed in Japan.
PC：7005067
ISBN：978-4-7574-0891-3

地球人ネットワークを創る
アルクのシンボル「地球人マーク」です。

落丁本、乱丁本は弊社にてお取替えいたしております。弊社カスタマーサービス部
（電話：03-3327-1101、受付時間：平日9時〜17時）までご相談ください。
本書の全部または一部の無断転載を禁じます。
著作権法上で認められた場合を除いて、本書からのコピーを禁じます。
定価はカバーに表示しております。

アルクは個人、企業、学校に
語学教育の総合サービスを提供しています。

英語

通信講座	書籍
1000 HOUR HEARING MARATHON　TOEIC®対策　『イングリッシュ・クイックマスター』シリーズ　ほか	キクタン　ユメタン　『起きてから寝るまで』シリーズ　TOEIC®／TOEFL®／児童英検　ほか

月刊誌	辞書データ検索サービス	オンライン英会話	アプリ
ENGLISH JOURNAL	英辞郎 on the WEB Pro	アルクオンライン英会話	英会話ペラペラビジネス100　ペラペラ　ほか

会員組織	セミナー	子ども英語教室	留学支援
CLUB ALC	TOEIC®対策セミナー　ほか	アルク Kiddy CAT 英語教室	アルク留学センター

学校

e-learning	学習アドバイス	書籍
ALC NetAcademy 2	ESAC	高校・大学向け副教材

企業

団体向けレッスン	スピーキングテスト
クリエイティブスピーキング　ほか	TSST

地球人ネットワークを創る
株式会社 アルク

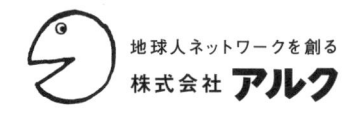

▼ サービスの詳細はこちら ▼

website http://www.alc.co.jp/

日本語

通信講座	書籍	スピーキングテスト	セミナー
NAFL日本語教師 養成プログラム	できる日本語 ほか	JSST	日本語教育能力検定試験対策